mandelbaum *verlag*

AF142333

Andreas Nöthen

LUIZ INÁCIO LULA DA SILVA

Eine politische Biografie

mandelbaum *verlag*

mandelbaum.at • mandelbaum.de

ISBN 978-3-85476-947-7
© mandelbaum verlag, wien • berlin 2022
alle Rechte vorbehalten

Satz: KEVIN MITREGA, Schriftloesung
Umschlag: MICHAEL BAICULESCU
Druck: PRIMERATE, Budapest

Inhaltsverzeichnis

Inhaltsverzeichnis

Prolog

Es war ein mittleres politisches Erdbeben, was brasilianische Medien am 8. März 2021 vermeldeten: Edson Fachin, Richter am Obersten Gerichtshof, dem *Supremo Tribunal Federal* (STF), hatte die Urteile, die im Zuge der Antikorruptionsermittlungen *Lava Jato* gegen Ex-Präsident Luiz Inácio Lula da Silva, verhängt worden waren, annulliert. Oder präziser: Der entscheidende Teil des Urteils wurde mit dem Argument der angeblichen Unzuständigkeit des ursprünglichen Gerichts aufgehoben. Das Gericht in Curitiba, wo die Verurteilungen stattgefunden hatten, habe seine Kompetenzen überschritten. Deshalb müssten die Verfahren vor einem anderen Gericht im Bundesdistrikt, dem *Distrito Federal* in Brasilia, neu aufgerollt werden.

Die Entscheidung war bemerkenswert, auch wenn sie nicht als Freispruch zu verstehen war, als der sie von vielen Anhängern des nach wie vor beliebten Politikers gefeiert wurde. Grund zur Freude bedeutete es für sie dennoch. Die Aufhebung der Urteile bedeuteten für Lula zugleich, dass er sein passives Wahlrecht wiedererlangte, das ihm, so will es die brasilianische Verfassung, durch die früheren Urteile für einen Zeitraum von acht Jahren aberkannt worden war. Mit anderen Worten: Der Ex-Präsident, der im Präsidentschaftswahlkampf 2018 bis zu seiner Verurteilung aussichtsreich in Führung lag und von der Justiz jäh aus dem Rennen genommen wurde, könnte bei der Präsidentschaftswahl 2022 erneut in den Ring steigen und den Amtsinhaber, den rechtsradikalen Jair Bolsonaro, herausfordern. Es käme zum großen Showdown für den dann fast 77-jährigen Lula mit seinem Erzrivalen. Ein Sieg gegen Bolsonaro wäre die Krönung seiner beachtlichen Politkarriere – oder aber ihr definitives Ende.

Die Reaktionen kamen sofort. Der Dollar rauschte in den Keller, in den Umfragen schoss Lula aus dem Stand auf 18 Prozent und damit an die zweite Stelle. Mit diesem Ergebnis würde er in die Stichwahl gegen Bolsonaro einziehen.[1] Für die Arbeiterpartei *Partido dos Trabalhadores* (PT), aber auch für viele andere Anhänger des linken politischen Spektrums herrschte seit der krachend verlorenen Präsidentschaftswahl 2018 Katzenjammer. Die Brasilianer hatten mit 57 Prozent Jair Bolsonaro gewählt. Statt geschlossen und über Parteigrenzen hinweg die Wahl Bolsonaros zu verhindern zu suchen, hatten sich die linken Kandidaten gegenseitig geschwächt und so den politischen Rechtsschwenk ermöglicht. Nun, nach der Entscheidung von Edson Fachin, witterten die PT und die gesamte Linke wieder Morgenluft – der Frust der letzten Jahre schien wie weggeblasen.

Auch wenn es selbst den eingefleischtesten PT-Fans klar gewesen sein musste: Der Sieg des Rechtsaußens war in Wirklichkeit eine Abwahl der PT. Jener Partei, die Lula 1980 mitgegründet hatte, die einen großen Beitrag zur Redemokratisierung Brasiliens nach der Militärdiktatur geleistet hatte und die von 2003 bis 2016 den Präsidenten bzw. die Präsidentin stellte. Die PT ist aber auch die Partei, die praktisch von Beginn ihrer Regierungsführung an in mehrere große Korruptionsskandale verwickelt war, die Brasilien erschütterten und der Glaubwürdigkeit der Arbeiterpartei massiven Schaden zufügten.

An genau dieser Stelle scheint die entscheidende Bruchlinie zu verlaufen – zwischen großen Errungenschaften für Brasilien durch die PT und Lula und den Verstrickungen in Korruptionsskandale. Die entscheidende Frage, die dieses Buch klären will, lautet deshalb: Gibt es so etwas wie eine gute Korruption?

War die Politik Lulas und der PT Ausdruck einer Art von »Pragmatismus«, für den Lula von Kommentatoren immer auch gelobt wurde, weil es in Brasilien ohne Korruption nicht geht? Wann war der Knackpunkt, als aus möglicherweise notwendigen Zugeständnissen an die korrupten Strukturen Gier wurde?

---

1   Vgl. Oliveira, Wesley, Atrás de Bolsonaro, mas isolado em 2.º: o que dizem as pesquisas sobre Lula para 2022, https://www.gazetadopovo.com.br/republica/lula-o-que-dizem-as-pesquisas-eleitorais-2022/, Gazeta de Povo, aufgerufen am 14. März 2021.

Im Allgemeinen scheint man von außen etwas nachsichtiger in Sachen Korruption zu sein, weil Lula sie anscheinend nicht nutzte, um sich selbst zu bereichern, sondern als Mittel zum Zweck einer Politik, die vielen Minderprivilegierten der brasilianischen Gesellschaft zugute kam.

Eine der Personen, die die PT großgemacht hat, ist Luiz Inácio Lula da Silva. Der Mann aus ärmlichen Verhältnissen, der mehrere Schicksalsschläge zu erdulden hatte und über die Metallergewerkschaft in die Politik einzog, prägte und führte die Partei über Jahrzehnte hinweg. Lula bearbeitete Politikfelder, die von außen immer ein Thema waren, weswegen man sich politisch für die sogenannten Entwicklungsländer interessierte: Armutsbekämpfung, soziale Gerechtigkeit (Landfrage) oder Bildungschancen – dieser Ansatz, den in Brasilien kein Präsident vor ihm so konsequent zu verfolgen schien wie Lula, hievte ihn auf einen hohen Sockel. Lula wurde zur Ikone, zu einer regelrechten Marke und einem international anerkannten Exportschlager der politischen Linken Brasiliens in Lateinamerika und auf der ganzen Welt. Und bestimmt wurde und wird die Sicht auf das Erreichte in manchen Fällen verklärt und romantisiert.

Nach seiner Amtszeit als Präsident geriet er jedoch ins Visier der Korruptionsermittler des *Lava Jato* und des jungen und ehrgeizigen Ermittlungsrichters Sergio Moro, der alles daransetzte, Lula Verwicklungen in korrupte Machenschaften nachzuweisen, und damit zunächst Erfolg zu haben schien. Lula wurde erstinstanzlich zu mehr als neun, später sogar zu mehr als zwölf Jahren Haft verurteilt. Und das zu einem für ihn denkbar ungünstigen Zeitpunkt: wenige Monate vor der Präsidentschaftswahl 2018, bei der es so aussah, als könnte er zum dritten Mal nach 2003 und 2007 in den Präsidentenpalast einziehen. Über Sergio Moro wird zu reden sein. Nicht nur, weil er mit dem *Lava Jato* einen der größten Korruptionsprozesse in der Geschichte Brasiliens in Gang setzte, durchzog und sich zu Beginn durchaus Meriten verdiente – sondern auch über seine eigenen politischen Ambitionen. Neben Lula und Bolsonaro könnte er die dritte wichtige Figur der kommenden Präsidentschaftswahlkampf werden.

Lulas Politikkarriere glich stets einer Achterbahnfahrt. Erfolgen folgten Niederlagen und Schicksalsschläge. Für die Linke ist er weit über Brasilien und Südamerika hinaus eine Ikone, ähnlich wie Fidel Castro in Kuba, Hugo Chávez in Venezuela oder Evo Morales in Bolivien. US-Präsident Barack Obama nannte ihn im Vorfeld des G20-Gipfels 2009 den »beliebtesten Politiker des Planeten«[2] – damals lagen Lulas Zustimmungswerte bei 80 Prozent.

Wer ist der Mann, der wie kein zweiter Politiker Brasiliens den langen Weg aus der unteren Bevölkerungsschicht bis ins Präsidentenamt schaffte? Der die Politik des größten Landes Südamerikas über Jahrzehnte mitprägte? Der vom Helden der Linken zur Hassfigur wurde, um am Ende vielleicht einmal mehr politisch aufzuerstehen?

---

2 Miranda, José Wilson, Brazil's Lula Called Planet's Most Popular Politician by Obama, https://www.brazzil.com/10645-brazils-lula-called-planets-most-popular-politician-by-obama/, in: Brazzil.com, aufgerufen am 14. März 2021.

1950er- und 60er-Jahre

Das Stehaufmännchen aus kleinen Verhältnissen

Die Biografie von Luiz Inácio Lula da Silva liest sich wie ein Filmdrehbuch: Ein kleiner Junge aus einfachsten Verhältnissen im armen Nordosten des Landes schlägt sich durch und wird am 1.1.2003 zum 35. Präsidenten des fünftgrößten Landes der Erde gewählt. Dazwischen liegt ein langer, von Rückschlägen geprägter Weg.

Alles beginnt in Caetés, einer Kleinstadt mit heute 28 000 Einwohnern im Hinterland des Bundesstaats Pernambuco im Nordosten. Dort kommt am 27. Oktober 1945 Luiz Inácio Lula da Silva zur Welt. Er ist das siebte von acht Kindern von Aristides Inácio da Silva und Eurídice Ferreira de Mello, Spitzname: Donna Lindu. Damals noch viel mehr als heute war der Nordosten eine wirtschaftlich, vor allem industriell unterentwickelte Region, die kinderreichen Familien kaum eine Perspektive bot. Dort eine zehnköpfige Familie zu ernähren, zumal ohne formelle Schulbildung, war mehr als schwierig. Darum zog Aristides während Lulas Kleinkindalter mit einem der älteren Söhne in Richtung Süden. Sein Ziel war der Großraum São Paulo. Die dort angesiedelte und entstehende Industrie war ein Magnet für viele Arbeitsuchende, versprach Lohn und Brot.

Damit teilt der Ex-Präsident einen prägenden Teil seiner Biografie mit vielen Millionen Brasilianern. Er hat am eigenen Leib die Armut erfahren, die auch Jahrzehnte später noch charakteristisch für Brasilien sein sollte, vor allem in den Bundesstaaten des Nordens und Nordostens. Mit Blick auf die Strukturen der brasilianischen Politik ist Lula, der Aufsteiger aus einfachen Verhältnissen, eher eine Ausnahme. Nur der aktuelle Präsident Jair Bolsonaro kann auf eine ähnliche Aufsteigerbiografie verweisen. Ansonsten ist die politischen Klasse Brasiliens ein durch Familiendynastien geprägter closed shop.[3] Durchaus treffend nannte die Filmemacherin Denise Paraná einen Film über Lula »*Son of Brazil*«, »Sohn Brasiliens«. Später, als Präsident, sollte er seine Herkunft als Joker ziehen, um die Gunst der einfachen Wähler zu gewinnen.

Viele Brasilianer machten sich in den 1950er-Jahren in der Hoffnung auf Arbeit und sozialen Aufstieg aus dem trockenen und kargen Nordosten in den reichen und weiterentwickelten Südwesten Brasiliens auf. Ein Brief des Bruders, von einem der Brüder Lulas allerdings nicht ganz wortgetreu vorgelesen, sorgte dafür, dass auch der Rest der Familie die Koffer packte und sich auf die Reise nach São Paulo machte. Auf der Ladefläche eines Pick Ups, wie sie in ländlichen Regionen Brasiliens benutzt wurden, um Obst, Gemüse und Tiere auf den Markt zu bringen, rumpelte 1952 der siebenjährige Lula 13 Tage gen Süden. Allerdings: Der Brief des Bruders war missverstanden worden. Er war keinesfalls als Aufruf zum Nachzug der Familie gemeint gewesen. Denn daran hatte Vater Aristides wenig Interesse. Er hatte mit einer Cousine der Mutter eine neue Familie gegründet. Somit waren Lula, seine Mutter und die weiteren Geschwister sich selbst überlassen und mussten sich von da an auf eigene Faust durchschlagen.

Zwar soll der Vater die zurückgelassene Familie finanziell unterstützt haben, ein guter Vater war er aber wohl nicht. Die älteren Brüder, die bei ihm aufwuchsen, wurden immer wieder mit Schlägen traktiert. Lula musste praktisch in Abwesenheit des Vaters aufwachsen, wurde von der Mutter katholisch erzogen, wie es damals in Brasilien durchaus üblich war. Der Katholizismus war bei weitem die verbreitetste Religion. Bis heute ist Brasilien eines der wichtigsten und mitgliederstärksten Länder der Katholischen Kirche, auch wenn evangelikale Pfingstkirchen inzwischen einen fulminanten Siegeszug angetreten haben und, so sehen es Prognosen, die Katholische Kirche schon um das Jahr 2030 als mitgliederstärkste Glaubensrichtung abgelöst haben wird.[4]

3   Vgl. Bragon, Ranier, Dinastias políticas do Brasil lançam mais de 60 candidatos nas eleições, https://www1.folha.uol.com.br/poder/2018/08/dinastias-politicas-do-brasil-lancam-mais-de-60-candidatos-nas-eleicoes.shtml, in: Folha de São Paulo, aufgerufen am 9. April 2021.

An eine formale Schulbildung war da kaum zu denken, die Familie lebte in einer Favela in der Stadt Guarujá, an der Küste des Bundesstaats São Paulo. Jedes der Kinder musste einen wirtschaftlichen Beitrag zu leisten. Lula steuerte als Schuhputzer ein paar Cruzeiros zum Familienunterhalt bei. Als Jugendlicher schaffte Lula es, eine Ausbildung als Dreher zu absolvieren und so den Schritt aus der informellen in eine geregelte Beschäftigung zu finden.

Das Leben Lulas – abseits der Gewerkschaft und später der Politik – war geprägt von Schicksalsschlägen, von denen er sich immer wieder aufrappeln musste. Mit 14 Jahren verlor er bei einem Arbeitsunfall in einer Schraubenfabrik den kleinen Finger der rechten Hand. Am 24. Mai 1969 hatte Luiz Inácio Lula da Silva Maria de Lourdes geheiratet. Unweit der Wohnung seiner Mutter hatten sie ihre erste kleine gemeinsame Wohnung. 1971 wurde Maria schwanger, der erste Sohn war unterwegs. Doch sie fing sich eine Hepatitis-Infektion ein. Ein tragischer Fall, denn die junge Familie hatte nicht genügend Geld, um die Behandlung zu bezahlen – Maria starb am 7. Juni.

Es sollte nicht die einzige Partnerin sein, die vorzeitig verstarb. Lulas zweite Ehefrau, die fünf Jahre jüngere Marisa Letícia, erlitt 2017 einen Schlaganfall, an dessen Folgen sie kurz darauf am 3. Februar mit 66 Jahren verstarb. Sie stammt, ähnlich wie Lula, aus einfachen Verhältnissen, aus einer Familie mit elf Kindern. Ihre Eltern waren italienische Immigranten aus der Provinz Bergamo in der Lombardei. 1973 lernten die beiden einander kennen und heirateten nur sieben Monate später. Marisa gehörte zu den Gründungspersonen der am 10. Februar 1980 von Lula mitgegründeten Arbeiterpartei PT. Sie soll es auch gewesen sein, die die erste Parteifahne – ein weißer Stern auf rotem Grund – genäht haben soll. Während der ersten Wahlkampagnen Lulas 1989, 1994 und 1998 trat sie jedoch weniger in Erscheinung. Sie kümmerte sich stattdessen um die drei gemeinsamen Kinder Fábio Luís (geboren 1975), Sandro Luís (geboren 1978), Luís Cláudio (geboren

---

4   Vgl. Zylberkan, Mariana, Evangélicos devem ultrapassar católicos no Brasil a partir de 2032, https://veja.abril.com.br/brasil/evangelicos-devem-ultrapassar-catolicos-no-brasil-a-partir-de-2032/, in: Veja, aufgerufen am 12. April 2021.

1985) sowie um Marcos Claudio (geboren 1971). Letzterer stammte aus ihrer ersten Ehe. Ihr erster Ehemann Marcos Claudio, nach dem sie den Sohn benannte, starb bei einem Überfall. Marisa Letícia war vom 1.1.2003 bis zum 31.12.2010 die First Lady Brasiliens. Als sie starb, ordnete Staatspräsident Michel Temer eine dreitätige Staatstrauer an.

Lulas fünftes Kind, Tochter Lurian Lula da Silva (geboren 1974), stammt aus einer unehelichen Verbindung mit der Krankenschwester Miriam Cordeiro. Öffentlich bekannt wurde die Affäre, als Lula 1989 zum ersten Mal Anlauf auf das Präsidentenamt nahm. Lulas Gegenkandidat, der konservative Fernando Collor de Mello, zauberte plötzlich mitten im Wahlkampf Mutter Miriam aus dem Hut. Öffentlich erklärte sie, Lula habe sie seinerzeit zu einer Abtreibung zwingen wollen,[5] um die Liaison zu vertuschen. Lurian selbst hätte sich diese Art, sie war zu dem Zeitpunkt der Enthüllung gerade 15 Jahre alt, gerne erspart. Auch später noch wurde sie immer wieder mit dieser Geschichte in Verbindung gebracht oder wurden Gerüchte gestreut, sie habe eine NGO gegründet und mehrere Millionen Reais von der Regierung ihres Vaters als Finanzierung erhalten. Ohnehin gilt diese Episode als eine der schmutzigsten, die Präsidentschaftswahlkämpfe in Brasilien je gesehen haben – bislang zumindest. Und sie zeigt den Konservatismus der damaligen Gesellschaft und in gewisser Weise auch einen falschen Moralismus. Heute ist die Moral eher evangelikal, und es gibt auch einen falschen erzkonservativen Moralismus.

Kurz nachdem Lula das Amt an seine Nachfolgerin Dilma Rousseff übergeben hatte, ereilte ihn der nächste Schicksalsschlag: Im Oktober 2011 diagnostizierten Ärzte beim früheren Kettenraucher Kehlkopfkrebs. Der Ex-Präsident hatte Glück. Zwar musste er sich einer Chemotherapie unterziehen, verlor das Haupthaar und auch seinen charakteristischen Vollbart. Aber die Behandlung schlug an. Nur wenige Monate nach der Diagnose kündigte er im Frühjahr 2012 sein politisches Comeback an. »Ich werde ins

---

5 Vgl. Paiva, Fred Melo, Sinto medo de falar de meu pai, diz filha de Lula, https://www.cartacapital.com.br/politica/lula-nao-recebera-visitas-no-natal-e-reveillon-diz-filha-lurian/, in: Carta Capital, aufgerufen am 12. April 2021.

Leben zurückkehren, weil ich glaube, dass Brasilien weiter wachsen, Jobs schaffen und das Leben von Abermillionen Brasilianern weiter verbessern muss, die den Aufstieg in die Mittelschicht geschafft haben, und auch für die, die davon träumen, bald zur Mittschicht zu gehören.«[6]

6   Vgl. BBC Brazil, Brazil ex-President Lula's cancer treatment ›a success‹, https://www.bbc.com/news/world-latin-america-17541649, in: BBC Brazil, aufgerufen am 12. April 2021.

1970er-Jahre

Lula, der Gewerkschafter –
Vom Dreher zum Streikführer

Im Jahr 1960, mit 14 Jahren, kam Lula erstmals mit der Metall-
industrie in Kontakt. Er ergatterte einen Job als Metallarbeiter in
der Schraubenfabrik Marte. Das Unternehmen gestattete es ihm,
sich weiterzubilden. So schrieb er sich an der Industrie-Fachschule
Serviço Nacional de Aprendizagem Industrial (SENAI) ein und schloss
dort die Sekundarschule ab. Nach der Ausbildung zum Dreher begann er im Schichtbetrieb bei *Metalúrgica Independencia* zu arbeiten.
Dort erlitt er eines Nachts einen folgenreichen Arbeitsunfall. Ein
schweres Maschinenteil fiel ihm auf die Hand und zertrümmerte
den kleinen linken Finger. Ob aus Pflichtbewusstsein oder Angst
um den Arbeitsplatz – Lula soll bis zur Ankunft des Fabrikbesitzers
am Morgen gewartet haben, ehe er die Verletzung meldete und
zum Arzt ging. Für Gegner sollte die Behinderung im weiteren
Verlauf immer wieder Angriffsfläche für Hänseleien und Witze
werden. Für Lula wurde sie auch zum Markenzeichen. Als 2009
vor der Küste Brasiliens große Tiefsee-Erdölvorkommen gefunden
wurden, das sogenannte Pre-Salt-Oil, und Brasilien davon träumte,
sich künftig selbst mit Energie versorgen zu können, hielt Lula im
Präsidentschaftswahlkampf 2010 bei einem Pressetermin auf einer
Bohrinsel medienwirksam seine linke Hand in das schwarze Gold
und drückte seiner späteren Amtsnachfolgerin Dilma Rousseff diesen Abdruck auf den leuchtend orangenen Overall.[7]

Die folgenden Jahre waren schwierig. Nach dem Militärputsch
1964 rutschte Brasilien mit dem Beginn der Militärdiktatur in eine
Wirtschaftskrise. Immer wieder verlor Lula seine Arbeitsplätze und

---

7   Vgl. https://www.conversaafiada.com.br/brasil/2010/10/29/petrobras-de-lula-
    dobra-o-pre-sal, aufgerufen am 17. März 2021.

musste sich mit Gelegenheitsjobs durchschlagen. Deshalb zog es ihn an den Stadtrand. Dort, in der sogenannten ABC-Region, waren zu jener Zeit die wichtigsten und größten metallverarbeitenden Industrien, internationale Betriebe und Autokonzerne angesiedelt. Die Abkürzung ABC steht für die Orte Santo André, São Bernardo do Campo und São Caetano do Sul. In dem Betrieb *Indústrias Villares* in São Bernardo fand Lula Arbeit. Dort trat er auch 1968 der Gewerkschaft bei. Genauer: Sein Bruder José Ferreira, genannt »*Frei Chico*«, warb ihn als Mitglied. Frei Chico war schon früher der Gewerkschaft beigetreten und von seinen Ansichten her etwas radikaler als sein Bruder. Er war seit 1971 Mitglied der Kommunistischen Partei (PCB), die auch Verbindungen in den Untergrund zu den Widerstandskämpfern gegen das Militärregime pflegte.

Mit Parteipolitik hatte Lula zu diesem Zeitpunkt noch nichts am Hut. Mangels personeller Alternativen übernahm er aber gleich führende Aufgaben in seinem Betrieb. Er hatte zwar keinerlei Erfahrung mit Gewerkschaftsarbeit, kam bei den Kollegen aber gut an. Man steckte ihn in die Sozialabteilung. Dort konnte er Arbeitern bei praktischen Problemen helfen. Dazu belegte er Kurse, etwa in Arbeitsrecht, die ihn auch inhaltlich voranbrachten.

Hier zeigten sich erste Grundzüge eines Wesenszugs Lulas: Lula, der Kümmerer, Lula, der Zuhörer, der bei den Menschen keinen Unterschied macht, welcher Schicht sie angehören. Der Amerikaner Ted Goertzel beschreibt Lula in jener Phase als Menschen, dessen Weltanschauung christlich und nicht marxistisch[8] gewesen sei. Ohne es zu wissen oder konkret zu planen, begann Lula damit, sich aufgrund seiner Zuverlässigkeit und des Vertrauens, das ihm die Kollegen entgegenbrachten, eine politische Basis aufzubauen. Die Gewerkschaftskarriere ließ nicht lange auf sich warten: 1969 wählte man ihn zum Direktor der Metallergewerkschaft in São Bernardo, 1972 wurde er erster Sekretär, 1975, mit nur 30 Jahren, Präsident der Gewerkschaft.

Arbeitskämpfe gab es in der ersten Hälfte der 1970er-Jahre immer wieder. Mitte des Jahrzehnts wurden diese zunehmend ra-

---

8   Goertzel, Ted, Brazil's Lula, the Rise and Fall of an Icon, Amazon Kindle Books 2018, Kapitel 3, Position 445.

dikaler und verbissener geführt. Die radikaleren Strömungen, wie Goertzel sie nennt, denen es nicht allein um Arbeiterrechte ging, sondern zugleich um soziale Reformen, sieht der US-Autor als Überbleibsel der Guerilla-Zellen, die Brasilien in den ersten Jahren der Militärdiktatur in Atem hielten.

Darum sei zum besseren Verständnis ein Einschub gestattet, um die Militärdiktatur etwas genauer zu erklären.

Militärdiktatur (1964–85)

Am 31. März 1964 veränderte sich Brasilien grundlegend: Plötzlich lebten die Menschen in einer Diktatur. Ein Putsch, vollzogen innerhalb weniger Tage, unter logistischer und materieller Unterstützung der US-Regierung – *Operation Uncle Sam*[9] – hatte den Präsidenten João »Jango« Goulart aus dem Amt gedrängt und eine Militärregierung installiert. Die Demokratie war vorerst gescheitert. Mehr als 20 Jahre, bis Mai 1985, sollte diese Phase dauern. Prominente und einflussreiche linke Politiker wie Leonel Brizola, der während des Militärputsches einer der Anführer des Widerstandes war, mussten das Land verlassen und gingen ins Exil.

Gute zwei Jahre dauerte es, bis Brasilien aus der Schockstarre erwachte und sich im Untergrund Widerstand gegen das Regime formierte. Die heiße Phase des bewaffneten Widerstands mit Bombenterror, Raubüberfällen und Entführungen dauerte etwa acht Jahre lang. Das Regime beantwortete Gewalt mit Gewalt, vor allem in Form von Folter und Ermordung von Dissidenten und Widerstandskämpfern. Diese Zeit, die gerne als bleierne umschrieben wird und bis heute nur unzureichend aufgearbeitet wurde, nahm ihren Anfang am Provinzflughafen Guararapes in Recife im Bundesstaat Pernambuco.

Es war am Morgen des 25. Juli 1966, als General Artur Costa e Silva dort eintraf. Präsident war er da noch nicht, seine Wahl im Oktober desselben Jahres jedoch reine Formsache: Es sollte keinen Gegenkandidaten geben. Somit war der Besuch im Nordosten so etwas wie ein verfrühter Antrittsbesuch des Militärs. In der Halle des Flughafens warteten Anhänger, um ihm zuzujubeln. In der all-

---

9 Rossi, Marina, Vanini, Felipe: Kennedy sugeriu intervir militarmente no Brasil para tirar Jango do poder, https://brasil.elpais.com/brasil/2014/01/06/politica/1389030526_116992.html, in: El País, aufgerufen 13.12.2020.

gemeinen Unruhe bemerkte niemand den unbeaufsichtigten Koffer, der ebenfalls dort stand. Bis auf einen: Der Wachmann Sebastião Tomaz de Aquino nahm den Koffer, wollte ihn zum Schalter des *Departamento de Aviação Civil* (DAC) bringen. Doch so weit kam er nicht. Der Zeitzünder der Kofferbombe detonierte. Aquino wurde durch den Sprengsatz schwer im Gesicht und an den Beinen verletzt – ein Bein musste ihm später amputiert werden. Er war nicht das einzige Opfer. Zwei Personen – der Vize-Admiral Nelson Gomes Fernandes und der Journalist Edson Régis – starben, 13 weitere Personen wurden verletzt.

Die offizielle Version stand schnell fest: Eine bewaffnete Guerillabewegung mit dem Namen *Ação Popular* (AP) sei für die Bluttat verantwortlich, und mit dem Ingenieur Edinaldo Miranda und dem Abgeordneten der Kommunistischen Partei (PCdB) Ricardo Zarattini wurden schnell zwei vermeintlich Schuldige ausgemacht und öffentlich präsentiert. Auch wenn die Untersuchungsergebnisse der Militärbehörden vor Ungereimtheiten, widersprüchlichen Aussagen und Daten der Polizei nur so strotzten, wie die Historikerin Marcília Gama von der *Universidade Federal Rural de Pernambuco*[10] analysierte. Das Ganze hatte natürlich das propagandistische Ziel, ein Klima der Angst innerhalb der Bevölkerung zu schaffen und die Tat dem politischen Gegner, der linken Organisation AP, in die Schuhe schieben zu können. Die Rechnung ging zunächst auf.

Mit Zarattini hatte man sich zudem jemanden ausgesucht, der den Militärs schon öfter unangenehm und als subversiv aufgefallen war. Er hatte mehrfach bäuerlichen Widerstand in Zuckerrohranbaugebieten unterstützt. Miranda hingegen hatte eine weiße Weste. Er war lediglich mit Zarattini befreundet, was dem Militärregime offensichtlich genügte, um ihn zu verhaften und zu foltern. Ein Geständnis ließen sich die beiden übrigens trotz Folter nicht erpressen. Hätten sie irgendetwas zugegeben, wäre dies wohl ein

---

10   Vgl. Alves, Daniele: Os 50 anos do atentado a bomba no Aeroporto do Recife, https://curiosamente.diariodepernambuco.com.br/project/os-50-anos-do-atentado-no-aeroporto-do-recife/, in: Curiosamente, aufgerufen am 14.12.2020.

willkommener Anlass gewesen, mit weiteren Repressionen gegen die ganze Bevölkerung den Überwachungsapparat noch weiter auszubauen.

Ganz schlüssig schien auch dem obersten Militärgericht die »Schuld« Mirandas nicht zu sein, wenn man das Strafmaß betrachtet. Er wurde zu einem Jahr Gefängnis verurteilt. Danach ging er ins Exil nach Chile und von dort weiter nach Frankreich. Erst 1979 kehrte er nach Brasilien zurück. Im selben Jahr beschloss die Militärregierung eine Generalamnestie. Diese umfasst auch alle Militärs, die während der Diktatur aktiv und an Folter und Gewalt beteiligt waren. Dies ist der wesentliche Grund, weshalb die Gräueltaten jener Zeit, anders als in Argentinien oder Chile, nicht aufgearbeitet wurden – im Grunde bis heute. Miranda wurde, obwohl auch er unter die Amnestie fiel, bis zu seinem Tod mit 54 Jahren im Jahr 1997 öffentlich mit dem Attentat in Verbindung gebracht.

Es wurde übrigens nie ganz aufgeklärt, worauf die Verdächtigungen fußten und wer mögliche Hintermänner gewesen sein könnten. Namen wurden immer wieder genannt. Etwa der des Soziologen Herbert Jose »Betinho« de Souza. Er soll einen Brief an einen der beiden Angeklagten geschickt haben.[11] Ins Feindbild der Militärs hätte er gepasst. De Souza war neben der Soziologie auch ein Aktivist gegen wirtschaftliche Ungleichheit und hatte das Brasilianische Institut für soziale Analysen und Wirtschaft (IBASE) gegründet. 1963, kurz vor dem Putsch, wurde er zum Personalchef des Erziehungsministeriums. Allerdings ging er direkt nach dem Putsch ins Exil. Weiters kursierten die Namen Alípio de Freitas und Raimundo Gonçalves Figueiredo.

Etwas Licht ins Dunkel der Diktaturvergangenheit brachte die Wahrheitskommission Dom Helder Camara im Jahr 2013. Die Zeitung *O Globo* berichtete am 10. Dezember 2013 von der Vorstellung des Abschlussberichts. Der Koordinator der Kommission, Ricardo Coelho, sagte demnach: »Möglicherweise waren es drei Personen, wir wissen aber nicht, ob jene Person [Figuereido, Anm. d. Autors] zu beschuldigen ist. Was wir aber bestätigen können,

11   Ebenda.

ist, dass diese beiden unschuldig sind, und der brasilianische Staat wusste das. Wir werden weiter untersuchen, denn noch immer gibt es Punkte, die wir gerne aufklären würden, wie die Urheberschaft.«[12] Kritiklos war die Arbeit der Kommission aber auch nicht. Nachfahren des beim Anschlag getöteten Journalisten Edson Régis, darunter dessen Sohn Flávio, bedauerten, dass die Kommission nicht lückenlos aufklären und forschen dürfe, sondern es Grenzen gebe. Demnach dürfe sich die Kommission nur mit der Frage auseinandersetzen, welche Fehler und Verbrechen von Seiten des Staats begangen worden seien. Eine komplette Aufklärung und Aufarbeitung des Todes des Journalisten sei somit nicht möglich.[13]

General Costa e Silva überlebte das Attentat von Guararapes unverletzt. Wenige Monate später, am 3. Oktober, wurde er zum Präsidenten gewählt – wie während der Militärdiktatur üblich in einer indirekten Wahl durch das Parlament, in dem die *bancada* des Militärs über Möglichkeiten verfügte, eine stabile Mehrheit zu organisieren. Kurz vor Jahresende 1968 setzte Costa e Silva, sicherlich auch als Reaktion auf den Bombenanschlag von Guararapes, eines der gefürchtetsten Gesetze in Kraft, das Brasilien bislang erlebt hat.

AI 5 ist die Abkürzung für den *Ato Institucional Número Cinco*, den institutionellen Akt Nr. 5. Die Atos waren jene Form der Legislative, die den Regierenden die schärfsten und weitreichendsten Befugnisse einräumten, wie selbst der US-amerikanische Geheimdienst CIA wenige Woche nach dessen Implementierung befand.[14]

Grundsätzlich setzten die Atos sogar die Verfassung außer Kraft und wurden erlassen, ohne die Judikative in den Gesetzgebungsprozess involvieren zu müssen. Sie wurden vom Obersten Revolutionskommando erlassen und waren praktisch ein Freifahrt-

---

12 O Globo: Comissão da Verdade inocenta dois acusados de atentado no Recife, http://g1.globo.com/pernambuco/noticia/2013/12/comissao-da-verdade-inocenta-dois-acusados-de-atentado-no-recife.html, in: O Globo, aufgerufen am 14.12.2020.
13 Vgl. http://www.recife.pe.leg.br/comunicacao/noticias/andre-regis-critica-limitacoes-da-comissao-da-verdade
14 Dokument des CIA, The Situation in Brazil, Special National Intelligence Estimate, Nr. 93–69, 13. Februar 1969, S. 8.

schein ohne weitere Kontrolle. 17 solcher *Atos Institutionais* erließ die Militärregierung während ihrer Herrschaft. Der Akt Nr. 5 ist der wohl bekannteste und weitreichendste.

So erlaubte das Gesetz der Regierung, Parlamente auf allen Ebenen – bundes-, landesweit und kommunal – ohne Angabe von Gründen zu schließen. Ferner wurde der Bundesregierung das Recht eingeräumt, unter dem Vorwand der »Nationalen Sicherheit« in Bundesstaaten und Kreisen zu intervenieren, die lokalen Verwaltungen abzusetzen und Statthalter zu benennen. Darüber hinaus gestattete das AI5 die Vorabzensur von Musik, Filmen, Theater, TV-Programmen und der Presse. Des weiteren durfte die Polizei politische Zusammenkünfte untersagen. Das waren nur ein paar der sehr weitreichenden Einschnitte, die der *Ato Institutional Numero 5* für die Bevölkerung Brasiliens bereithielt – als Reaktion auf eine Reihe von Bombenangriffen und Überfällen.

Mit dem AI5 wurden der Demokratie im wahrsten Sinn des Wortes die Daumenschrauben angelegt. Foltern gehörte fortan zu den bevorzugten Mitteln, um den Widerstand der Aufständischen zu brechen. Acht Jahre, von 1966 bis 1974, dauerte der bewaffnete Guerillakampf an. 40 Bomben explodierten in dieser Zeit, gut 150 Überfälle auf Banken und Geldtransporter sollen auf das Konto der Guerilleros gegangen sein. Im Gegenzug verzeichnete die nationale Wahrheitsfindungskommission bei ihrer Bestandsaufnahme 434 Menschen, die durch die Diktatur ums Leben kamen oder seither als vermisst gelten.[15] Darunter befindet sich auch Fernando Santa Cruz.

Die linke Widerstandsbewegung wird in Brasilien als die größte Guerilla-Bewegung seit dem Krieg der Canudos (1896–97) gesehen. Damals standen einander die Bewohner des Ortes Canudos im Bundesstaat Bahia unter der Führung des Predigers Antônio Conselheiro und Truppen der brasilianischen Regierung gegenüber. Der Aufstand wurde vom Militär blutig niedergeschlagen. Allerdings brauchte es auch hierfür im mehr als ein Jahr dauernden Aufstand vier Anläufe. Eine blutige Niederschlagung versuchte die Militär-

---

15   Vgl. Nationale Sicherheitskommission: http://cnv.memoriasreveladas.gov. br/, aufgerufen am 16.12.2020.

regierung nun auch. Durch die weitreichenden Ermächtigungen des Militärs versuchte sie, die Bevölkerung einzuschüchtern und Misstrauen zu säen. Niemand konnte und sollte sich mehr sicher sein, ob nicht ein Nachbar mit dem Militär kollaborierte und vermeintliche Guerilleros meldete. Jeder konnte jederzeit vom Nachbarn denunziert werden.

Der Kampf war jedoch schwierig. Schon früh zeigte sich, dass der Widerstand keine homogene Bewegung darstellte, sondern in Aktionen geplant und von knapp 20 kleineren Gruppierungen durchgeführt in Erscheinung trat. Es gab keine zentrale Planungseinheit, keinen Kopf der Bewegung. Das machte es für die Militärs schwierig. Es liegt durchaus nahe, anzunehmen, dass die Einführung des AI5 zu einer gewissen Radikalisierung geführt hat. Der Fotograf Paulo Jabur, der die Diktatur dokumentierte und damit wichtige Zeitdokumente schuf, sagte einmal, der Putsch habe ihn politisiert, doch erst der AI5 habe ihn veranlasst, zur Waffe zu greifen. Jabur selbst war von 1973 bis 1979 ein politischer Gefangener des Regimes.

Die größten Widerstandsgruppen waren die von Carlos Marighella[16] gegründete *Ação Libertadora Nacional* (ALN) und die *Vanguarda Popular Revolucionária* (VPR), übersetzt etwa Revolutionäre Volks-Avantgarde. Ihr Anführer war Carlos Lamarca, dessen Werdegang nun eingehender beleuchtet werden soll, da sein Name bis in die aktuelle Politik Brasiliens ausstrahlt, wenn auch nur indirekt.

---

16 Das Leben Marighellas inspirierte mehrmals filmerische Interpretationen. Die jüngste stammt aus dem Jahr 2019 und war zugleich das Regiedebüt von Wagner Moura. Der Spielfilm lief im Wettbewerb der Internationalen Filmfestspiele Berlin 2019: https://www.berlinale.de/de/archiv/jahresarchive/2019/02_programm_2019/02_filmdatenblatt_2019_201914359.html#tab=filmStills, aufgerufen am 5. November 2021. Der Film wurde nicht nur von Kritikern kontrovers als teilweise unkritisches Heldenepos aufgefasst. Auch von Seiten der Regierung Bolsonaros erhielt Moura viel Kritik. Vgl. https://www.cartacapital.com.br/cultura/alvo-de-ataques-bolsonaristas-wagner-moura-considera-marighella-um-ponto-de-inflexao-em-sua-trajetoria/, aufgerufen am 5. November 2021.

Carlos Lamarca

Sein Lebenslauf liest sich wie aus einem Kalten-Krieg-Krimi. Lamarcas Karriere begann beim Militär und endete im militanten Widerstand gegen die Militärregierung. 1962/63 hatte er als brasilianischer Soldat im sogenannten Suez-Bataillon der UNO gedient, das in Gaza (Palästina) stationiert war. Zurück in Brasilien, erlebte er als Militärpolizist den Militärputsch von 1964 und wurde durch diesen politisiert. Mittlerweile zum Hauptmann befördert, kam er in Porto Alegre durch den Unteroffizier Darcy Rodrigues, der in der Kaserne für die politische Erziehung zuständig war, erstmals in Kontakt mit Werken von Lenin und Mao.

Anfang 1968 nahm Lamarca Kontakt zu linken Gruppierungen auf, die den bewaffneten Widerstand gegen das Militärregime befürworteten. In seiner Einheit gründete er eine kommunistische Zelle. Im September 1968 suchte er den Kontakt zu Carlos Marighella, dem damaligen Führer der kommunistischen Splitterpartei *Partido Comunista do Brasil* (PCdoB) und Gründer der Guerillabewegung *Ação Libertadores Nacional* (ALN). Anders als Lamarca, der als Ex-Soldat für das Prinzip von Gewalt als Mittel zum Zweck stand, wird Marighella weithin als intellektueller Kopf des Widerstands beschrieben.

Die Organisation kümmerte sich um die Ausreise der Ehefrau und der beiden Söhne Lamarcas nach Kuba. Damit waren die engsten Angehörigen in Sicherheit, und für Lamarca war der Weg frei, sich zu radikalisieren und dem Widerstand anzuschließen. Am 24. Januar 1969 desertierten Lamarca, Rodrigues und zwei weitere Soldaten, wobei es ihnen gelang, 63 Gewehre, drei Maschinenpistolen sowie Munition mitzunehmen. Sie gingen in den Untergrund. Ihre erste bewaffnete Operation ließ nicht lange auf sich warten und fand in São Paulo statt. Lamarca überfiel eine Bank und erschoss dabei einen Wachmann. Überfälle auf Banken gehörten zu den wichtigsten Finanzierungsquellen der Guerilla.[17]

---

17   Da sich das Buch mit der Politik und Geschichte Brasiliens beschäftigt, wird dort, wo es Begriffe gibt, die sowohl im Spanischen als auch im Portugiesischen anzutreffen sind, die portugiesische Schreibweise ausgewählt, auch wenn die spanische teilweise geläufiger erscheint.

Das herrschende Militär reagierte hochgradig nervös auf die Aktionen der Untergrundkommandos, von denen Lamarcas Gruppe nur eine von vielen war. Um den Widerstand im Keim zu ersticken, wurden im ganzen Land engmaschige Straßensperren eingerichtet. In eine solche geriet am 15. April 1970 anscheinend auch Carlos Lamarca. Und hier entsteht die Verbindung zum 2018 gewählten Präsidenten Jair Bolsonaro. Die Episode erklärt gut, weshalb Bolsonaros Politik von einem tiefen Ressentiment gegen alles Linke getrieben ist. Der Grundstein dieses Ressentiments liegt hier.

Bolsonaro stammt aus dem Hinterland des Bundesstaates São Paulo.[18] Dort war er als Kind und als Jugendlicher viel in den Wäldern rund um die Kleinstadt Eldorado unterwegs; zum Fischen oder um die Familie mit dem Sammeln von Früchten zu unterstützen. Er kannte sich also bestens in der Gegend aus. Diese Ortskenntnis bot er dem Militär an, das die Verfolgung von Lamarca und seiner Truppe aufnahm, nachdem sich dieser mit dem Militär mitten im Ortszentrum von Eldorado einen Schusswechsel geliefert hatte und anschließend fliehen konnte. Es galt nicht nur, den flüchtigen Deserteur aufzuspüren. Zugleich kursierte der Verdacht, Lamarcas Truppe betreibe in der Nähe im Vale do Rio Ribeira ein Rückzugs- und Ausbildungscamp. Ein Mythos, der bis heute von Seiten des Bolsonaro-Clans gepflegt wird.

Es blieb beim Verdacht, gefunden wurde trotz intensiver Suche nichts. Lamarca entging der Fahndung und tauchte in Rio de Janeiro unter. Dort entführte er kurz darauf den Schweizer Botschafter Giovanni Bucher. Mit dem Diplomaten als Geisel gelang es ihm, 70 politische Gefangene vom Militärregime freizupressen. Erst ein gutes Jahr nach dem Vorfall in Eldorado gelang es dem Militär, den Widerstandskämpfer im nordöstlichen Bundesstaat Bahia zu stellen. Am 17. September 1971 wurde er getötet.

Die Geschichte Lamarcas soll exemplarisch die Verbissenheit und Entschlossenheit illustrieren, mit der Guerilleros und Militär in den ersten Jahren der Diktatur aufeinander losgingen. Dabei schreckte das Militär auch vor Bespitzelungen, Einschüchterungen

---

18   Vgl. Nöthen, Andreas, Bulldozer Bolsonaro, Ch. Links Verlag 2020, S. 53ff.

und Folter nicht zurück. Die spätere Präsidentin Dilma Rousseff (PT, 2011–2016) erfuhr dies am eigenen Leib.

Die angespannte Stimmung war Mitte der 1970er-Jahre einer gewissen Müdigkeit und Unruhe innerhalb der Bevölkerung gewichen. Brasilien war »ein Land in der Erwartung einer Lösung«,[19] schreibt die Journalistin Isabela Barreiros. In den letzten Monaten der Amtszeit von Präsident Ernesto Geisel zeigte sich Brasilien, oder besser das Militärregime, 1978 auf einem verhaltenen Öffnungskurs. In der Arbeiterschaft machte sich wieder Unzufriedenheit breit, die Zeichen standen auf Streiks. Der Frust der Arbeiter in der ABC-Region hatte sich schon über Jahre hinweg aufgestaut. Nach Krise zu Beginn der Diktatur und einigen wirtschaftlich starken Jahren schwächelte die brasilianische Wirtschaft ab 1973 wieder. Das Land hatte mit einem großen Außenhandelsdefizit zu kämpfen. Die Exporte waren zu gering, dadurch wuchsen Verschuldung und Inflation. Das Militär wollte die wahre Höhe der Lebenshaltungskosten verschleiern, indem es die Inflationsrate selbst zu bestimmen suchte.[20] Doch die angestellten Beschäftigten ließen sich dadurch nicht täuschen. Die Löhne hielten mit der Teuerungsrate nicht Schritt, das Nettoeinkommen sank.

Es gärte – nicht nur unter den Metallern, den *Metalurgicos*, sondern in der gesamten Gesellschaft. Es bildeten sich auch Gewerkschaften sogenannter *colarinho-brancos*, also *white collar jobs*, abseits der Arbeiterschaft. Bankangestellte organisierten sich, ebenso Lehrer, Ärzte und Beschäftigte des Gesundheitssektors.[21] Kirchen, vor allem die Katholische Kirche, aber auch Studenten und breite

---

19 Barreiros, Isabela, Por Que Lula Foi Preso em 1980?, https://aventurasnahistoria. uol.com.br/noticias/almanaque/por-que-lula-foi-preso-em-1980.phtml, in: Aventuras na História, aufgerufen am 15. März 2021.

20 Nach dem Erfolg der Revolution in Kuba, die von der Sowjetunion unterstützt wurde, war die gesamte Region Zielgebiet der Linken, mit dem Ziel, den Kontinent zu kontrollieren. Daher ging etwa Ernesto Guevara nach Bolivien. Es sei darauf hingewiesen, dass Mittel- und Südamerika von den Vereinigten Staaten als sogenannter Hinterhof der USA betrachtet wurde. Man erkennt dies u. a. am Emblem des US-Südkommandos an: Es umfasst die gesamte Region südlich des Rio Grande. Sie unterstützten diesen Versuch, die Expansion der damaligen UdSSR in der Region einzudämmen.

21 Vgl. Fausto, S. 424.

Teile der Mittelschicht unterstützten die Arbeitskämpfe. 1973 hatte es bereits erste kleinere Streiks gegeben, die auch der Jung-Gewerkschafter Lula mitbekommen hatte. Ab 1978 wurden die Streiks deutlich ausgeweitet. Bis in das Jahr 1980 kam es immer wieder zu immer größeren Ausständen, sodass die Wirtschaft Brasilien fast zwei Jahre lang durchgehend ausgebremst wurde.

Präsident Geisel stand unter Druck. Schulden, Rezession, Inflation – das alles setzte seine Militärregierung unter Zugzwang. Es zeigte sich deutlich, dass Militärs in der Lange sein mögen, die Innere Sicherheit, wenn auch sehr autoritär und aggressiv, unter Kontrolle zu halten. In wirtschaftlichen Fragen, gerade in einem Land wie Brasilien, das zu jener Zeit als Entwicklungsland mit großen sozialen Verwerfungen galt, stieß die Expertise der Militärs aber schnell an ihre Grenzen. Und jeder Schritt, den die Militärregierung unternahm und der ihr misslang, bescherte der bis dahin einzigen zugelassenen Oppositionspartei, dem *Movimento Democrático Brasileiro* (MDB), Zulauf.

Auch außenpolitisch lief es nicht mehr so glatt wie zu Beginn der Diktatur. US-Präsident John F. Kennedy hatte den Umsturz noch aktiv unterstützt. Auch seine Nachfolger Lyndon B. Johnson (1963–69), Richard Nixon (1969–74) und Henry Ford (1974–77) folgten der Linie, antikommunistische Regierungen in Lateinamerika zu unterstützen. Mit dem Demokraten Jimmy Carter sollte sich das ändern. Der Druck war schon seit etwa 1973 ziemlich hoch. Die Katholische Kirche lag als Oppositionskraft im permanenten Clinch mit der Militärregierung. Deswegen war es für Präsident Geisel wichtig, Brücken zur mächtigen Kirche zu bauen – die wichtigste sollte der glaubhafte Kampf gegen die Folter werden.[22] Allerdings schuf dies für Geisel eine weitere Reibungsfläche, nämlich zwischen der Regierung und dem Militär. Denn mit den Geheimdiensten, die außerhalb des direkten Militärkommandos standen, sorgte die Politik für Spannungen innerhalb des Militärs, besonders in der hierarchischen Ordnung. Ein Unteroffizier eines Geheimdienstes konnte Informationen kontrollieren, Entscheidungen über Leben und Tod nach Gut-

---

22 Vgl. Fausto, S. 418.

dünken des Unterdrückungsapparats treffen, ohne dass ein höherrangiger Militär dies hätte kontrollieren können. Dies barg für das Militär auf Dauer das Risiko des Verlustes der Integrität. Um diese Hierarchie wieder in eine Balance zu bekommen, war es wichtig, die »harte Linie« zu neutralisieren, die Repressionen zu vermindern und das Militär wieder zurück in die Kasernen zu schicken.[23] Die Militärs hatten nun die Aufgabe, den aufgestauten Druck kontrolliert und langsam entweichen zu lassen, mit anderen Worten: Schritte einzuleiten, um zu einem demokratisch regierten Staat zurückzukehren und einen Übergang zur Demokratie zu schaffen.

Das konnte jedoch nur unter gewissen Voraussetzungen bzw. Garantien für das Regime erfolgen. Eine war eine allgemeine Amnestie. Das Amnestiegesetz in Brasilien ist der volkstümliche Name für das Gesetz Nummer 6683, das erst von Ernesto Geisels Nachfolger, João Batista Figueiredo, am 28. August 1979 nach einer breiten sozialen Mobilisierung während der Militärdiktatur erlassen wurde: Weder Angehörige noch Kollaborateure des Regimes noch Mitglieder des Widerstands sollten später für etwaige Verbrechen und Gesetzesübertretungen belangt werden können. Eine weitere Voraussetzung für Lockerungen sollte sein, dass die politischen Führer der Linken aus der Zeit vor der Diktatur, wie der frühere Präsident João Goulart oder Leonel Brizola, keine Chance mehr auf tragende politische Rollen hätten.

Auch die Gewerkschaften veränderten sich. Während der zweiten, autoritärer ausgerichteten Legislaturperiode von Getúlio Vargas (1951–54) hatte man versucht, die Gewerkschaften weitestgehend unschädlich zu machen. Das Arbeitsministerium hatte alle zentralen Posten der Gewerkschaften des Dachverbands *Comando Geral dos Trabalhadores* (CGT) mit regierungskonformen Gefolgsleuten besetzt und damit praktisch zu staatlichen Organen degradiert – am Ende der Arbeitskämpfe sollte das CGT praktisch bedeutungslos geworden sein. Stattdessen entstand ein wesentlich kämpferischerer neuer Dachverband, *Central Única dos Trabalhadores* (CUT), der zunächst eng mit der Bewegung, insbesondere

23   Ibid.

mit der von Luiz Inácio Lula da Silva gegründeten *Partido dos Tra-balhadores* (PT) verbunden bleiben sollte.

Die Gewerkschaften, bislang isoliert und nur für die eigenen Belange kämpfend, schöpften nun Kraft, indem sie sich mit anderen Arbeiterorganisationen zusammenschlossen. Die Forderungen gingen erstmals dazu über, allgemein politischer zu werden. Zudem bildete sich mit Luiz Inácio Lula da Silva eine zentrale Führungs-figur heraus. Einer, der das erkannt zu haben schien, war Lula selbst. Im Juni 1978 gab er dem Journalisten Ruy Mesquita für das *Jornal da Tarde* ein mehr als vierstündiges Interview. Jenes Interview mar-kiert für den Journalisten Renato Delmanto den Moment, »der den Wandel vom Gewerkschaftsführer zum landesweiten politi-schen Führer«[24] und zum (Medien)-Star einläutete. Einen ideo-logischen Sozialisten will er da in Lula aber nicht gesehen haben, dessen Ziele weit über die eines engstirnigen Fachgewerkschafters hinausgingen. Lula weitete in dem Gespräch den Blick, sprach davon, einen Mindestlohn einführen und für Wohnraum sorgen zu wollen. »Ein Arbeiter muss so viel verdienen können, um sich einen schönen Anzug zu kaufen, ein Auto zu haben und einen Farbfernseher.« Damit waren die Grundzüge seiner Programma-tik als Präsident fast 25 Jahre später schon deutlich zu erkennen.

Festnahmen und Hungerstreik
1978 löste João Batista Figueiredo Ernesto Geisel als Präsident ab. Mit Blick auf die angestrebten Lockerungen eine durchaus in-teressante Wahl: Figueiredo war während Geisels Amtszeit Chef des Geheimdienstes SNI gewesen, der die harte Linie der Militär-diktatur mit Folter, Misshandlung und Tötungen maßgeblich mit-trug bzw. ausführte. Nun sollte er als Ex-Chef einer repressiven Einrichtung die Abwendung von jener harten Linie glaubhaft ver-kaufen. Ein schwieriger Spagat.

Die Intensität der Streiks steigerte sich von 1978 bis 1980 kontinuierlich. Nach den ersten durchaus erfolgreichen Ausständen

24   Delmanto, Renato, O barão da imprensa entrevista Lula, o sindicalista, https://delmanto.medium.com/o-bar%C3%A3o-da-imprensa-entrevista-lula-o-sindicalista-69c83c2b8d15, in: Medium.com, aufgerufen am 15. März 2021.

entschieden sich die Unternehmen 1979 dazu, dagegenzuhalten. Arbeiter, die am Fließband stehen blieben, wurden kurzerhand entlassen; ein Versuch, sie unter Druck zu setzen und die Streikmoral zu brechen. Auch gegen die Funktionäre der Gewerkschaft gab es Repressionen, Lula und andere wurden von der Polizei aus der Gewerkschaftszentrale entfernt. Der 1980er-Streik wurde intensiver vorbereitet. Die Gewerkschaften richteten eine Streikkasse ein, um bis zu 41 Tage am Stück die Arbeit niederlegen zu können. Bei der Sammlung von Spenden halfen unter anderem die katholischen Kirchengemeinden der ABC-Region.

Ein Schwachpunkt jedes Streiks ist die Angst der Teilnehmer, von ihren Unternehmen vor die Tür gesetzt zu werden. Deswegen suchten die Gewerkschaften das Gespräch mit den Arbeitnehmern, sprachen mit ihnen über mögliche Repressionen. Darüber hinaus versuchten sie, den Arbeitern die Tragweite der Situation zu verdeutlichen. Nicht nur die Unternehmen waren gegen sie; der ganze Staatsapparat war gegen sie. Der Historiker Francisco Macedo formulierte es so: »Der Streik war also nicht nur um Geld, sondern auch um die Demokratie.« Es ging um das große Ganze.

Für die Gewerkschafter ist es oft schwierig, den Druck hoch zu halten. Nach einigen Tagen drängen die Arbeiter wieder darauf, an die Arbeit zurückzukehren, um Geld verdienen zu können. Der Arbeitskampf steht auf der Kippe. »Es muss etwas Außergewöhnliches geschehen«, soll Lula vor einer Kundgebung einigen Vertretern gesagt haben. Mit dem, was dann passierte, dürfte auch er nicht gerechnet haben.

Es war im April 1980. Lula führte einen 17-tägigen Streik im Werk des Lastwagenherstellers Scania, als die Staatsmacht einschritt. Am 19. April standen plötzlich Mitarbeiter des staatlichen Geheimdienstes *Departamento de Ordem Política e Social* (DOPS)[25]

25 Das DOPS, gegründet am 30. Dezember 1924, war eine brasilianische Regierungsbehörde, die hauptsächlich während des *Estado Novo* und später während der Militärdiktatur eingesetzt wurde. Das Organ, das die Aufgabe hatte, die militärische Ordnung im Lande zu gewährleisten und allgemein zu disziplinieren, wurde am 17. April 1928 durch das Gesetz Nr. 2034 gegründet. Was gemeinhin als DOPS bezeichnet wird, sind die Einheiten der politischen Polizei eines jeden Staates, die für die Unterdrückung von

vor der Türe. Lula und elf weitere Personen, darunter die Anwälte Dalmo Dallari, José Carlos Dias, aber auch Djalma Bom, einer der späteren Mitbegründer der Arbeiterpartei PT, und Isaias Urbano de Cunha, der Direktor der Metallgewerkschaft in Santo André, wurden festgenommen. Ein juristisch haltbares Mandat für die Verhaftung gab es offensichtlich nicht. Als Begründung wurden die Artikel 32 und 33 das *Lei de Segurança Nacional* angeführt. Das brasilianische Gesetz zur nationalen Sicherheit ist ein Gesetz, das die nationale Sicherheit des Staates gegen die Untergrabung von Recht und Ordnung gewährleisten soll. Dazu zählt die Gewährleistung von Ordnung, Sicherheit und öffentlicher Ruhe, der Schutz von Menschen und Eigentum, die Vorbeugung gegen sezessionistische Gruppen.

Während des Militärregimes setzten die ersten beiden Versionen des Gesetzes zur nationalen Sicherheit (1967 und 1969) nach Ansicht von Juristen die vom Kalten Krieg beeinflusste Doktrin der nationalen Sicherheit um. In dieser Doktrin geht es vor allem darum, den Staat vor einem »inneren Feind« zu schützen[26] – im Falle Brasiliens vor Menschen, die sich für die Pervertierung der Ordnung, des bestehenden Regimes oder der Rechtsstaatlichkeit einsetzten. Die gewerkschaftlichen Streiks wurden also als ernsthafte Gefährdung für die Innere Sicherheit gewertet und als solche bekämpft. Das *Lei de Segurança Nacional* sollte übrigens mehr als 40 Jahre nach dieser Anwendung ein politisches Comeback feiern. Präsident Jair Bolsonaro, ein ehemaliger Hauptmann und bekennender Fan der Militärdiktatur, wendet das Gesetz gerne an, um kritische Stimmen mundtot zu machen.[27]

Kommunisten, Anarchisten, Gewerkschaften und sozialen Bewegungen zuständig waren. Dies war seit der Ersten Republik der Fall. Sie wurde aus Bezirken, Abteilungen oder Departements der Zivilpolizei jedes Bundesstaates aufgebaut – insbesondere aus São Paulo und Rio de Janeiro, der damaligen Bundeshauptstadt.

26 Vgl. Seite der Abgeordnetenkammer: https://www2.camara.leg.br/legin/fed/declei/1960-1969/decreto-lei-314-13-marco-1967-366980-publicacaooriginal-1-pe.html

27 Lupeon, Bruno, Lei de Segurança Nacional vira meio para constranger opositores do governo, https://www.dw.com/pt-br/lei-de-seguran%C3%A7a-

Im Fall Lulas kam es sogar zu einem Urteil: Wegen der Anstiftung zu kollektivem Ungehorsam gegen die Gesetze wurden Haftstrafen von zwei bis sechs Jahren ausgesprochen – deutlich niedrigere übrigens, als laut Sicherheitsgesetz möglich gewesen wären. Das Oberste Militärgericht hob die Urteile später wieder auf.

Die Gefangenen landeten im Hauptquartier der DOPS. Folter, illegale Verhaftungen und Hinrichtungen gehörten lange zur Routine der DOPS, wie in den Dokumenten dieser Polizeistationen festgehalten und durch Zeugenaussagen wie die des ehemaligen Polizeichefs Cláudio Antônio Guerra bestätigt wird, der anlässlich des 50. Jahrestages des Putsches von 1964 zugab, während der Militärzeit mindestens sieben Menschen getötet zu haben und seine Taten zu bedauern. Obwohl der Widerstand in São Paulo niedergeschlagen worden war, wurde dort weiter gefoltert und misshandelt, auch nachdem die Regierung längst ihren moderateren Kurs beschlossen und kommuniziert hatte. Es kam zum inneren Konflikt, als 1975 der Journalist Vladimir Herzog verschwand. Man verdächtigte den Direktor des Senders *TV Cultura* Verbindungen zur kommunistischen Partei PCB zu unterhalten. Er wurde auf der Dienststelle vorstellig, verließ diese aber nicht mehr lebendig. Seinen Foltertod versuchte der Inlandsgeheimdienst *Departamento de Operações de Informações – Centro de Operações de Defesa Interna* (DOI-CODI) als Suizid zu verkaufen.[28]

Unter den DOPS-Behörden, die mit der Praxis der Folter bei Verhören in Verbindung gebracht werden, ist die Beteiligung von Sérgio Fleury berüchtigt. Er gilt als der größte Folterer in der DOPS von São Paulo während der Militärdiktatur und wird auch mit der Ermordung des linken Führers Carlos Marighella in Verbindung gebracht. Leiter der DOPS während der Inhaftierung der Gewerkschafter war Romeu Tuma. Der Journalist Percival de Souza beschreibt Tuma als »Ikone der Repression im Dienste des Militär-

nacional-vira-meio-para-constranger-opositores-do-governo/a-56934688, in: Deutsche Welle, aufgerufen am 22. März 2021.

28 Vgl. Fausto, S. 419.

regimes.«[29] Er hatte 1977 die Leitung der Behörde übernommen, die
Betreuung der Gewerkschafter um Lula machte er zur Chefsache.
Anders als oft üblich wurden die Gefangenen nicht gefoltert.
Das Gegenteil war der Fall: Lula wurden, anscheinend von Tuma
selbst, einige Privilegien eingeräumt. So durfte er in dem Gefängnis
Anwälte und Gewerkschaftsangehörige zu Gesprächen empfangen.
Auch seine schwerkranke Mutter Dona Lindu, die an Gebärmutter-
krebs litt, durfte er zwischendurch besuchten und später zu ihrer
Beerdigung auf dem Friedhof *Vila Pauliceia* in São Paulo gehen.
Das wurde ihm nicht einmal gestattet, als er gut 40 Jahre später
im Zuge der *Lava-Jato*-Ermittlungen ein weiteres Mal im Gefängnis saß und ein Enkel und ein Bruder verstarben. Lula durfte auch
ein Spiel seiner Lieblingsfußballmannschaft *Corinthians* sehen. Der
Gefängnisaufenthalt wirkte, gerade für die damalige Zeit, weniger
schreckensvoll als das, was die Wahrheitskommission (*Comissão
Nacional da Verdade*, CNV) ab dem Jahr 2012, während der Amtszeit von Präsidentin Dilma Rousseff, herausarbeiten sollte. Das
Gremium mit dem Ziel, staatliche Menschenrechtsverletzungen
während der Militärdiktatur aufzubereiten, war gegen Ende der
zweiten Präsidentschaft Lulas im Jahr 2009 auf den Weg gebracht
worden.[30] Dennoch wollten Lulas Mitinhaftierte in einen Hungerstreik treten. Aber was waren die Gründe für Tumas »rätselhafte
Großzügigkeit«?[31] Leandro Machado hat eine eigene Theorie.[32]

29 De Souza, Percival, Romeu Tuma, o homem do Dops que sabia demais,
    https://noticias.r7.com/prisma/arquivo-vivo/romeu-tuma-o-homem-do-
    dops-que-sabia-demais-29062020, in: R7, aufgerufen am 16. März 2021.
30 Die Kommission begann ihre Arbeit am 16. Mai 2012 und veröffentlichte ihren
    Abschlussbericht am 10. Dezember 2014. Am 16. Dezember 2014 wurde sie
    aufgelöst. Auf über 3 000 Seiten werden die Erkenntnisse von 80 öffentlichen
    Anhörungen, 1 121 Zeugenaussagen und zuvor geheim gehaltenen Akten der
    Armee und der Justiz ausgeführt. Laut Bericht fielen 434 Personen dem bra-
    silianischen Militär zum Opfer: 191 wurden getötet und 243 ließ das Militär
    verschwinden. Die Leichen von 33 dieser Verschwundenen wurden zwischen-
    zeitlich gefunden. Die Kommission betonte allerdings die Unvollständigkeit
    der Liste. Zur Seite der Nationalen Wahrheitskommission (CNV): http://
    cnv.memoriasreveladas.gov.br/institucional-acesso-informacao/a-cnv.html
31 Vgl. de Souza
32 Vgl. Machado, Leandro, Como foi o primeiro ›Lula livre‹ em 1980, quando
    ex-presidente foi preso pela ditadura, https://www.bbc.com/portuguese/

Zum einen gab es externe Faktoren. Die Hoffnungen der Militärs erfüllten sich nicht. Die Festnahmen wesentlicher Anführer der Streiks führte nicht dazu, die Streiks zu brechen. Außerdem wurde das Thema in den Medien rauf und runter gespielt. Repressionen oder gar Foltervorwürfe hätten die ohnehin angespannte Gemütslage weiter anheizen können, was man tunlichst vermeiden wollte. Auch die bereits vollzogenen Öffnungsschritte, die beschlossene Amnestie und das Ende des Zweiparteiensystems nährten die Hoffnung auf Wandel und weitere Öffnungen. Mauricio Moráes[33] hat eine andere Vermutung für die Ursache des Laissez-faire Romeu Tumas. Möglicherweise, so Moráes, war es ein Versuch, Lula die Möglichkeit zur Flucht einzuräumen. Ein Ausbruch hätte die Arbeiterbewegung und Lula selbst demoralisiert. Zugleich hätte eine Flucht ein härteres Durchgreifen der Sicherheitskräfte gerechtfertigt. Möglicherweise hätte dies die Streikmoral gebrochen und weitere Streiks unwahrscheinlicher gemacht. An dieser Stelle heißt es in dem Buch von Tumas Sohn, dass Lula im Gegenzug für eine gewisse Handlungsfreiheit akzeptiert habe, als Informant für die Militärs zu arbeiten. Der Geheimdienst der Armee unter General Golbery do Couto e Silva habe Lula ermutigt, der große Führer zu werden, weil sie in ihm ein schlechtes Karma ausgemacht hätten, und Golbery sagte einmal, Lula würde die Linke und ihre falsche Überlegenheit zerstören.

Zu jenem Zeitpunkt war eher das Gegenteil der Fall. Die Unterstützung war groß. Die Kirchen halfen, Spenden zu sammeln, Künstler und Intellektuelle unterstützten die Streikenden zu. Der Sänger Chico Buarque nahm eine Platte mit dem Titel *Linha de Montagem* (»Fließband«) und spendete den Verkaufserlös. Bei einem Konzert vor 100 000 Zuschauern in der *Vila Euclides* in São Paulo traten am 20. April João Nogueira, Gonzaguinha,

brasil-50297742, in: BBC Brazil, https://istoe.com.br/13178_COMO+VIVEM+OS+IRMAOS+DE+LULA/en am 15. März 2021.

33 Vgl. Moraes, Mauricio, #Verificamos: É falso que Lula tenha dito a ex-delegado que ›cortou o próprio dedo para não ter que trabalhar‹, https://piaui.folha.uol.com.br/lupa/2019/06/17/verificamos-lula-ex-delegado-cortou-dedo/, in: Folha de São Paulo, aufgerufen am 16. März 2021.

Elis Regina und viele andere bei einem Benefizkonzert auf. Der Ticketerlös floss ebenfalls in die Streikkasse.

Möglicherweise, so Morães, wollte sich Tuma von seinem Vorgänger, dem berüchtigten Folterer Sérgio Paranhos Fleury, distanzieren, der die DOPS während der extrem repressiven Phase zu Beginn der Diktatur geleitet hatte. Ein ausgedehnter Hungerstreik hätte Tumas Ruf mit Sicherheit geschadet. Vielleicht, so mutmaßt Morães, ahnte Tuma zu jenem Zeitpunkt bereits, welche Rolle Lula nach der Diktatur in der politischen Landschaft Brasiliens spielen könnte und wollte daher mit ihm weniger wie mit einem Widerstandskämpfer oder Dissidenten, sondern auf eine mehr »republikanische Art« umgehen.

Weiteren Diskussionsstoff lieferte im Jahr 2013, also 33 Jahre nach der Verhaftung Lulas, der Sohn von Romeu Tuma, Romeu Tuma Jr., mit dem Buch *Assassinato de Reputações – Um Crime de Estado*.[34] In dem Buch, das die brasilianische Politik wie eine Bombe erschütterte und ordentlich am politischen Denkmal Lulas rüttelte, behauptet der Autor, der Gewerkschaftsfunktionär Lula sei ein inoffizieller Informant des DOPS-Chefs Romeu Tuma gewesen. Unter dem Decknamen »Barba« (»Bart«) soll Lula, so der Sohn des früheren Geheimdienstchefs, seinen Vater mit Informationen, etwa über Versammlungsorte, versorgt haben. Zudem habe man den Gewerkschaftsführer dafür eingespannt, unerwünschte Folgen des Amnestiegesetzes auszuschalten. So soll Lulas Aufgabe darin bestanden haben, alte Anführer der Linken wie Leonel Brizola und Miguel Arraes, Funktionär der 1965 verbotenen linken Partei *Partido Social Trabalhista* (PST), für die Zeit nach der Redemokratisierung nach der Diktatur politisch unschädlich zu machen.

Romeu Tuma Senior konnte man zum Zeitpunkt der Veröffentlichung nicht mehr befragen. Auch für die Wahrheitskommission verstarb er zu früh. Jedoch: Man hätte den früheren Geheimdienstchef all die Jahre zuvor befragen können. Schließlich war er nicht untergetaucht, und ein Großteil der Akten dürfte noch vorhanden sein, wenn auch unter Verschluss. Als er starb,

---

34   Tuma, Romeo Jr., Assassinato de Reputações. Um Crime de Estado, Topbooks; 1. Auflage, 2013.

würdigte ihn das Nachrichtenmagazin *Istoé* in einem Nachruf als den Mann, »der sehr viel mehr respektiert als gefürchtet war«. Der Grundton des Nachrufs war respektvoll. Die dunklen Zeiten seiner Karriere, immerhin 30 Jahre bei der DOPS, die letzten Jahre als Verantwortlicher an deren Spitze, wurden darin nur gestreift.

Was er ganz sicher war: ein loyaler Diener des Staats unter verschiedenen Systemen. Während der Diktatur half Tuma dem Sicherheitsminister Ernesto Dias, ebenfalls lange ein Verfechter und Anwender der »harten Linie«, regelmäßig aus so mancher Verlegenheit. Dieser hatte die Angewohnheit, in Nachtclubs zu versacken und sich zu betrinken.[35] Tuma soll ihn stets gefunden und wohlbehalten nach Hause gebracht haben. Dafür wurde er mit einem schnellen Aufstieg belohnt. Innerhalb von acht Jahren stieg er von einem Delegado fünfter Klasse zur Sonderklasse auf. Vor der DOPS lenkte er den Geheimdienst. Die DOPS soll er wiederholt als »SS«[36] bezeichnet haben.

Am 4. März 1983, die Militärdiktatur befand sich in der Auflösung, wurde die DOPS aufgelöst. Tuma drohte die Arbeitslosigkeit. Doch als Generaldirektor der Bundespolizei hatte man schnell Verwendung für ihn gefunden. Am Tag seiner Amtseinführung brach im Gebäude der früheren DOPS ein Großbrand aus. Ende 1982, nach der Landtagswahl im Bundesstaat São Paulo, wurde Franco Montoro von der Oppositionspartei PMDB Gouverneur von São Paulo. Nach Bekanntwerden des Wahlergebnisses ordnete der noch amtierende Gouverneur José Maria Marin an, Tuma habe die Akten der DOPS an den regionalen Superintendenten der Bundespolizei zu übergeben. Wohl vor allem, damit sie nicht in die Hände der Opposition fallen konnten.

Möglicherweise ein Akt eines »Brandes im Archiv«. Der Begriff ist seit dem Übergang zur Republik in den 1890er-Jahren ein geflügeltes Wort in Brasilien. Erstmals benutzt wurde er, als der erste Finanzminister Ruy Barbosa anordnen ließ, alle Akten, die

---

35 Vgl. de Souza
36 Wobei ein Vergleich mit der Staatssicherheit der DDR, der Stasi, sicher passender wäre. Die SS hatte einen rassistischen Auftrag, die Reinigung der Rasse. Dies war in Brasilien nicht der Fall.

im Zusammenhang mit der 1889 abgeschafften Sklaverei standen, umgehend vernichten zu lassen, um etwaigen Regressansprüchen die Beweisgrundlage zu entziehen. Seither wird der Begriff immer wieder verwendet, wenn in Brasilien plötzlich wichtige Beweismittel verschwinden oder zentrale Zeugen bei Prozessen schnell und unvorhergesehen versterben. Alle Akten, die nicht verbrannten, wurden umgehend zur Bundespolizei geschafft, wo sie auch blieben. Wohl auch deshalb ist Tuma eine »Sphinx, die nie entschlüsselt werden wird«.[37]

Tuma blieb auch nach der Demokratisierung Brasiliens 1985 ein wichtiger Akteur in der politischen Landschaft. 1985 fand er die Überreste des Naziverbrechers Josef Mengele auf dem Embu-Friedhof bei São Paulo. 1986 wurde er vom ersten zivilen Präsidenten nach der Diktatur, José Sarney, zum Generaldirektor der Bundespolizei ernannt. Die Menschenrechtsorganisation *Ditadura Nunca Mais* (»Nie wieder Diktatur«) kritisierte die Ernennung scharf. Ansonsten hielt sich die Kritik in Grenzen.

Tuma war auch involviert, als am Vorabend der ersten freien Präsidentschaftswahl 1989 – Lulas erster Anlauf auf das Präsidentenamt – der entführte Unternehmersohn Abílio Diniz befreit wurde. Dieses Kapitel werde ich noch ausführlicher beleuchten. Wie respektiert und wenig gefürchtet Tuma Senior zum Schluss war, zeigt auch ein Blick auf die Liste derer, die auf seiner Beerdigung waren: der Kardinal von São Paulo, Dom Odilo Scherer, der damalige amtierende Vize-Präsident Michel Temer, der Ex-Präsident der sozialdemokratischen PSDB, Fernando Henrique Cardoso, oder Márcio Thomasz, der die Arbeiterpartei PT und die designierte Nachfolgerin Lulas, Dilma Rousseff, vertrat.

War Lula ein Kollaborateur?

Ist Tuma Jr. ein Whistleblower, der endlich die Gelegenheit gefunden hat, Licht auf ein dunkles Kapitel zu werfen? Oder ist es eine Art persönlicher Rache an einer Partei, einem politischen System, von dem Tuma Jr. einige Zeit profitierte? Im Zuge der Recherche habe ich versucht, einen Kontakt zu ihm aufzubauen

37 Ibid.

und ihm diese Fragen zu stellen. Bis heute habe ich keine Antwort erhalten. Was bleibt, ist, die vorhandenen Punkte zu verbinden und zu versuchen, daraus ein Bild zu konstruieren.

»Jeder weiß, dass der Abgeordnete Tuma sehr erfahren ist in der brasilianischen Polizei. Er ist ein Mann, der sich um das Land verdient gemacht hat.« Diese Sätze stammen von Luíz Inácio Lula da Silva, von dem man diese – nach allem, was wir bis hierher über das Verhältnis der beiden Männer wissen – nicht unbedingt erwartet hätte. Gesprochen wurden sie allerdings viel später, im Mai 2010. Lula bezog sich dabei auf einen Strafprozess, in dem der Sohn des früheren DOPS-Chefs Romeu Tuma verwickelt war. Romeu Tuma Jr. wurde vorgeworfen, Kontakte zur chinesischen Mafia unterhalten zu haben. Doch der Reihe nach.

Romeu Tuma Jr. ist der Sohn des früheren Geheimdienstchefs Romeu Tuma. Als dieser Lula inhaftierte, hatte der Sohn die ersten Jahre im Polizeidienst hinter sich. Bis nach der Jahrtausendwende blieb er im Polizeidienst. Unter anderem war er leitender Ermittler bei den Untersuchungen zu dem Mord an dem Bürgermeister von Santo André, Celso Daniel. Ein Fall übrigens, der im weiteren Verlaufe dieses Buches eine größere Rolle spielen wird. Tuma Jr. ging danach in die Politik, wurde Abgeordneter im Bundesstaat São Paulo. Unter Präsident Lula berief man ihn 2007 als Staatssekretär ins Justizministerium, wo er Vorsitzender des Ausschusses zur Bekämpfung der Produktpiraterie wurde. Doch er geriet selbst in das Visier der Justiz, vermeintlich durch einen Zufallsfund, denn eigentlich war der Bundespolizist Paulo Mello seinen Kollegen bei Ermittlungen zu Betrugsfällen im Zusammenhang mit der Ausstellung von Pässen aufgefallen. Darum hatte man sein Telefon angezapft. In den Gesprächsmitschnitten tauchten, gewissermaßen als Beifang, sowohl Tuma Jr. als auch der chinesischstämmige Li Kwok Kwen auf, ein in São Paulo unter dem Namen Paulo Li bekannter Geschäftsmann, der einer der führenden Köpfe der chinesischen Mafia sein soll.

Im Rahmen zweier großer Polizeirazzien – *Wei Jin* (»Schwarzmarkt«) und *Linha Cruzada* – wurde Tuma Jr. von den Polizisten im Gespräch mit Li angetroffen. Die Polizisten hatten auf dem größten Straßenmarkt São Paulos in der Rua 25 de Março im

Zentrum der Stadt etliche Stände und Geschäfte durchsucht. Li und 13 weitere Personen wurden dabei verhaftet. Tuma Jr. blieb nichts anderes übrig, als seinen Kontakt zu Li zuzugeben. Die beiden schienen ein recht enges Verhältnis zueinander gepflegt zu haben. 2009 soll Li Tuma Jr. auf eine Dienstreise nach Peking begleitet haben. Das Ziel dieser Dienstreise soll gewesen sein, in Vorbereitung eines Staatsbesuchs Lulas die Möglichkeiten einer Kooperation im Kampf gegen die organisierte Kriminalität, insbesondere die Geldwäsche auszuloten.[38] Li wurde sieben Monate nach der Reise inhaftiert. Der auf den Verkauf raubkopierter Mobiltelefone spezialisierte Geschäftsmann soll damit monatlich einen Umsatz von mehr als einer Million Reais erwirtschaftet haben. Wohl auch deshalb musste Tuma Jr. einräumen, mit Li »geschäftlich« zu tun zu haben. Im zitierten Gerichtsprozess ging es unter anderen darum, ob Tuma Jr. Li gefragt habe, ob dieser ihm eine Spielkonsole besorgen könne.

Im Zuge der Ermittlungen stießen die Polizisten auf den Leiter der Ausländerabteilung des Justizministeriums, Luciano Pestána Barbosa. Er soll gemeinsam mit Tuma Jr. und Polizist Mello einen schwungvollen Schwarzmarkt für illegal ausgestellte Einbürgerungsdokumente betrieben haben. Die Ermittlungen der Bundespolizei ergaben, dass das Büro Tuma Jr., nur wenige Meter vom Schreibtisch des Justizministers entfernt, als »Zentrum der Gefälligkeiten« funktionierte, mit dem Ziel, Einbürgerungsprozesse für illegale Ausländer zu beschleunigen und die Bundespolizei dazu zu bringen, Pässe im Eiltempo auszustellen.[39] Die Zwangspensionierung des Staatssekretärs Tuma Jr. erfolgte jedoch nicht aufgrund der Einbürgerungsgeschichten, sondern wegen des vermeintlichen Kontakts zur Mafia. Der Vorgang wurde von vielen Beobachtern als Justizskandal beschrieben.

---

38 Vgl. Marques, Hugo, Amigo suspeito, https://istoe.com.br/71451_AMIGO+ SUSPEITO/, in: Istoé, aufgerufen am 26. März 2021.

39 Vgl. Rangel, Rodrigo, PF vê gabinete como central de favores, https://abdir. jusbrasil.com.br/noticias/2182507/pf-ve-gabinete-como-central-de-favores, in: Jusbrasil, aufgerufen am 26. März 2021.

Vom Gewerkschafter zum Politiker

Politische Opposition während der Diktatur

Opposition war während der Diktatur zunächst nur sehr dosiert zugelassen. Neben der Einheitspartei *ARENA* gab es seit 1966 die Partei *Movimento Democrático Brasileiro* (MDB), aus der am 15. Januar 1980 die noch heute aktive Zentrumspartei PMDB hervorging. Eine echte Chance hatte die MDB bei genauerem Hinsehen nie. Mehr als eine Scheinopposition wollten die Militärs nicht zulassen. Darum bauten sie allerhand Hürden auf, die die MDB kaum überwinden konnte. Das zeigte sich schon bei den Wahlen im November 1974. Die ARENA rechnete mit einem leichten Sieg, die heiße Zeit des Widerstands hatte sich beruhigt. Es war sogar erlaubt, per Radio oder TV Wahlwerbung zu betreiben. Am Ende wurden 24,5 Millionen Stimmen abgegeben, von denen die MDB stolze 14,5 Millionen gewann – 59 Prozent. Die Mehrheit im Senat errang sie damit aber nicht, da nur ein Teil der Mandate ausgetauscht wurde.[40] Bei den Wahlen 1978 durfte eine solche Schlappe nicht noch einmal passieren. Darum versuchte das Regime mit dem *Pacote de Abril* (»April-Paket«) vorzubauen, ein Maßnahmenkatalog, der die Macht weiterhin zementieren, aber gleichzeitig den Anschein von Öffnung und Lockerung wahren sollte.[41]

Die Partei ARENA, die die Diktatur unterstützte, bestand größtenteils aus Politikern aus dem Norden und Nordosten, die das Prestige sowie den politischen und wirtschaftlichen Einfluss zurückgewinnen wollten, den sie im 18. Jahrhundert verloren hatten, als sich die Wirtschaftsachse nach Süden verschoben hatte. Bis dato war der Nordosten die wirtschaftlich und politisch führende Region des Landes gewesen, ausgelöst durch Rohrzucker- und Kautschukboom. Um diesen verblassenden Status Quo zu erhalten und zugleich den dort nach wie vor großen Einfluss der ARENA zu

---

40   Vgl. Fausto, S. 418.
41   Vgl. Motta, Marly, Pacote de Abril, https://cpdoc.fgv.br/producao/dossies/ FatosImagens/PacoteAbril, in: Archiv der Stiftung Getúlio Vargas (FGV-CPDOC), aufgerufen am 13. April 2021.

erhalten, wurden die Zuordnung und Zuteilung von Stimmen und Region bei Wahlen geändert. So wurde ermöglicht, dass militärfreundliche Politiker in entlegenen Gebieten des Nordostens gewählt werden können, um die schwächelnde Militärregierung zu unterstützen. »Sie hat die lokalen und Coronelista-Praktiken, die es im Reich gab, wiederhergestellt. Dabei waren die reichsten, am weitesten entwickelten und bevölkerungsreichsten Regionen unterrepräsentiert (São Paulo, Rio und Minas Gerais)«, sagt Marco Aurélio Peri Guedes,[42] Adjoint Professor der Federal Rural University von Rio de Janeiro, Seropédica (UFRRJ). Der Norden und der Nordosten waren in der politischen Gleichung überrepräsentiert, zumindest in der Abgeordnetenkammer. »Das bedeutete, dass sich die Rückständigkeit des Nordostens als Entwicklungsmentalität kolonialen Ursprungs gegenüber dem modernen, industriellen, republikanischen, liberalen und demokratischen Süd-Südosten durchsetzen würde. Selbst mit der Redemokratisierung im Jahr 1985 und der Verfassung von 1988 wurde der Machtmechanismus des April-Pakets nicht verändert.« Dieser Pakt spiegelt auch den *Centrão* wider, diesen unförmigen Haufen lokaler Interessen, der an jede Regierung, ob rechts oder links, verkauft wird, um Unterstützung im Kongress zu erhalten. »Wer auch immer in die Regierung eintritt, wird also eine Geisel des *Centrão* sein, denn er ist von ihm abhängig, um den Haushalt zu verabschieden. Ohne Haushalt kann niemand regieren«, erklärt Peri Guedes.

Mehr als die weiteren Reformen beschäftigten Präsident Ernesto Geisel jedoch die Wahlen von 1978, insbesondere die zum Gouverneur, die nach geltender Verfassung direkt sein sollten. Ausweg: eine Verfassungsänderung, die indirekte Wahlen beibehält. Aber es gab ein kleines Problem: Die Regierungspartei ARENA hatte nicht die notwendigen zwei Drittel der Stimmen, um die Verfassung andern zu können. Mit einer Zustimmung der MDB war kaum zu rechnen. Unter dem Vorwand, dass die MDB das Projekt behindere, verfügte Präsident Geisel deshalb am 1. April 1977 sowohl die Schließung des Kongresses als auch, durch den *Ato Institucional*, AI-5, eine Reihe zusätzlicher Verfassungsreformen.

---

42 Persönliches Gespräch, 30. September 2021.

Während der 14-tägigen Schließung des Kongresses wurde eine Reihe von Maßnahmen ergriffen, die der Erhaltung der Regierungsmehrheit in der Legislative, insbesondere im Senat, dienen sollte. Geisel konnte den Sieg der Oppositionspartei bei den Wahlen 1974 nicht vergessen, die 16 der damals 22 zu vergebenden Senatssitze errang. Aus diesem Grund war eine der Neuerungen des sogenannten »April-Pakets« die Schaffung von indirekten Wahlen für ein Drittel der Senatoren. Bestehend aus 14 Änderungen und drei neuen Artikeln, zusätzlich zu sechs Gesetzesdekreten, bestimmte das Paket unter anderem:

Indirekte Wahlen zum Gouverneur, mit Erweiterung des Electoral College. Erweiterung der *bancadas*, Bänke, die die weniger entwickelten Staaten repräsentieren, in denen die ARENA früher gute Wahlergebnisse erzielt hatte. Vor allem im ärmeren Nordosten hatte sie bislang gute Wahlergebnisse eingefahren, während die MDB im industriellen, weiterentwickelten und urbaneren Süden und Südosten verstärkt punkten konnte. Dazu eine Ausweitung des sogenannten *Falcão*-Gesetzes,[43] die Herabsenkung des Quorums von zwei Dritteln auf einfache Mehrheit für künftige Abstimmungen über Verfassungsänderungen durch den Kongress sowie die Verlängerung der Amtszeit des Präsidenten von fünf auf sechs Jahre.

Auch das nützte wenig. Das Wahlgesetz aus dem Jahr 1965 entpuppte sich mehr und mehr als »Falle für die Machthaber«,[44] wie Boris Fausto es beschreibt. Wahlen entwickelten sich mehr und mehr zum Plebiszit für oder gegen die Regierung. Darum unternahm der ARENA-dominierte Kongress im Dezember 1979 einen weiteren Versuch, die Stärke der Opposition zu brechen, und erlaubte es der Regierung, ein Gesetz zur Neuorganisation der Parteien auszuarbeiten. Der Versuch war durchaus gewagt, auch wenn sich sein Zweck nicht direkt erschließt. Parteien konnten sich neu gründen, mussten dafür aber in ihrem Namen den Begriff »Partei«

43 Das Falcão-Gesetz wurde 1976 geschaffen und nach seinem Schöpfer Armando Falcão benannt. Das einfache Ziel: die Stärkung einer Opposition zu verhindern. Mit diesem Gesetz wurde die politische Wahlwerbung durch ein gleichberechtigtes System der Präsentation politischer Kandidaten in Fernsehen und Radio eingeschränkt.

44 Vgl. Fausto, S. 430.

führen. Das Zweiparteiensystem wurde aufgelöst, die Parteienfreiheit wiederhergestellt – wohl mit der damit verbundenen Hoffnung, die Anhänger der ARENA-Partei würden sich geschlossen einer Nachfolgeorganisation anschließen, während sich die Wähler der oppositionellen MDB in viele kleine Partei aufspalten und damit neutralisieren würden.

So wanderten mit dem Ende des Zweiparteiensystems die Mitglieder der ARENA-Partei zur Sozialdemokratischen Partei (PDS) ab, und die MDB wurde zur Partei der Brasilianischen Demokratischen Bewegung (PMDB) unter der Führung von Ulysses Guimarães. Einige Abgeordnete der Opposition verließen tatsächlich die Partei und gründeten neue Parteien. Die Brasilianische Arbeiterpartei (PTB), die Sektoren der alten Arbeiterbewegung unter der Führung von Ivete Vargas vereinte, tauchte wieder auf, aber auch die Demokratische Arbeiterpartei (PDT) beanspruchte das Erbe der getulistischen Arbeiterbewegung. Am 10. Februar 1980 fand sich in einem Saal des Sion-Kollegs in São Paulo, einer Mädchenschule, eine größere Menge Menschen zusammen. Unter ihnen ein gewisser Luiz Inácio Lula da Silva. Ihr Ziel: die Gründung der *Partido dos Trabalhadores*, der PT.

1980er-Jahre

Von der Graswurzelbewegung zur Partei

»Die PT ist aus dem Bedürfnis von Millionen von Brasilianern entstanden, in das soziale und politische Leben des Landes einzugreifen, um es zu verändern«, so beginnt der Text des Gründungsmanifests[45] der PT vom 10. Februar 1978. Es war ein bunt zusammengewürfelter Haufen, der sich da in São Paulo eingefunden hatte: Rund 2000 Personen waren es wohl, Vertreter von Gewerkschaften, kirchlichen Bewegungen und anderen Gruppierungen der Zivilgesellschaft; Intellektuelle ebenso wie stramme Trotzkisten und Leninisten. Sie alle hatten sich auf die Fahne geschrieben, diese unterschiedlichsten, vielleicht sogar widersprüchlichen Strömungen in einer Organisation zusammenzuführen.

Der Ort der Versammlung überrascht auf den ersten Blick. Das *Colégio Nossa Senhora de Sion* war eine Bildungseinrichtung der Elite im Oberschichten-Stadtteil Higienópolis. Wie passt das mit einer Graswurzelbewegung wie der PT zusammen, die sie damals war? Das Colégio ist eine traditionsreiche Einrichtung, gegründet 1901. Der vermeintliche Widerspruch löst sich schnell auf, wenn man bedenkt, dass an der Schule seit den 1960er-Jahren unter Kardinal Dom Paulo Evaristo Arns die Befreiungstheologie und der progressive Katholizismus eine prägende Strömung darstellten. Zudem gehört die Schule zu den Pionieren der Montessori-Methode in Brasilien.

Zu Beginn seiner Amtszeit als Erzbischof von São Paulo verkaufte Arns, der deutsche Wurzeln hatte, das Bischofspalais und verwendete den Erlös zum Aufbau einer Sozialstation in den Favelas. Paulo Evaristo Arns gilt als Verfechter der Befreiungstheologie und wurde als Gegner der Militärdiktatur einer der populärs-

---

45　Zu finden auf der Homepage der PT unter: https://pt.org.br/manifesto-de-fundacao-do-partido-dos-trabalhadores/, aufgerufen am 19. April 2021.

ten Kirchenmänner Brasiliens. Ende der 1970er-Jahre leitete er das Untersuchungsprojekt *Tortura Nunca Mais*. Dafür erhielt er Morddrohungen der Todeskommandos des Regimes. Apolonio de Carvalho, der im Spanischen Bürgerkrieg gegen Franco, später im französischen Widerstand gegen die Nazis kämpfte und zu den Gründungsmitgliedern der PT gehörte, soll es so beschrieben haben: »Die Wahl des *Colégio* zeigte die tiefe Verbindung zwischen dem progressiven Katholizismus und der politischen Bewegung, aus der die Partei hervorging.«[46]

De Carvalho, der Sozialist, der aus dem Militär geworfen wurde, im bewaffneten Widerstand gegen das Militärregime kämpfte, gefangen und gefoltert wurde und 1970 gegen den entführten Diplomaten Ehrenfried von Holleben ausgetauscht wurde und anschließend ins Exil nach Algerien musste, gehörte ebenso zu den Gründungsmitgliedern der PT wie der Soziologe und Literaturkritiker Antonio Candido, der marxistische Kunstkritiker Mário Pedroso oder der Journalist, Schriftsteller (Autor des Buches *Raizes do Brasil*, »Die Wurzeln Brasiliens«, bis heute ein Klassiker für das tiefere Verständnis Brasiliens) und Vater des Sängers Chico Buarque, Sergio Buarque de Hollanda, der sehr viel später unter der Präsidentin Dilma Rousseff Kulturminister werden sollte.

Die Essenz dieser Parteigründung war ein Manifest,[47] in dem die PT ihre programmatischen Leitlinien festzurrte. Ausgehend von der Beobachtung, dass die arbeitende Bevölkerung bis dato nur eine Bevölkerung zweiter Klasse darstellte und die großen Mehrheiten nun für sich selbst sprechen wollten. »Die PT ist aus der Entscheidung der Ausgebeuteten entstanden, gegen ein wirtschaftliches und politisches System zu kämpfen, das ihre Probleme nicht lösen kann, weil es nur zum Nutzen einer privilegierten Minderheit existiert«, heißt es in dem Manifest. Das wesentliche Merkmal der Partei, die basisdemokratische Struktur, beschreibt das Manifest

---

46   Vgl. Medeiros, Josué, Lugares de Memória dos Trabalhadores #20: Colégio Nossa Senhora de Sion, https://fpabramo.org.br/2020/02/14/lugares-de-memoria-dos-trabalhadores-20-colegio-nossa-senhora-de-sion/, in: Fundacao Perseu Abramo, aufgerufen am 19. April 2021.

47   Zu finden auf der Homepage der PT unter https://pt.org.br/manifesto-de-fundacao-do-partido-dos-trabalhadores/, aufgerufen am 26. April 2021.

so: »[Sie ist] eine Partei, die breit und offen für alle ist, die sich für die Sache der Arbeiter und für ihr Programm einsetzen.« Darum wolle man eine demokratische interne Struktur, von kollektiven Entscheidungen getragen, deren Richtung und Programm an ihrer Basis entschlossen werde.

Die PT schrieb sich auf die Fahne, »für die Demokratisierung der Gesellschaft auf allen Ebenen« einstehen zu wollen. »Das Volk entscheidet, was mit dem produzierten Reichtum und den natürlichen Ressourcen des Landes geschehen soll.« Der natürliche Reichtum solle in den Dienst des Wohlergehens der Gesellschaft gestellt werden, so ein weiterer zentraler Punkt des Manifestes, der durchaus Züge eines sozialistischen Weltbilds trug. Dafür sei es jedoch notwendig, dass Entscheidungen über die Wirtschaft den Interessen des Volkes unterworfen würden.

Angesichts dieser recht radikalen Ausrichtung kann man sich vorstellen, dass die PT bis weit in die 1990er-Jahre von politischen Gegnern als das große Schreckgespenst dargestellt wurde, das nur darauf aus sei, in Brasilien einen Sozialismus kubanischer Prägung zu etablieren. Allerdings muss man berücksichtigen, dass die 1980er-Jahre, zumindest zu Beginn, deutlich unter dem Einfluss des Kalten Krieges standen.

1980 erlebte dieser auf sportlicher Ebene einen Höhepunkt. Nach dem Einmarsch sowjetischer Truppen in Afghanistan im Dezember 1979 verkündete US-Präsident Jimmy Carter im Januar 1980 als Reaktion darauf einen Strafkatalog, in dem neben verschiedenen Embargos ein Olympiaboykott der Sommerspiele in Moskau erstmals öffentlich erwogen wurde. Weltweit schlossen sich insgesamt 42 Nationale Olympische Komitees (NOK) dem Boykott an, der Großteil davon Dritte-Welt-Länder bzw. islamisch geprägte Staaten. Weitere 24 NOK verzichteten aus finanziellen oder sportlichen Gründen auf eine Teilnahme bzw. ließen die Einladung unbeantwortet. Großen Einfluss auf die politische Lage hatte der Boykott jedoch nicht. Allerdings nahmen 1984 die Sowjetunion und weitere Staaten des Ostblocks nicht an den Sommerspielen in Los Angeles teil.

Ihr Manifest veröffentlichte die PT fast acht Monate nach der Gründung am 21. Oktober 1980, gut einen Monat, nachdem Lula auf den polnischen Gewerkschaftsführer Lech Wałęsa getroffen war. Auf den ersten Blick schien das ein passendes Treffen zu sein. Beide Männer, aus einfachen Verhältnissen kommend, hatten sich in ihren Ländern zu mächtigen Gewerkschaftern entwickelt. Allerdings, so stellt Maciek Wiśniewski[48] fest, war es das auch schon an Gemeinsamkeiten. Im Grunde arbeiteten sie in entgegengesetzte Richtungen. »Während in Polen der Kapitalismus und der freie Markt gleichbedeutend mit Freiheit waren, kam in Brasilien der freie Markt mit der Diktatur, und die Freiheit war der Sozialismus«, schreibt Wiśniewski. Obwohl Lula den Kommunismus eher aufbauen und Wałęsa diesen eher abschaffen wollte, suchte der *metalurgico* die Nähe zu dem Anführer der Solidarnosc, der zu jener Zeit auf dem Zenit seiner Bekanntheit und Beliebtheit war. Ein wenig vom Glanz des großen Werftschweißers konnte dem Dreher aus São Paulo und seiner frischen Partei guttun und ihr internationale Bekanntheit verschaffen.

Ziemlich genau zwei Jahre nach der Gründung erkannte der oberste Wahlgerichtshof, der *Supremo Tribunal Eleitoral* (STE), die PT am 11. Februar 1982 offiziell als Partei an. Sie konnte also fortan bei Wahlen antreten. Der erste kleinere Wahlerfolg ließ nicht lange auf sich warten. Bei den Kommunalwahlen 1982 stellte die PT mit Gilson Menezes erstmals den Bürgermeister einer Großstadt (Diadema im Bundesstaat São Paulo, Einwohnerzahl zurzeit knapp 500 000, damals laut Statistikamt IBGE gut 350 000). Doch noch hatte die Diktatur das Land fest im Griff. Zwar hatten die Militärs damit begonnen, Lockerungen zuzulassen, wozu die Entstehung neuer Parteien zählte, doch das ging progressiven Kräften wie der PT, aber auch anderen neu entstandenen Parteien nicht weit genug.

Eine breite demokratische Front erhob sich, um Direktwahlen für die Präsidentschaft zu fordern. Unter der Militärregierung hatte es nur indirekte Wahlen gegeben, bei denen ein Electoral College einen feststehenden Kandidaten zum Präsidenten wählte.

---

48 Wiśniewski, Maciek, Walesa e Lula: o fim das comparações, https://www.cartamaior.com.br/?/Editoria/Internacional/Walesa-e-Lula-o-fim-das-comparacoes%250d%250a/6/17620, in: Carta Maior, aufgerufen am 26. April 2021.

Der nächste brasilianische Präsident, so die parteiübergreifende Meinung der oppositionellen Kräfte, sollte ein direkt vom Volk gewählter und kein vom Militär ausgekungelter sein. Unter dem Schlagwort *Diretas Já* (»Rechte jetzt«) mischten die PT und Lula ebenso mit wie die *Tucanos* (die Partei PSDB um den späteren Präsidenten Fernando Henrique Cardoso) und die alte Oppositionskraft PMDB mit Tancredo Neves. Auch alte Kämpfer der Linken, wie die aus dem Exil zurückgekehrten Leonel Brizola und Miguel Arraes, gehörten dazu. Die Bewegung wurde zudem von progressiven katholischen Kräften, Studenten, Künstlern, Gewerkschaften und anderen zivilgesellschaftlichen Organisationen und Gruppen getragen. Auch der Fußballclub *Corinthians*[49] aus São Paulo unterstützte die Bewegung. Er druckte den Schriftzug *Diretas Já* auf seine Trikots. Den Impuls der Straße in politisches Handeln zu gießen, stammte nicht nur, aber im Wesentlichen von dem Politiker Dante de Oliveira (1952–2006) der PMDB. Am 26. November 1983 unterzeichneten die zehn oppositionellen Gouverneure in São Paulo ein Manifest, in dem sie die Wiedereinführung der Direktwahl des Präsidenten forderten. Bis heute ist vom Änderungsantrag *Emenda Dante de Oliveira* die Rede.

Ihren Ausgang nahm die Bewegung in einer Protestkundgebung am 31. März 1983 in Abreu e Lima im Bundesstaat Pernambuco. Im Nordosten war zu dieser Zeit die PMDB besonders stark vertreten, hatte bislang viele Mandate für Kongress und Senat geholt. Die Stadt Abreu e Lima hatte zu dem Zeitpunkt einen Sonderstatus als emanzipierte Gemeinde. Der ehemalige Stadtrat José da Silva Brito von der PMDB war einer der Hauptanführer der öffentlichen Demonstration. An diesem Tag ertönte auf einem

---

49　Die Unterstützung demokratischer Strömungen hat in dem Club durchaus Tradition. Die Demokratie von Corinthians (*Democracia Corinthiana*) war eine in den 1980er-Jahren aufkommende Bewegung in der Mannschaft des brasilianischen Fußballklubs Corinthians São Paulo. Sie wurde von einer Gruppe politisch aktiver Spieler wie Sócrates, Casagrande und Zenon angeführt und stellte die größte ideologische Bewegung der Geschichte des brasilianischen Fußballs dar. Allerdings richtete sich die *Democracia* zunächst einmal nach innen, in den Verein, um für die Spieler mehr Mitsprache zu erwirken.

Platz in Abreu e Lima, 20 Kilometer von Recife entfernt, der Schrei nach Befreiung von der diktatorischen Herrschaft vor wenigen hundert Teilnehmern. So beschreibt es zumindest die knapp 100 000 Einwohner zählende Gemeinde im Binnenland selbst, die inzwischen durchaus das touristische Potenzial dieser Episode für sich entdeckt zu haben scheint.

Doch die Bewegung wuchs. Wenige Monate später waren es in Goiânia, der Hauptstadt des Bundesstaats Goias, schon 5 000 Menschen, die sich auf dem Praça de Bandeirante versammelten. Ende November waren es 15 000 in São Paulo, am 24. Februar 1984 300 000 in Belo Horizonte (Minas Gerais) und am 16. April auf der Praça da Sé 1,5 Millionen Brasilianer. Das Militärregime reagierte, wie es bis dato meist reagiert hatte: mit Härte – Pressezensur, Festnahmen, Polizeigewalt.

Wie so oft fiel der Beginn der Proteste in eine Zeit, in der es Brasilien wirtschaftlich nicht gut ging. In der Not lassen sich die Menschen leichter mobilisieren. Anfang der 1980er-Jahre lag die Inflation im Jahresschnitt bei 239 Prozent. Diese Rahmenbedingungen sorgten dafür, dass sich sogar innerhalb der regierungsnahen ARENA-Partei Unzufriedene zusammenfanden und aufbegehrten. Auch im Militär, gerade in den unteren Dienstgraden, entstand angesichts der Wirtschaftslage Unruhe. Der ohnehin recht karge Sold wurde von der Inflation aufgefressen. Eine Situation, der sich auch über den Prozess der Redemokratisierung erstrecken sollte. Ein gewisser Jair Bolsonaro, zur damaligen Zeit junger Offizier der Fallschirmjägertruppe, sollte sich diesen Umstand wenige Jahre später zunutze machen und dem Magazin *Veja* ein Interview[50] zur prekären wirtschaftlichen Situation vieler Berufssoldaten geben. Rückblickend betrachtet könnte man dies als den Ausgangspunkt seiner politischen Karriere deuten, die in der Wahl zum 45. Präsidenten Ende Oktober 2018 ihren vorläufigen Höhepunkt nahm.

Auch in diese Situation kam erst richtig Bewegung, als der Druck von der Straße immer größer wurde. Am 16. April beugte sich der Kongress und begann sich mit dem Thema direkte Wahlen auseinander zu setzen. Der Änderungsantrag von Dante de Oli-

50 Vgl. Nöthen, S. 61ff.

veira sollte am 26. April 1984 zur Abstimmung kommen. Benötigt wurde, wie bei jeder Gesetzesänderung, eine Zweidrittelmehrheit. Diese kam allerdings nicht zustande. 320 Stimmen wären notwendig gewesen; 298 Abgeordnete stimmten dafür, 65 dagegen. 113 Abgeordnete, ausschließlich von der regierungsnahen Partei PDS, der umbenannten ARENA-Partei, glänzten am Tag der Abstimmung durch Abwesenheit. Die Direktwahl des Präsidenten war damit erst einmal vom Tisch. Einen positiven Effekt hatte die Bewegung trotzdem. Man entschied sich später dafür, das Colégio Eleitoral für die Wahl 1985 einzusetzen. Mit dieser Wahl wollte sich das Militär offiziell aus der Regierung und der Politik zurückziehen und der Demokratie eine neue Chance geben. Eine direkte Wahl durch das Volks wurde dadurch allerdings vermieden. Die Wahlberechtigten des Colégio einigten sich auf den Kandidaten Tancredo Neves. Die Militärs hatten ursprünglich mit der Idee geliebäugelt, Paulo Maluf zum Kandidaten zu machen – ein alter Unterstützer der Militärregierung, Freund des früheren Präsidenten Costa e Silva und Chef der Partei PDS, die die Gesetzesänderung durch ihre Abwesenheit vereitelte. Auch Maluf gehörte zu den abwesenden Abgeordneten. Mit ihm als Präsidenten, so das Kalkül, könnte sich das Militär einen besseren Zugriff auf das politische Geschehen sichern. Doch nach der Abstimmung, die sich im Übrigen vehement gegen den Willen der Bevölkerung stellte (die Zustimmung der Bevölkerung zur Bewegung *Diretas Já* hatte zuletzt bei über 80 Prozent gelegen), wäre Maluf wohl kaum mehr vermittelbar gewesen. Zudem gab es auch innerhalb der Streitkräfte viele, die andere Kandidaten, etwa Innenminister Mário Andreazza oder Vize-Präsident Aureliano Chaves (alle PDS[51]), favorisierten.[52]

Neves war einer jener Politiker, die die Bewegung *Diretas Já* vehement unterstützt und an der Seite mit Lula und der PT dafür gekämpft hatten. Unter dem von den Militärs 1964 abgesetzten Präsidenten João »Jango« Goulart war Neves Premierminister gewesen,

---

[51] Die PDS war auch die Partei, in der ein paar Jahre später der frisch aus dem Militär entlassene Hauptmann Jair Bolsonaro seine ersten politischen Gehversuche unternahm. Vgl. Nöthen, S. 61ff
[52] Vgl. Fausto, S. 435.

der Putsch unterbrach seine politische Karriere. 1966 gehörte er zu den Gründungsmitgliedern der lange Zeit einzigen zugelassenen Oppositionspartei MDB. Er wurde als Kandidat sogar von Chaves unterstützt. Dieser hatte seine Kandidatur zurückgezogen und die Partei *Partido Frente Liberal* (PFL) gegründete, die fortan Tancredo Neves unterstützte. Das *Colégio Eleitoral* wählte Neves am 15. Januar 1985 mit 480 Stimmen (180 erhielt Maluf) zum Präsidenten, obwohl er mit José Sarney einen Vize-Präsidentschaftskandidaten an der Seite hatte, der bis 1979 Mitglied der ARENA-Partei gewesen und während des Demokratisierungsprozesses so gut wie gar nicht in Erscheinung getreten war.[53] 166 Stimmen erhielt er dabei von Abgeordneten der PDS, die Maluf ihre Unterstützung entzogen. Sein Amt als Präsident könnte Tancredo Neves allerdings nicht antreten. Er starb kurz vor Amtsantritt an den Folgen eines falsch behandelten Magengeschwürs.[54]

Die PT hatte in der Bewegung *Diretas Já* eine wichtige Rolle gespielt. Geschult in den großen Streiks Ende der 1970er-Jahre, wusste die Partei ihre Unterstützer zu mobilisieren, zumal die Direktwahl des Präsidenten durch das Volk eine der Kernforderungen der jungen Partei war. Das machte sie wertvoll für die Bewegung, die dadurch nicht nur an Dynamik und Wahrnehmbarkeit gewann, was dem Wunsch der Militärs nach einem geordneten und geregelten Übergang ein Stück weit entgegenstand. Politisch war sie eine von vielen Kräften, an deren Seite sie mitschritt. Den größeren und wichtigeren Part hatte die PMDB als langjährig etablierte, größte und lange Zeit einzige Oppositionspartei. Im Kreise dieser Gruppierungen bedeutete dies für die PT auch eine gewisse Wahrnehmung als demokratische Kraft im Land.

---

53 Vgl. Fausto, S. 435.
54 Die Familie Neves hatte sich ein Image von Anstand und Ehrlichkeit aufgebaut, aber politische Praktiken waren unbekannt. Sein Enkel Aécio Neves, Präsidentschaftskandidat 2014 erwies sich als korrupt, als er vom Eigentümer von JBS, dem weltweit größten Fleischhersteller, Schmiergelder für persönliche Ausgaben und Wahlkampfkosten forderte. Das hat seine Karriere ruiniert.

Auf dem Weg zu einer demokratischen Verfassung

Einen Präsidenten hatte das Post-Diktatur-Brasilien nun, auch wenn es mit José Sarney nicht der war, den sich die Brasilianer gewünscht hatten. Um die junge Demokratie mit Leben füllen zu können, bedurfte es einer passenden Verfassung. Eine Gesetzesänderung vom 27. November 1985,[55] die *Emenda 26*, beauftragte den Kongress, eine verfassungsgebende Versammlung einzuberufen. Wahltag war der 15. November 1986. Die bei dieser Wahl gewählten Abgeordneten und Senatoren sollten der Verfassungsgebenden Versammlung, *Asembleia Nacional Constituinte*, angehören.

559 Abgeordnete und Senatoren feilschten, diskutierten, verhandelten, debattierten vom 1. Februar 1987 an über Textentwürfe zur neuen Verfassung. Das Gremium unter dem Vorsitz von Ulysses Guimarães von der PMDB war von dieser Partei dominiert. 303 Abgeordnete stellte die PMDB, eine absolute Mehrheit. Doch die PMDB war nicht mehr die Partei, die sie zu Zeiten der Militärherrschaft gewesen war. Vor den Wahlen 1986 waren viele Mitglieder der alten ARENA-Partei und des Spin-offs PDS zur PMDB übergetreten, um ihre politischen Karrieren zu retten. Zudem hatten einflussreiche Gruppen einzelne Kandidaten unterstützt, um ihre Interessen in der neuen Verfassung gewahrt zu sehen.[56] Von der PMDB spaltete sich seinerseits eine Gruppe von Dissidenten um Fernando Henrique Cardoso ab und gründete die eher sozialdemokratische Partei PSDB, im Volksmund *Tucanos* (Tukane) genannt.

135 Abgeordnete kamen von der frisch ins Leben gerufenen PFL, einer Abspaltung der PDS, die ihrerseits nur auf 38 Sitze kam. Die PT zog mit einem Lula, der mit 651763 Stimmen das beste Wahlergebnis nicht nur seiner Partei, sondern gleich aller Abgeordneter[57] erzielte, mit 18 Abgeordneten in die Versammlung ein. Hinzu kamen kleinere Parteien wie die PL (7), PDG (6), die PSC (1) und die PMB mit ebenfalls einem Sitz.

---

55   Abrufbar unter: http://www.planalto.gov.br/ccivil_03/constituicao/emendas/ emc_anterior1988/emc26-85.htm, aufgerufen am 30. April 2021.

56   Vgl. König, S. 354.

57   Vgl. Stiftung Getúlio Vargas (FGV), http://www.fgv.br/cpdoc/acervo/ dicionarios/verbete-biografico/luis-inacio-da-silva, aufgerufen am 1. Mai 2021.

Fast anderthalb Jahre, bis zum 22. Juli 1988, dauerte das Ringen um den Verfassungstext. Die Versammlungsteilnehmer waren äußerst produktiv. Mehr als 212 000 elektronische Aufzeichnungen von Änderungen existieren, verteilt auf mehr als ein Dutzend Datenbanken von mehr als 150 öffentlichen und privaten Institutionen und Einrichtungen in Brasilien.[58] Es gibt darüberhinaus mehr als 2 000 Kisten mit Originaldokumenten der Versammlung; 308 Exemplare der Dukumentationsschrift Diário da Assembléia Nacional Constituinte dazu; 215 Videokassetten, 1 270 Fotos und 2 865 Tonbänder der konstituierenden Arbeit – insgesamt also eine für vordigitale Zeit gewaltige Menge an Unterlagen und Dokumenten.

Angesichts der geringen Zahl an Abgeordneten blieb der Einfluss der PT auf den Inhalt der Verfassung geringer, als es aus Sicht der Arbeiterpartei notwendig gewesen wäre. Bei der Arbeit der verfassungsgebenden Versammlung war Lula in 95 Prozent der Abstimmungen präsent und positionierte sich gegen die Todesstrafe und die fünfjährige Amtszeit für José Sarney. Er stimmte für den Abbruch der diplomatischen Beziehungen zu Ländern mit einer Politik der Rassendiskriminierung, für die Einschränkung des Rechts auf Privateigentum, für das Mandat der kollektiven Sicherheit, für die Abtreibung, für die Stabilität des Arbeitsplatzes, für die 40-Stunden-Woche, für die ununterbrochene Sechs-Stunden-Schicht, für die proportionale Kündigung, für die Gewerkschaftspluralität, für die Volkssouveränität, für das Wahlrecht mit 16 Jahren, für den Präsidentialismus, für die Verstaatlichung des Bodens, für die Verstaatlichung des Finanzsystems, für die Begrenzung des Realzinses auf zwölf Prozent pro Jahr, für die Begrenzung der Gebühren auf Auslandsschulden, für die Schaffung eines Fonds zur Unterstützung der Agrarreform und für weitere Projekte.

Am Ende des Verfassungsmarathons fasste Lula die Sicht seiner PT so zusammen: »Wir hatten nicht die Illusion, alle sozialen Probleme in Brasilien lösen zu können«, jedoch sei die Verfassung »nicht im Sinne der Arbeiterklasse«, um deren »Leiden zu mini-

---

58 Vgl. Oliveira, Mauro Márcio, Fontes de Informacoes sobra a assembléia Nacinal Constituinte de 1987, https://www.senado.leg.br/publicacoes/anais/constituinte/fontes.pdf, in: www.senado.leg.br, aufgerufen am 20. April 2021.

mieren«. Zwar bringe der Verfassungstext einige Fortschritte, die Mehrheit der Marginalisierten werde jedoch keine Verfassung zu ihrem Nutzen haben.

Zudem seien Lügen kolportiert worden, die Situation des Landes wäre hoffnungslos, weil die Arbeiterklasse so viele Siege erzwungen hätte. Lula sah eine Kampagne politischer Gegner, konservativer und reaktionärer Kräfte, verbunden mit der Macht. Die während der Militärdiktatur und darüber hinaus gewachsenen Machtstrukturen blieben intakt,[59] wirtschaftliche und soziale Ungerechtigkeiten unangetastet.

Die von Lula angesprochenen Ressentiments der Unternehmer und der Mittelschicht gegenüber der PT rührten natürlich aus deren radikaler Programmatik. Angst vor dem Verlust des eigenen Status Quo und damit Distanziertheit gegenüber der PT gehörten während der ersten zwei Jahrzehnte des Bestehens zu den ständigen Wegbegleitern der Partei und hielten sich selbst dann noch, als die PT zu Beginn des Jahrtausends längst einen moderaten, sozialdemokratischen Weg eingeschlagen hatte. Viele Brasilianer trauten der linken Partei nicht über den Weg. Weil in der Verfassung von 1988 für Lula und die PT zu wenig PT steckte, dafür zu viel von den Zentrumsparteien, des *Centrão*, stimmte die Fraktion gegen den Verfassungstext und unterschrieb diesen nur »als einen formalen Akt der Teilnahme«, wie es Lula formulierte. Die Demokratie sei etwas Wichtiges, das auf der Straße erobert werde.

Ein folgenreicher Schritt: Für die einen bestätigte sich ihr Misstrauen gegenüber der linken Partei als radikal und als Kraft, deren eigentliches Ziel es sei, Brasilien in den Sozialismus zu führen. Der Ton, den Lula anschlug, war nah an dem, was man zu dieser Zeit aus der Sowjetunion kannte.[60] Auf der anderen Seite brauchte die PT einen solchen Schritt, um an der eigenen Basis ihre Glaubwürdigkeit nicht zu verspielen. Der Verfassungstext

---

59   Vgl. Azevedo, Reinaldo, O PT e a constituição: Assinou mas não tragou!, https://veja.abril.com.br/blog/reinaldo/o-pt-e-a-constituicao-assinou-mas-nao-tragou/, in: Veja, aufgerufen 29. März 2021.

60   Vor der Wahl 2002 sollte sich Lulas Ton mildern. Um das Vertrauen der Wähler zu gewinnen, sicherte er zu, auch internationale Verpflichtungen und Schulden zu respektieren.

wich als errungener Kompromiss natürlich von der programmatischen Ausrichtung der PT ab, was ein normaler Prozess ist, wenn mehrere Parteien mehrerer Richtungen involviert sind. Hätten Lula und die anderen Abgeordneten diesen Text unterschrieben und damit ihre Zustimmung dokumentiert, hätten sie aus Sicht vieler Strömungen und Gruppierungen innerhalb der PT nach nur wenigen Jahren ihres Bestehens ihre Identität ein Stück weit verraten.

Dennoch hält sich bis zum heutigen Tag hartnäckig das Gerücht, Lula und die PT hätten sich grundsätzlich geweigert, die brasilianische Verfassung zu unterschreiben und anzuerkennen.[61] Gerne wird dies aus den Reihen des politisch gegnerischen Lagers verlautet, um die Verfassungskonformität der Partei in Zweifel zu ziehen und politisches Kapital daraus zu schlagen. Zum 20. Jahrestag der Verfassung räumte Lula, zu dem Zeitpunkt Präsident Brasiliens, mit diesem Mythos auf: Eine Nichtzustimmung mache doch keinen Sinn. »Wir haben zwei Jahre mitgemacht, Diäten erhalten – wie sieht es aus, wenn ein Kind geboren wird, wir aber nicht unterzeichneten«, zitierte ihn die landesweite Zeitung *Estadão de São Paulo*.[62] Nach sechs Jahren im Amt habe er verstanden, dass die Verfassung mit all ihren Fehlern ein Garant der Demokratie sei. »Das ist die nackte Wahrheit«, so Lula.

61   Revista Forum, 31 anos da Constituição: PT assinou ou não?, https://revistaforum.com.br/noticias/31-anos-da-constituicao-pt-assinou-ou-nao/, in: Revista Forum, aufgerufen am 29. März 2021.
62   Domingos, João, Nossa, Leonencio, Lula faz mea-culpa por ter votado contra Constituição, https://politica.estadao.com.br/noticias/geral,lula-faz-mea-culpa-por-ter-votado-contra-constituicao,273358, in: Estadão, aufgerufen am 29. März 2021.

Wahlkampf 1989

Aus der Fundamentalopposition in die Realpolitik

Die Verfassung war in trockenen Tüchern, als Lula in den Wahlkampf einstieg. Am 15. November standen Kommunalwahlen an. Die ersten Wahlen, bei denen die PT als Partei antreten wollte. 1988 war ein innenpolitisch unruhiges, von Streiks geprägtes Jahr. Ein besonders markanter Streik fand in Volta Redonda im Bundesstaat Rio de Janeiro statt. Dort bestreikten Metallarbeiter den Betrieb *Siderúrgica Nacional* (CSN). Nach Aufeinandertreffen mit der Militärpolizei besetzten Arbeiter am 7. November den Betrieb. Beim Versuch des Militärs, den Betrieb zu stürmen und unter Kontrolle zu bekommen, starben drei Arbeiter: Carlos Augusto Barroso (19 Jahre alt), Walmir Freitas Monteiro (27 Jahre alt) und William Fernandes Leite (22 Jahre alt) – die beiden letztgenannten wurden erschossen. Nach dem Vorfall radikalisierten die Streikenden die Bewegung und beschlossen, die Firma bis zum 20. des Monats besetzt zu halten. Wie ernst und verhärtet die Fronten waren, zeigte auch die Reaktion der Politik. In der Zwischenzeit tauschten mehrere Mitglieder der Regierung Sarney und der Streikbewegung Anschuldigungen aus, was den Minister für Industrie und Handel, Roberto Cardoso Alves, dazu veranlasste, mit der Schließung des Unternehmens zu drohen.

Am 22. November folgte die Bevölkerung von Volta Redonda den Aufrufen von Gewerkschaftsmitgliedern und Vertretern der Zivilgesellschaft und bildete eine Menschenkette um die zwölf Kilometer lange Anlage, um ihre Unterstützung und Solidarität mit den Streikenden zu bekunden. Zwei Tage später beschlossen die Arbeiter nach einer erneuten Versammlung, den Streik zu beenden, nachdem sich die Bewegung erschöpft hatte und durch das Eingreifen der Armee internationales Aufsehen erregt worden war. Wegen des blutigen Zwischenfalls durch den Sturm des Militärs wird der Streik auch als Massaker von Volta Redonda bezeichnet. Die Stimmung in Brasilien war durch diesen, aber auch die vielen anderen Streiks im Verlauf des Jahres aufgeheizt worden – was die PT in den Kommunalwahlen für sich zu nutzen wusste. Sie gewann gleich drei Rathäuser in den Hauptstätten São Paulo, Porto Alegre (Rio Grande do Sul) und Vitória (Espirito Santo).[63] Auch in anderen größeren Städten, insbesondere im Bundesstaat São Paulo, gewann die PT, darunter in Campinas und in Santos der ABC-Region, aber auch im Bundesstaat Minas Gerais (Contagem). Insgesamt entschied sie die Wahl in 39 *Municipios* für sich – in Belo Horizonte und Rio de Janeiro wurde sie zweitstärkste Kraft.

Durch die Streiks, aber auch als Wortführer der PT in der Verfassungsgebenden Versammlung war Lula zur bekanntesten Figur seiner Partei geworden. Verständlich, dass er damit ein gewisses Zugriffsrecht auf die Präsidentschaftskandidatur 1989 erworben hatte, und eine recht gute Ausgangsposition obendrein. Bei der ersten freien Direktwahl eines Präsidenten in Brasilien seit 1960 wollte Lula als Herausforderer in den Ring steigen. Beim 5. Bundesparteitag der PT am 6. Dezember 1988 wurde Lula offiziell zum Präsidentschaftskandidaten aufgestellt.

Alleine aus eigener Kraft und nur mithilfe der PT-Anhänger würde es Luiz Inácio Lula da Silva schwer haben. Im März 1989 sprangen ihm drei Parteien zur Seite. Die *Partido Verde*, die *Partido Socialista Brasiliero* (PSB) und die *Partido Comunista do Brasil* (PCdoB) kündigten an, Lula im Präsidentschaftswahlkampf mit einer *Frente Brasil Popular*, einer populären Front, unterstützen zu wollen. In seinem Programm versuchte Lula wirtschaftliche und soziale Probleme in den Fokus zu rücken. Er versprach, sich für eine Agrarreform einzusetzen, sowie eine Aussetzung der Tilgung der Auslandsschulden, eine Steuerreform und Lohnerhöhungen in Angriff zu nehmen. Anfang 1989 schien er damit gut anzukommen. Lula hatte neben Leonel Brizola der ebenfalls aus dem linken Spektrum stammt, gute Chancen, zumindest den zweiten

---

63   Vgl. https://web.archive.org/web/20090903151223/http://jaironicolau.iuperj.
     br/jairo2006/port/cap6/prefeitura/capitais/cap6_tab1.htm, aufgerufen am
     3. Mai 2021.

Wahlgang und damit die Stichwahl zu erreichen. Noch immer war die wirtschaftliche Lage schwierig, die Inflation wieder einmal sehr hoch, weshalb die PT und der Gewerkschaftsdachverband *Central Única dos Trabalhadores* (CUT) zu einem Generalstreik aufriefen. Dass dies so schnell und effektiv funktionierte, dürfte auch dem Umstand geschuldet sein, dass in den frühen Jahren der PT (sie ist zu diesem Zeitpunkt gerade zehn Jahre alt) die personelle Schnittmenge zwischen Partei und Gewerkschaften sehr hoch war. In den Anfangsjahren waren viele Gewerkschafter in Doppelfunktion unterwegs. So konnten sie den Wahlkampf Lulas auch mit gezielten Streikaufrufen unterstützen. Die Rolle Lulas in diesem Wahlkampf mit anfangs 22 Kandidaten war klar definiert: Kandidat der Linken.

Neben weiteren bekannten Politikern wie Leonel Brizola, Mário Covas (PMDB) und Paulo Maluf (PDS) stand auf der anderen Seite des politischen Spektrums Fernando Collor de Mello, Sohn einer Politikerdynastie aus dem Bundesstaat Alagoas im Nordosten Brasiliens. Collor begann seine politische Karriere in den 1970ern bei der regimenahen Partei ARENA und wurde für sie Bürgermeister der Hauptstadt von Alagoas, Macéio. Für die abgespaltene PDS ließ er sich zum Kongressabgeordneten wählen, ehe er 1986 auf dem Ticket der PMDB Gouverneur von Alagoas wurde. In das Präsidentenamt wollte er jedoch mit der neugegründeten Partei der Nationalen Erneuerung ziehen. Eine Gruppierung, die bis dahin nicht in Erscheinung getreten war. Der Plan ging zunächst auf. Collor und Lula standen einander in der Stichwahl im September gegenüber.

Interessanterweise versuchten beide Kandidaten, sich gegen die noch bestehende Regierung von José Sarney zu profilieren. Beide wollten gar nicht erst den Verdacht aufkommen lassen, mit dieser etwas gemein zu haben. Vor allem das Thema Korruption griffen sowohl Lula als auch Collor auf. Dazu nutzten sie die kostenlosen offiziellen TV-Werbespots, mit denen sie einen Großteil der Bevölkerung erreichten. Genau in diesem Punkt zeigt sich ein Unterschied, der vielfach als der entscheidende dieser Wahl gesehen wird. Bei einer Untersuchung des *Departamento Nacional de Telecomunicações* (DENTEL) hatte sich gezeigt, dass das größte

Medienunternehmen Brasiliens, das *Rede Globo*, Collor deutlich mehr Sendezeit in den entscheidenden Wochen vor der Stichwahl eingeräumt hatte, nämlich 78,55 Prozent.[64] Dazu muss man wissen, dass die Familie Collor de Mello bis 2019 Konzessionär von Globo im Bundesstaat Alagoas war.[65]

Der Präsidentschaftswahlkampf 1989 wurde zum ersten großen medialen Schlagabtausch in der Geschichte Brasiliens, zur »hypermedialen Ausrichtung der Auseinandersetzung«.[66] Davon profitierte in erster Linie Collor. Man mag sich durchaus wundern, wie es ein Kandidat aus der zweiten politischen Reihe, zudem aus dem eher unbedeutenden und rückständigen Bundesstaat Alagoas, schaffte, auf dem Ticket einer so gut wie gar nicht verwurzelten Partei in der Bevölkerung am Ende die breitere Zustimmung zu erhalten. Zumal er eher ein Kandidat der Eliten und bekannt für seinen aufwendigen Lebensstil war.

Schon einige Zeit vor der Wahl war der smarte Collor medial in Erscheinung getreten, als er am 23. März 1988 das Cover der Ausgabe 1 020 des bekannten Magazins *Veja* zierte. In dem Artikel gab sich Collor ganz als Populist, der von der Politik forderte, endlich aufzuräumen und vor allem das Unwesen hoch dotierter, aber weitestgehend unnützer Staatsbeamter, sogenannter *marajás*, zu beenden. Das kam natürlich gut an. Fortan avancierte Coller zum *Caçador de Marajás*, zum Maraja-Jäger.

Die *Marajás* wurden zum Synonym für einen aufgeblähten, ineffizienten und dekadenten Staatsapparat – was teilweise sicher stimmte –, und Collor wurde zum aufrechten Hoffnungsträger der Bevölkerung, der diesen Sumpf endlich trockenlegen wollte.

---

64 Vgl. Sousa, Alane, Henrique Leonardo und Coelho Penélope, Lula x Collor: Como a mídia influenciou as eleições de 1989, https://aventurasnahistoria. uol.com.br/noticias/reportagem/lula-x-collor-como-midia-influenciou-eleicoes-de-1989.phtml, in: Aventuras na Historia, aufgerufen am 5. Mai 2021.

65 Congresso em Foco, Collor perde concessões de rádio e TV em Alagoas, https://congressoemfoco.uol.com.br/especial/noticias/collor-perde-concessoes-de-radio-e-tv-em-alagoas/, aufgerufen am 4. Oktober 2021.

66 Vgl. Biroli, Flavia, Miguel, Luis Felipe, Meios de comunicação, voto e conflito político no Brasil, Revista Brasileira de Ciencias Sociais, Band 28, Nr. 81, São Paulo Feb. 2013

Dieses Image pflegte und kultivierte Collor fortan, aber vor allem die ihm Wohlgesonnenen taten dies, in erster Linie das mächtige Mediennetzwerk Globo.

Collors Chancen auf den Wahlgewinn wuchsen, als der Wahlkampf in die heiße Phase mit Fernsehduellen eintrat. Als es am 17. Juli zum ersten TV-Duell zwischen Lula und Collor kam, waren sich Beobachter hinterher ziemlich einig: Diese Runde war eindeutig an Collor gegangen. Lula hatte »erschöpft und wenig angriffslustig« gewirkt, beschreibt es der Journalist Josimar Gonçalves da Silva.[67] Lula mochte es gelingen, die Massen zu mobilisieren, die Menschen auf die Straßen zu bringen, sich für ihre Rechte und Interessen zu erheben, wie er es im Laufe der Kampagne ja auch tat. Die Kundgebungen starteten mit 50 000 oder 80 000 Teilnehmern. Jedes Mal kamen mehr. Zur Abschlusskundgebung in São Paulo war eine Viertelmillion Menschen gekommen, um seine Worte zu hören. So hatte er es letztlich geschafft, im ersten Wahlgang Leonel Brizola, den großen Alt-Linken, mit 14,16 zu 13,60 Prozent der Stimmen aus dem Rennen zu stoßen – was Brizola nicht davon abhielt, fortan die Kandidatur Lulas zu unterstützen. Mario Covas (PSDB) tat es ihm gleich. Diese breite linke Front war in zweierlei Hinsicht von großer symbolischer Bedeutung. Mit Covas' und Brizolas Unterstützung konnte sich Lula auf eine große Stimmenbasis in den wichtigen Bundesstaaten São Paulo und Rio de Janeiro verlassen. Außerdem war die Rücknahme von Brizolas Führungsanspruch eine klare Anerkennung der neuen Führungsrolle,[68] die Lula nunmehr in der brasilianischen Linken inne zu haben schien.

Im Fernsehen kam der Straßenkämpfer Lula eher unbeholfen und wenig präsidentiell rüber. Seine Sprache war zwar durchaus kraftvoll und konkret, aber auch wenig scheinwerfertauglich und machte in ihrer Klarheit dem einen oder anderen vielleicht auch Angst. Die Angst vor einem deutlichen Linksruck war vor allem in der Wirtschaft derart ausgeprägt, dass sich einzelne Funktionäre vor den Wagen der Gegenkampagne spannen ließen und es

---

67 Vgl. Goncalves da Silva, Josimar, A mídia na construção e destruição da imagem: o caso Collor de Melo, in: Revista Senso Comum, Nr. 2, 2012, S. 88–106.
68 Vgl. Hunter, Wendy, S. 111.

dabei auch mit der Wahrheit nicht allzu genau nahmen. So behauptete etwa der Präsident des Industrieverbandes von São Paulo (FIESP), Mário Amato, am 11. Oktober bei einem Treffen mit mehr als 100 Industrievertretern,[69] dass mehr als 800 000 Unternehmer Brasilien verlassen würden, sollte Lula die Wahl gewinnen. Dass das Wort eines solchen Mannes Gewicht hat, kann man daran erahnen, dass São Paulo nach wie vor der wichtigste Industriestandort Brasiliens ist.

Es wurde mit harten Bandagen gekämpft – ein ideologischer Lagerkampf links gegen rechts. Auch Paulo Maluf, Chef der PDS und im ersten Wahlgang deutlich gescheitert, schlug sich auf die Seite Collors. Als in der Favela *Nova Republica* im Stadtteil Morumbi in São Paulo am 24. Oktober 1989 14 Menschen ums Leben kamen, wurde dies zum Politikum. Offenbar war Erde angeschüttet worden, um ein nobles Eigenheim zu errichten. Doch die Konstruktion hielt nicht, die Erde rutschte ab und riss 32 Häuser mit sich. Da São Paulo zu diesem Zeitpunkt von einem PT-Bürgermeister regiert wurde, eignete sich das Thema vortrefflich zum Wahlkampf. Vor allem Paulo Maluf, der von 1969 bis 1971 Bürgermeister von São Paulo war, schlachtete es medial aus. Erst Jahre später sollte sich herausstellen, dass Maluf Verbindungen zum Besitzer des abgerutschten Grundstücks gehabt haben soll.

Ronaldo Caiado (PSD), ebenfalls ein früh aus dem Rennen geschiedener Präsidentschaftskandidat, versuchte es mit falschen Anschuldigungen gegen die PT und natürlich gegen Lula. Der Kandidat, der vor allem von Großgrundbesitzern ins Rennen geschickt worden war, um die unter einem möglichen PT-Präsidenten Lula befürchteten Landreformen zu verhindern, brachte einen vermeintlichen Korruptionsfall in der Stadtverwaltung von São Paulo aufs Tapet, der als »Fall Lubeca« bekannt wurde.

Luiz Eduardo Greenhalgh, Anwalt und Gründungsmitglied der PT, war die Schlüsselfigur dieses Skandals, der für die PT zur

---

69 Vgl. https://acervo.oglobo.globo.com/frases/se-lula-ganhar-as-eleicoes-aqui-numero-de-empresarios-que-fugiriam-nao-seria-menor-do-que-800-mil-alem-disso-deixariamos-de-ter-investimentos-dos-paises-desenvolvidos-14378528, aufgerufen am 6. Mai 2021.

absoluten Unzeit an die Öffentlichkeit kam. Greenhalgh war der Wahlkampfkoordinator der Lula-Kampagne und damit auch für die Finanzierung verantwortlich. Zu Beginn der Legislaturperiode der PT-Bürgermeisterin Luiza Erundina hatte er auch die Position des Sekretärs für Außerordentliche Angelegenheiten inne. Er wurde jedoch von Erundina aus dem Ressort entlassen, als Reaktion auf Anschuldigungen, die ihn mit einem Korruptionsvorgang in Verbindung brachten, bei dem es darum ging, Bestechungsgelder von der Baufirma Lubeca kassiert zu haben.

Der Fall Lubeca, der die Präsidentschaftskampagne erschütterte, wurde von den Gerichten untersucht. Ende Oktober 1989 wurde die Angelegenheit während einer Debatte der Präsidentschaftskandidaten im Fernsehen öffentlich. Ronaldo Caiado (PSD) sagte dort, dass Lubeca 200 000 US-Dollar an Lulas Kampagne im Austausch für dessen Zustimmung zu einem Immobilienprojekt in São Paulo gegeben habe. Die Spende sei von einem PT-Beamten der Stadtverwaltung von São Paulo entgegengenommen worden. Eine polizeiliche Untersuchung stellte den stellvertretenden Bürgermeister Luiz Eduardo Greenhalgh unter Verdacht. Nach neun Jahren der Ermittlungen wurde der Fall von den Gerichten aus Mangel an Beweisen eingestellt.

Wäre all das fünf oder sechs Jahre später öffentlich geworden, hätten die Gerichte viel genauer hingeschaut – nach dem ersten großen Finanzskandal, in den die PT im Laufe ihrer Geschichte verwickelt sein würde. Unter dem Namen *caixa dois* (»zweite Kasse«) sollte 1994 ein, nennen wir es vorsichtig: Finanzierungsmodell für den zweiten Präsidentschaftswahlkampf Lulas bekannt werden, das nach einem ähnlichen Prinzip zu funktionieren schien. Wir werden darauf zurückkommen.

Doch damit nicht genug der Skandale und schmutzigen Wäsche, die im Laufe dieses Wahlkampfs vor allem von Seiten Collors präsentiert wurden, um Lula zu diskreditieren und sich den Wahlsieg zu sichern. Nach dem ersten Wahlgang und vor dem heraufziehenden Showdown verschärfte sich der Ton abermals. Während in Berlin die Mauer Geschichte wurde und der Ostblock zu bröckeln begann, fürchtete man in Brasilien, ein Präsident Lula könnte diesem Auslaufmodell, das gerade vor den Augen der Welt zerfiel, in Brasilien ein politisches Denkmal setzen wollen. Diesmal war es vor allem das Politmagazin *Veja*, das in seiner Ausgabe 1107 vom 29. 11. 1989, also nur zwei Wochen vor dem entscheidenden Stichwahltermin, Collor Schützenhilfe lieferte. Unter dem Titel »Lula und der Kapitalismus« (*Lula e o capitalismo*) tischte das ansonsten seriöse Magazin seinen Lesern abenteuerliche Schauermärchen darüber auf, was unter einem Präsidenten Lula zu erwarten sei. Der Artikel »*A hipotése de Lula*« ließ kaum ein Klischee aus. Von einem Staat nach Vorbild Kubas unter Fidel Castro ist die Rede, ebenso von Vorhaben, Grundstücke zu enteignen oder die Ersparnisse von Rentnern einfrieren zu wollen. Collor schwenkte voll auf diesen Kurs ein, schaltete auf Antikommunismus, um ein Relikt des Kommunismus, wie er mit in Lula konstruierte, zu verhindern.

Um Lula auch menschlich unmöglich zu machen, war sich Collor nicht zu schade, mitten im Wahlkampf das 15-jährige Mädchen Lurian auf die große Bühne zu zerren. Ihre Mutter Miriam offenbarte der brasilianischen Öffentlichkeit, dass Lurian die uneheliche Tochter Lulas sei und ihr Erzeuger ihr, der Mutter, Mitte der 1970er-Jahre Geld für eine Abtreibung geboten habe. Schmutzigen Wahlkampf gab es in Brasilien schon lange vor Jair Bolsonaro und dem *Gabinete de Odio* seines Sohnes Carlos.

Vielleicht das raffinierteste Stück Wahlkampf gelang Collor jedoch eher unfreiwillig. Anfang Dezember 1989 wurde in São Paulo der Sohn des Gründers der großen Supermarktkette *Pão de Açucar*, Abílio Diniz, entführt. Unbekannte hatten ihn am Morgen des 11. Dezember aus seinem Mercedes gezerrt und mit einem als Krankenwagen getarnten Lieferwagen in ein Haus im Stadtteil Jabaquara verschleppt. Sechs Tage vor der entscheidenden Stichwahl. Die Entführer hielten ihn in einem kleinen unterirdischen Raum, während sie mit der Unternehmerfamilie über Lösegeld verhandelten. Die Entführer bezeichneten sich als Mitglieder der linksextremen chilenischen MIR-Partei (*Movimento da Esquerda Revolucionária*). Am Vorabend des zweiten Wahldurchgangs gelang es der Polizei, Abílio Diniz zu befreien und die Entführer festzunehmen: zwei Argentinier, zwei Kanadier, fünf Chilenen und ein Brasilianer.

In der Berichterstattung am Wahlsonntag zitierte die Zeitung *Estadão de São Paulo* den Sicherheitsminister Luiz Antonio Fleury Filho.[70] Dieser hatte Journalisten gesagt, die Ermittler hätten bei den Entführern jede Menge Wahlwerbematerial der PT gefunden, Anstecker, Aufkleber, Fahnen etc. Justizminister Saulo Ramos stellte hinterher sogar die Hypothese auf, das Material sei zurückgelassen worden, damit Kriminelle von dem politisch motivierten Kriminalitätsgesetz profitieren und längere Haftstrafen vermeiden könnten. Die Untersuchungen kamen jedoch zu einem ganz anderen Ergebnis, nämlich dass die PT keinen Anteil an dem Verbrechen hatte.[71] Alle zehn Entführer wurden verhaftet, die neun Ausländer ausgeliefert. Der Schaden war natürlich angerichtet – wie viele Wähler aufgrund dieser Geschichte ihre Wahlentscheidung überdachten und ihr Kreuz statt bei Lula bei Collor machten, ist nicht zu ermitteln. Am Ende hatte Collor mit 42,75 Prozent die Nase vorn. Lula errang 37,86 Prozent der Stimmen.

Ironie der Geschichte: Am Ende war es der vermeintliche Saubermann Collor de Mello, der nach nur zwei Jahren wegen Korruptionsvorwürfen des Amtes enthoben wurde. Der erste seit 1960 vom Volk gewählte Präsident Brasiliens hatte es nicht nur nicht geschafft, die wirtschaftliche Situation zu stabilisieren. Der Mann, der gierigen Spitzenbeamten den Kampf angesagt hatte, erwies sich selbst als nimmersatter Raffke. Das Amtsenthebungsverfahren hatte sein eigener Bruder Pedro angeleiert. Der Weg Brasiliens zurück in die Demokratie blieb auch sieben Jahre nach dem Ende der Militärdiktatur holprig.

Luiz Inácio Lula da Silva ging keineswegs als Geschlagener vom Platz. Im Gegenteil: Er hatte bewiesen, dass die PT bei ihrer

---

70 Wem der Name Fleury aus den vorangegangenen Kapiteln bekannt scheint – es besteht kein verwandtschaftliches Verhältnis zwischen Luiz Antonio Fleury Filho und dem berüchtigten Folterer der Militärdiktatur, Sérgio Fernando Paranhos Fleury.

71 Ferrari, Wallacy, 30 milhões e confusão política: o enigmático sequestro do empresário Abílio Diniz, https://aventurasnahistoria.uol.com.br/noticias/reportagem/30-milhoes-e-confusao-politica-o-enigmatico-sequestro-do-empresario-abilio-diniz.phtml, in: Aventuras na História, aufgerufen am 7. Mai 2021.

ersten großen Wahl sich nicht nur beachtlich schlagen, sondern mit dem Zentrumsblock durchaus mithalten konnte. Und das, ohne die eigenen Ideale aufzugeben. Das politische Bündnis, das Lulas Wahlkampf unterstützt hatte, entsprang ausschließlich dem linken Spektrum. Es handelte sich also um natürliche Verwandte. Zudem war es ihm gelungen, das Gesicht der Partei zu werden, ihr Aushängeschild. Die Marke PT war von nun an nur noch schwer von der Marke Lula zu trennen.

Wer wählte Lula? Und wer nicht?

Interessant ist die Betrachtung, wer die Menschen waren, die in so großer Zahl für Lula gestimmt hatten. Lulas Hochburgen lagen vor allem im Süden und im Südosten. Im ärmeren und rückständigeren Nordosten, der Region, der er selbst entstammt, schnitt Collor deutlich besser ab. Die treuesten Unterstützer Lulas waren zudem Menschen, die über einen höheren Bildungsabschluss verfügten. Bei weniger gebildeten Wählerschichten war seine Stimmausbeute weniger hoch. Darin kann man durchaus einen gewissen Widerspruch erkennen. Der Gewerkschafter, der sich für die Rechte der einfachen Arbeiter und der Landarbeiter einsetzte, für die er das Thema Landreform aufgebracht hatte, schien in diesen Schichten eher schwach abzuschneiden. Das ist vor allem fatal, wenn man bedenkt, dass 70 Prozent des Wahlvolkes über einen einfachen Bildungsstand verfügt. Ganz ähnlich sah es in der sozio-ökonomischen Zusammensetzung der Wähler aus. Lula schnitt gut bei den gut Verdienenden ab. Von denen, die sich mit einem Mindestlohn durchschlagen müssen, machten nur 43 Prozent ihr Kreuz bei Lula.[72] Kurzum: Luiz Inácio Lula da Silva war es nicht gelungen, die ärmeren und weniger gut gebildeten Wählerschichten für sich bzw. die PT zu gewinnen.

Noch eine Erkenntnis konnte man aus der Wahl 1989 ziehen. Lula hatte in größeren Städten besser abgeschnitten als auf dem Land. Männer hatten stärker für Lula gestimmt als Frauen, der Gendergap lag bei rund zehn Prozent. Bei den religiösen Gruppierungen waren es vor allem die Anhänger der evangelikalen

---

72   Vgl. Hunter, S. 114ff.

pentekostalischen Kirchen, die gegen Lula gestimmt hatten. Die größte evangelikale Kirche, die *Igreja Universal* von Gründer und TV-Priester Edir Macedo, warnte gar vor Lula. Sie beschuldigte ihn, ein Kandidat des Teufels zu sein und, im Falle eines Wahlsiegs, Evangelikale verfolgen zu wollen. Wobei man hinzufügen muss, dass große Kirchen wie die *Igreja Universal* grundsätzlich eine politisch opportunistische Haltung annehmen. Sie schlagen sich stets auf Seiten derer, die zu gewinnen scheinen, um im Falle eines Wahlsiegs für die geleistete Unterstützung politische Gegenleistungen zu fordern. Wenn es sich dann noch um einen konservativen oder rechten Politiker handelt wie Collor oder Bolsonaro – umso lieber. In einem Kapitel zu Lulas Präsidentschaft wird zu sehen sein, dass man durchaus geneigt sein kann, den Kandidaten Lula zu unterstützen. Der Journalist Gilberto Nascimento brachte die Geisteshaltung des selbsternannten Bischofs Edir Macedo in einem Interview auf einen einfachen Nenner: »Wo immer es Macht gibt, bin ich dabei.«[73]

73   Dip, Andrea, »O bispo Edir Macedo tem uma visão muito pragmática: ›Se há poder eu tô junto‹«, https://apublica.org/2020/01/o-bispo-edir-macedo-tem-uma-visao-muito-pragmatica-se-ha-poder-eu-to-junto/, in: Apublica. org, aufgerufen am 8. Mai 2021.

1994

Lulas zweiter Anlauf auf das Präsidentenamt

Luiz Inácio Lula da Silva hatte zwar den ersten Anlauf auf das Präsidentenamt verloren, doch die Niederlage war weit mehr als ein Achtungserfolg. Die PT konnte sich durch die Wahl als wichtigste und größte Oppositionspartei im Kongress etablieren. Zu tun gab es genug. Zum einen schlug die neue Regierung einen ausgesprochen neoliberalen Weg mit Privatisierungen ein, um die wirtschaftlichen Probleme, vor allem die Inflation, die um die 2000 Prozent im Jahr lag, einzudämmen. Zum anderen steuerte Fernando Collor de Mello etwa zur Halbzeit seiner Amtszeit auf ein Amtsenthebungsverfahren zu.

Für die bis dato kongressunerfahrene PT stellte sich somit die Frage: Wie will sie ihre Oppositionsrolle mit Leben füllen? Ihr politisches Leitbild wurde im Wesentlichen von einem ethischen und moralischen Standpunkt geprägt. Was Danilo Enrico Martuscelli, Professor der Sozialwissenschaften an der *Universidade Federal da Fronteira Sul* im Bundesstaat Santa Catarina (UFFS), als »Indikator eines Prozesses der passiven Akzeptanz des neuliberalen Vorschlags seitens der PT«[74] interpretiert, könnte auch als ein Politikfeld gesehen werden, das bislang nicht im Fokus der Partei gestanden hatte und für das es keine sonderliche Expertise zu geben schien. Also hielt man sich zunächst zurück und kritisierte die Art und Weise, wie Collors Regierung ihre Politik implementierte. Die PT kritisierte den zentralistischen und autoritären Ansatz von oben nach unten – ohne Verhandlungen oder Diskussion, weder mit der Legislative noch mit Verbänden oder der Gesellschaft.

Innerhalb der Partei brodelte es indes. Der vergleichsweise moderate Kurs spiegelte keineswegs die geschlossene Meinung

---

74 Vgl. Martuscelli, Danilo Enrico, O PT e o impeachment de Collor, Opiniao Publica, Campinas, Band 16, Nr. 2, November, 2010, S. 542–568, S. 542.

der Partei wider. Die verschiedenen Flügel, vor allem die linken, etwa die Trotzkisten und stramm sozialistischen, hätten gerne zu radikaleren Mitteln gegriffen und umgehend ein Amtsenthebungsverfahren gefordert. Doch die gemäßigteren pragmatischen Strömungen, etwa die *Articulação*, der auch Lula angehört, versuchten, die radikaleren Stimmen im Zaum zu halten, und agierten mit angezogener Handbremse. Beim ersten Nationalen Kongress der PT im Dezember 1991 einigte man sich auf eine Formulierung, der alle mehr oder weniger zustimmen konnten und die entsprechend schwammig ausfiel. Man sehe sich als Verbündeter all jener, die die Korruption, die Straflosigkeit und die Gewalt endlich beenden wollten, hieß es im Beschluss. Für den Ruf nach Amtsenthebung schien es der PT zu früh. Konfrontationspolitik sollte nicht zu einem politischen Markenzeichen der PT werden. Vielmehr wollte man versuchen, Collor inhaltlich zu stellen. Deshalb beschloss man auf einer weiteren Vollversammlung im März 1992 zunächst, den Jahrestag der Amtseinführung Collors zu nutzen, um die wenig erfolgreiche Bekämpfung der Rezession anzuprangern sowie Collors Verbindungen zu immer wieder auftauchenden Korruptionsfällen anzuprangern.

Auch mit Blick auf die anstehenden Kommunalwahlen wollte die PT nicht zu forsch die Fundamentalopposition einnehmen. Auch auf kommunaler Ebene war die PT auf Bündnispartner angewiesen. Im Auge hatte man vor allem die sozialdemokratische PSDB. Diese war zwar auch von Collor immer wieder umworben worden, hielt sich aber bislang auf Distanz. Zumindest teilweise: Während Mário Covas ganz klar Nein zu einer Kooperation mit Collor sagte, hätte sich Fernando Henrique Cardoso wohl durchaus auf das Wagnis eingelassen,[75] um mehr politischen Einfluss gewissen zu können.

Die Spannungen innerhalb der PT waren indes keineswegs beigelegt. An der Basis gärte es munter weiter, weil die Strömungen – von denen es mehr als 30 gab – innerhalb der Partei auseinanderdrifteten. Bei den kommunalen Wahlen waren es bislang vor allem Vertreter der militanteren linken Strömungen gewesen,

75 Vgl. Fausto, S. 479.

die die Mandate und Rathäuser erobert hatten, und auch in den Führungspositionen der parteiinternen Gremien gaben die militanteren Strömungen oft den Ton an, während die gemäßigteren um Lula – wie eben die *Articulação* – nach einem eher realpolitischen Ansatz Ausschau hielten und sich bereits auf die Mitte-Links-Parteien des demokratischen Zentrums zubewegten – ein Bestreben, das in den kommenden Jahren zunehmen und die PT ein Stück weit auseinander dividieren wird. Noch war es aber nicht so weit. Bei einer weiteren Sitzung im April 1992 der *Comissão Executiva Nacional* (CEN) der PT, bei dem einige Strömungen mehr Autonomie im Wahlkampf forderten, sah sich sogar der Generalsekretär José Dirceu genötigt, einen Text zur Verabschiedung einzubringen, in dem er die Partei deutlich zur Geschlossenheit aufrief, um nicht Gefahr zu laufen, sich in internen Grabenkämpfen aufzureiben. »Wenn diese Politik weitergeht, werden wir zwei Wahlkämpfe haben. Wahlkämpfe der PT und der CS.[76] Daher ist ein demokratisches und zivilisiertes Zusammenleben dringend notwendig.«[77] Wer weiß, welche Blüten diese inneren Spannungen noch getrieben hätten. Doch, wahrscheinlich zum Glück für die PT als Organisation, schuf die politische Entwicklung Fakten, die zunächst weitere Richtungsstreits entbehrlich machten. Ende 1992 begann Pedro Collor, Bruder des amtierenden Präsidenten, schwere Vorwürfe zu erheben. Dabei ging es um Korruption und Drogenmissbrauch.

Diese unerwartete Wende wusste die PT für sich zu nutzen. Sofort forderte sie einen Untersuchungsausschuss (CPI), um den Vorwürfen auf den Grund zu gehen. Für die PT war das besonders hilfreich. Zum einen hatte sie nun ein Instrument zur Hand, um den politischen Gegner unter Druck zu setzen. Sie musste nicht reagieren und Gegenentwürfe liefern. Es reichte in diesem Fall, eine moralische Position einzunehmen, die ihr zu jenem Zeitpunkt viele Wähler durchaus abnahmen. Der PT bot sich eine gute Chance zur Profilierung und – sofern der Untersuchungsausschuss seine Arbeit gründlich machte – eine willkommene Ge-

76 Convergência Socialista (CS), eine sehr linke Strömung innerhalb der PT.
77 Vgl. Martuscelli, S. 556.

legenheit, Collor loszuwerden, ohne sich über Gebühr mit den Institutionen anlegen zu müssen. Für die PT nahmen Generalsekretär José Dirceu und Senator Eduardo Matarazzo Suplicy die Arbeit im CPI auf. Die PT tat unterdessen das, was sie am besten kann: die Massen auf die Straßen bringen, um Druck zu erzeugen. Innerparteilich konnte wieder Frieden einkehren. Mit Blick auf den Untersuchungsausschuss legte die *Comissão Executiva Nacional* (CEN) folgende Marschroute fest: Collor solle zurücktreten. Tue er dies nicht, werde die PT sein Amtsenthebungsverfahren (Impeachment) fordern.

Doch es stellten sich bereits andere, darüber hinausgehende Fragen: Was geschieht nach Collor? Wäre die PT bereit, in einer – wie auch immer gearteten – Regierungskonstellation mitzuregieren? Oder sollte man doch alles auf eine Karte setzen und Neuwahlen fordern?[78] Wieder bestimmten die moderaten Kräfte den Kurs. Und der lautete: Erst einmal die Wahlen Ende 1992 abwarten.

Einige der Fragen, mit denen sich die PT beschäftigte, sollten aber gar nicht aufgeworfen werden. Zwar hätte man gerne eine echte Regierungskrise gesehen, doch mit dem Ende Collors deutete sich an, dass der Regierungsblock als solcher die Turbulenzen weitgehend unbeschadet überstehen würde. Für Collor übernahm Vize-Präsident Itamar Franco (PMDB) das Regierungsgeschäft. Bei einer Kabinettsumbildung wurde Anfang 1993 der Sozialwissenschaftler Fernando Henrique Cardoso von Franco als Finanzminister vereidigt. Für die PT bedeutete der Fortbestand des Regierungsblocks zunächst, dass die grundsätzlichen Missstände bestehen blieben, und zugleich bot sich die Möglichkeit zum ideologischen Diskurs, um den Kampf gegen die Korruption als Weg im Kampf gegen den Neoliberalismus zu deuten.

---

78 Die brasilianische Verfassung sieht im Fall einer Amtsenthebung zwei Möglichkeiten vor, je nachdem, zu welchem Zeitpunkt das Verfahren stattfindet. Findet es in der ersten Hälfte der Legislaturperiode statt, bestünde die Möglichkeit, Neuwahlen durchzuführen. Scheidet der Präsident in der zweiten Hälfte der Legislaturperiode aus dem Amt, übernimmt im Regelfall der Vize-Präsident.

Lulas Niederlage beim zweiten Anlauf

Die Präsidentschaftswahl 1994 fiel mehr als deutlich aus. Schon im ersten Wahlgang war es Fernando Henrique Cardoso (PSDB) gelungen, 54,24 Prozent der Stimmen zu erringen. Lula kam auf den zweiten Platz, gewann 27,7 Prozent der Stimmen und damit etwa halb so viele wie Cardoso. Dritter wurde Enéas Carneiro von der *Partido de Reedificação da Ordem Nacional* (PRONA), der mit 7,38 Prozent deutlich abgeschlagen war. Das Ergebnis verblüfft auf den ersten Blick. Schließlich hatte Lula vier Jahre zuvor deutlich knapper gegen Fernando Collor de Melo verloren. Was war geschehen?

Bis nach dem Amtsenthebungsverfahren Collors lief es recht ordentlich für die PT und Lula. Die Inflation ließ sich auch durch die Maßnahmen Collors – dessen *Plano Collor* – nicht zügeln. Als er das Amt an Itamar Franco übergeben musste, betrug die Inflation noch immer schwindelerregende 1700 Prozent. Hinzu kam, dass die Regierung Collor nie richtig zur Ruhe zu kommen schien. Als Fernando Henrique Cardoso am 19. Mai 1993 Finanzminister unter Collors Nachfolger Franco wurde, war er bereits der sechste seit Collors Amtsantritt. Das Ministerium glich einem Schleudersitz. Und tatsächlich: Zu Beginn des Wahljahres 1994 führte Lula die Wahlumfragen mit 40 Prozent souverän an.

Doch Cardoso legte los wie die Feuerwehr. Kaum vier Monate im Amt, präsentierte er im August 1993 einen Vorschlag für den *Plano Real*, dessen Kern eine Währungsreform vorsah. Die Preise wurden täglich auf Basis von Preisindizes und dem Wechselkursverhältnis der lokalen Währung zum US-Dollar angepasst. Der *Plano Real* schuf dann eine Rechnungswährung, den *Unidade Real de Valor* (URV), dessen Wert auf ungefähr 1 US-Dollar festgesetzt wurde. Alle Preise wurden in zwei Währungen angegeben, Cruzeiro Real und URV, aber Zahlungen durften ausschließlich in Cruzeiros Reais ausgeführt werden. Preise, die in URV angegeben wurden, änderten sich nicht, während ihre Gegenstücke in Cruzeiros Reais jeden Tag nominell zunahmen. Der *Plano Real* gründete seine Handlungen auf einer Analyse der Hauptursache der Inflation in Brasilien nach der Militärdiktatur, welche schlussfolgerte, dass es sowohl ein Problem mit der Haushaltspolitik als auch mit starker, weit verbreiteter Trägheitsinflation gab.

Lula und die PT blieben skeptisch. Als Lula im Juni 1994 Nelson Mandela in Südafrika besuchte, reagierte er auf Anfragen von Journalisten unwirsch auf das Thema. »[Der Plano Real] wird das Elend nur einfrieren.«[79] Die Skepsis war nicht unbegründet. Es wäre nach dem Sarneyschen Cruzeiro-Plan, dem Collor-Plan und vielen weiteren Plänen nicht der erste Ansatz gewesen, die Inflation zu bremsen. Doch diesmal war es anders. Der Plan schien aufzugehen. Lag die Inflation im Juni 1994 noch bei monatlich 50 Prozent, sank sie bis September 1995 kontinuierlich auf unter ein Prozent. Die jährliche Inflationsrate von 15 Prozent 1995 war die niedrigste seit 1957.[80]

Diametral zur Haltung der PT zum *Plano Real* entwickelten sich die Umfragewerte Lulas. Oder anders: Der Plano, den die PT lange als »Wahlbetrug«[81] bezeichnete, und dessen Gelingen wurde fast ausschließlich von Cardoso absorbiert und nutzte ausschließlich diesem. Lula lief die Zeit davon. Sein Vorsprung in den Umfragen war gekippt. Nun lag Cardoso weit vor dem Herausforderer (22 Prozent). Die Antihaltung der PT gegen den *Plano Real* kostete Luiz Inácio Lula da Silva nach heutiger Lesart die Präsidentschaft. Die Brasilianer, vor allem die mittleren Einkommen, hatten durch den Plano mehr Geld in der Tasche, und das honorierten sie. Dabei spielte es dann nur eine untergeordnete Rolle, dass die Art und Weise, wie in Brasilien der Präsidentschaftswahlkampf finanziert wird, eine große Ungleichverteilung des zur Verfügung stehenden Geldes aufweist.

Wahlfinanzierung: Schwarze Kassen – PT erfindet die »caixa dois«

Der Fall von Präsident Fernando Collor de Mello sorgte nicht nur in der parlamentarischen Politik für Bewegung. Für alle Parteien sollte der Fall fortan grundlegende Veränderungen bei der

---

79 Rossi, Clovis, Lula muda avaliação do Real após ser derrotado pelo plano, https://www1.folha.uol.com.br/fsp/brasil/fc19079814.htm, in: Folha de São Paulo, aufgerufen am 10. Mai 2021.

80 Flynn, Peter, Brazil: The politics of the »Plano Real«, Third World Quarterly, Band 17, Nr, 3, S. 401–426, 1996.

81 Vgl. Fausto, S. 479.

Finanzierung ihrer Wahlkämpfe haben. Der Untersuchungsausschuss hatte unter anderem herausgefunden, dass Collor seinen Wahlkampf großzügig durch Spenden hatte finanzieren lassen. Vor dem Untersuchungsausschuss versuchte Collor, mithilfe eines vermeintlichen ausländischen Kredits sein Einkommen und seinen Lebensstandard zu rechtfertigen. Der Versuch, ihn auf diese Art vom Impeachment zu befreien, wurde später in Brasilien als *Operação Uruguai* (»Operation Uruguay«) bekannt.

Collors Privatsekretär Claudio Vieira versuchte zu beweisen, dass Collor für seinen Wahlkampf einen Kredit von 3,75 Millionen US-Dollar aus Uruguay erhalten hatte. Diesen soll er dann in 318 Kilo Gold umgewandelt haben, das er vom uruguayischen Geldwäscher Najun Turner gekauft hatte. Diese Version wurde in einer Zeugenaussage vor dem CPI zum sogenannten *Collorgate* im Juli 1992 zu Protokoll gegeben.

Damit versuchte Vieira zu beweisen, dass Collors Ausgaben, die weit über seinem Einkommen lagen, nicht durch den Geschäftsmann Paulo Cesar Farias, alias PC, sondern durch das Darlehen gedeckt wurden. Das Prinzip funktionierte so: PC Farias sammelte mehr Geld ein, als für die Wahlkämpfe benötigt wurde. Das überschüssige Geld investierte er in private Firmen oder bunkerte es auf geheimen Offshore-Konten. Um den Ertrag zu maximieren, gründete Farias Fake-Firmen, um Schmiergelder einzusammeln – 70 Prozent des Geldes flossen in Collors Wahlkampf, 30 Prozent behielt er für sich. Nach Collors Impeachment floh Farias zunächst ins Ausland, wurde aber 1994 zu sieben Jahren Haft verurteilt, von denen er dann dank einer Begnadigung durch den Präsidenten Cardoso nur einen Bruchteil absitzen musste. 1996 fand man PC Farias und seine deutlich jüngere Lebensgefährtin Suzana Marcolino erschossen in seinem Strandhaus in Guaxuma bei Macéio. Zunächst gingen die Ermittler von einer Beziehungstat aus. Zweifel blieben bis heute. 1999 wurden die Leichen exhumiert und erneut untersucht. Obwohl ein Beziehungsmotiv nicht ausgeschlossen werden kann, gibt es nach wie vor Stimmen, die von einem *Queima de arquivo* (»Feuer im Archiv«) sprechen. Wieder einmal.

Die Verschleierungsfinte von Farias ging, wie gesagt, nicht lange gut. Immerhin: Die Strategie bewirkte zumindest, dass Collor im

Dezember 1994 vom Obersten Gerichtshof von der Anklage des gemeinen Verbrechens freigesprochen wurde. Die Amtsenthebung des Präsidenten durch die Abgeordnetenkammer im September und seinen anschließenden Rücktritt aber verhinderte sie nicht.

Nach diesem Betrugsversuch gab es ab 1993 ein Gesetz, das alle Kandidaten dazu verpflichtete, dem Obersten Wahlgerichtshof (*Supremo Tribunal Eleitoral*) eine detaillierte Abrechnung ihrer Wahlkampfspenden vorzulegen. Diese stammen im Wesentlichen von Firmen und Unternehmen, weniger von Privatpersonen. Dabei sind es meist die Kandidaten selbst, die das Geld für ihren individuellen Wahlkampf und weniger den ihrer Partei einwerben. Das Ganze gleicht einer Wette. Am leichtesten ist es für populäre Politiker mit guten Erfolgsaussichten, vielleicht noch von einer regierenden oder anderweitig in einflussreicher Position befindlichen Partei, an Geld zu kommen. Aber natürlich wollen es sich Unternehmen nicht von vornherein mit einem Politiker verscherzen, der vielleicht zu einem späteren Zeitpunkt ein Amt erreicht. Somit fließt auch Geld an diesen Kandidaten. Besonders häufig spenden Firmen, die mittelbar oder unmittelbar von politischen Entscheidungsprozessen betroffen sind. In aller Regel sind das Banken, der Finanzsektor, die Schwerindustrie oder die Bauwirtschaft. Praktisch alle, die von öffentlichen Aufträgen leben.

Die PT stellte bei der Wahlkampffinanzierung einen Sonderfall dar. Statt die Einwerbung den einzelnen Kandidaten zu überlassen, fließt das Spendengeld in einen zentralen Topf und wird von dort aus durch die Parteistrukturen verteilt. Ein weiteres Problem der PT wie auch aller anderen Parteien des linken Spektrums: Sie gehören nicht unbedingt zu den bevorzugten Parteien der Unternehmen. Das sorgt für eine Schieflage bei der Wahlkampffinanzierung. Der Präsidentschaftswahlkampf 1994 machte das deutlich. Die Kandidaten der PT erhielten gerade einmal ein Zehntel ihres Wahlkampfbudgets von Unternehmen.[82] Im Gegen-

---

82 Vgl. Samuels, David, »Financiamento de campanhas no Brasil e propostas de reforma«, in Dillon Soares, Gláucio Ary e Rennó, Lúcio R. (Hsg.); Reforma política – Lições da história recente. Editora FGV, Rio de Janeiro, 2006, S. 10–28, S. 21.

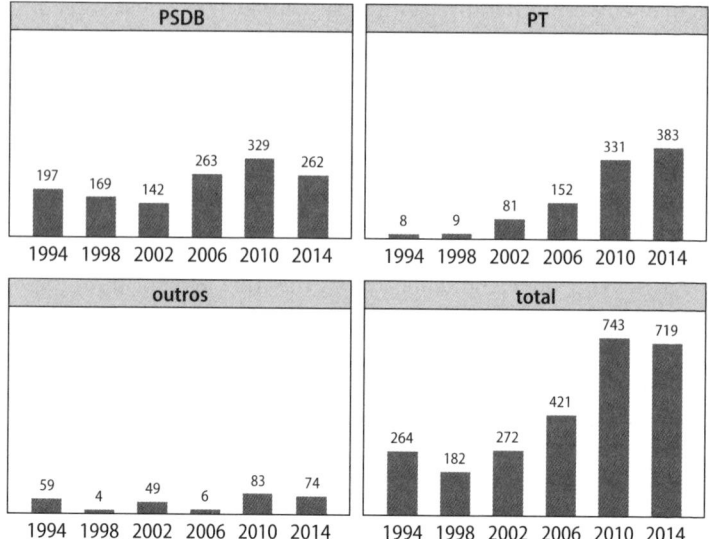

Wahlausgaben nach Parteien bei den Präsidentschaftswahlen 1994 bis 2014 in Mio. Reais

Quelle: Transparência Brasil/Às Claras.

satz dazu hatte der Kandidat der PSDB, Fernando Henrique Cardoso, im Wahlkampf mehr Geld zur Verfügung als alle anderen Kandidaten zusammen (siehe Grafik). In Zahlen: Während die *Tucanos* 197 Mio. Dollar zur Verfügung hatten, musste Lulas PT den Wahlkampf mit nur acht Millionen bestreiten. Diese Art der Wahlfinanzierung stellt eine enorme Gefahr dar, den Wettbewerb zu verzerren. »Geld hebt die Sichtbarkeit der Kandidaten hervor, und fehlt es, limitiert es die Wettbewerbsfähigkeit der Kandidatinnen enorm«, formuliert es David Samuels Cláudio Weber Abramo, der Gründer von *Transparência Brasil*. Man kann es schon erahnen: Dieses Prinzip ist eine ideale Einladung an alle Unternehmen, so sie nicht exakt auf Reais und Centavo in der offiziellen Spendenliste des STF erscheinen wollen, Zahlungen auf anderem Wege vorzunehmen, über sogenannte schwarze Kassen, im Portugiesischen *caixa dois* genannt. »Geld aus schwarzen Kassen ist generell kein sauberes Geld«, sagt Cláudio Weber Abramo bzw.: »Das Geld aus Kasse zwei stammte nie aus einer Kasse eins.«

Das bedeutet im Umkehrschluss, dass das aktuelle Finanzierungssystem zugleich die Entstehung von schwarzen Kassen und damit die Korruption befördert.

Der PT war nicht entgangen, dass sie bei den Zuwendungen von Spenden deutlich hinter anderen Parteien hinterherhinkte. Nun verfügte sie nicht über den Rückhalt in der Wirtschaft, und auch die Zahl der einflussreichen Politiker in der Bundespolitik hielt sich sehr in Grenzen. Wo die PT allerdings stark vertreten war, war die kommunale Politikebene. Etliche Rathäuser der Städte und Munizipalitäten hatte sie gewonnen. Diese versuchte die Partei nun anzuzapfen. Darum machte sich der damalige Schatzmeister Paulo Okamotto[83] auf und kontaktierte einige PT-Bürgermeister, um die Möglichkeiten einer Geldabschöpfung auszuloten. Die Idee ähnelte der, Die später im *Lava Jato* immer wieder angetroffen werden sollte. Die PT entwickelte eine Art Kickback-Prinzip. Öffentliche Dienstleistungen wie Betriebskonzessionen für Buslinien oder kommunale Bauprojekte wurden zu erhöhten Preisen ausgeschrieben. Die Differenz floss vorbei an der Gemeindekasse an die Partei. Erste solche Finanzierungsmodelle soll es bereits zur Präsidentschaftskandidatur 1994 gegeben haben.[84]

Die schwarze Kasse entwickelte sich zu einem ständigen Finanzierungsprinzip der Parteienlandschaft und blieb nicht alleine auf die PT beschränkt. Erst, als im Jahr 2006 weitere Korruptionsskandale die PT erschütterten, auf die wir später ausführlich zu sprechen kommen, kam das gewaltige Ausmaß der Betrugsmaschinerie ans Licht. Okamotto, loyaler Gefolgsmann und als Präsident der SEBRAE[85] strategisch gut positioniert, wurde 2006 von einem Untersuchungsausschuss, der eigentlich eine ganz andere Stoßrichtung hatte (*CPI dos Bingos*), als entscheidenden

---

83 Die Schreibweise des Nachnamens Okamotto ist in den Medien und der Literatur recht uneinheitlich. Einige benutzen zwei »t«, andere nur eines. Im Folgenden wird hier die Schreibweise mit zwei »t« benutzt.

84 Hunter, S. 120.

85 SEBRAE oder Serviço Brasileiro de Apoio às Micro e Pequenas Empresas ist eine brasilianische autonome soziale Einrichtung, deren Ziel es ist, die Entwicklung von Kleinst- und Kleinunternehmen zu fördern und das Unternehmertum im Land zu fördern.

Strippenzieher identifiziert. Er steuerte von 1995 an ein Schema, um Geld von Stadtverwaltungen der PT umzuleiten, also um Geld für die *caixa dois* zu beschaffen.[86] Modell oder Prototyp dafür war die Stadt São José dos Campos im Hinterland des Bundesstaats São Paulo.

Das zumindest behauptet ein Kronzeuge, der die PT bei der Aufarbeitung schwer belastete. Paulo de Tarso Venceslau[87] war ehemaliger Finanzsekretär dieser Gemeinde bei der CPEM (*Consulteria para Empresas de Municipios*), ein Unternehmen, das Dienstleistungen für die Stadtverwaltung erbrachte. Dort waren ihm bereits 1997 Unregelmäßigkeiten aufgefallen. Führendes Personen der CPEM sollen zu jenem Zeitpunkt Lulas Patensohn Roberto Teixeira und Paulo Okamotto gewesen sein. Venceslau beschreibt Okamotto als »informellen Schatzmeister« des Schemas, das von Lula selbst ausgearbeitet worden sein soll. Venceslau belastete mit seinem Aussagen vor dem Untersuchungsausschuss Lula schwer und behauptete, es sei ausgeschlossen, dass dieser von der Betrugsmasche nichts mitbekommen habe, wie Lula stets beteuerte. Venceslau, der 1998 die PT im Streit verlassen hatte, hatte in den 1970er-Jahren dem bewaffneten Widerstand gegen die Militärdiktatur angehört und war in den 1980er-Jahren in die PT eingetreten.

Der Fall Celso Daniel

Wie das Schema funktionierte, kam im Zusammenhang mit der Ermordung des PT-Politikers Celso Daniel ans Licht. Als Venceslau die von ihm beobachteten Unregelmäßigkeiten meldete, hatte Daniel noch Partei für die CPEM ergriffen. Er halte die Arbeit von CPEM für »extrem wichtig« in Bezug auf die Erhebung der Steuer auf den Waren- und Dienstleistungsverkehr

---

86   Vgl. Nunes, Lucuana, CPI deve acusar Okamoto de mentor do caixa 2, https://www.folhadelondrina.com.br/politica/cpi-deve-acusar-okamoto-de-mentor-do-caixa-2-do-pt-567119.html, in: Folha de Londrina, aufgerufen am 12. Mai 2021.

87   Vgl. Recondo, Felipe, Ex-petista confirma denúncia de caixa dois e diz que Lula sabia, https://www1.folha.uol.com.br/folha/brasil/ult96u75174.shtml, in: Folha de São Paulo, aufgerufen am 12. Mai 2021.

(ICMS) und bestritt, unter Druck gesetzt worden zu sein, die Dienste des Unternehmens zu beauftragen. Möglicherweise war dies der Moment, der Daniel die Augen öffnete. Fünf Jahre später war er tot – kurz nachdem er von Lula ausgewählt worden war, die Präsidentschaftskampagne zu koordinieren. Der Job sollte sicher eine Auszeichnung für den Bauingenieur und Verwaltungsfachmann sein. Drei Mal schaffte er es, zum Bürgermeister der Stadt Santo António im Bundesstaat São Paulo gewählt zu werden. Daniel galt als pragmatischer Politiker, der es schaffte, auch ohne eine Mehrheit im Stadtrat Dinge zu bewegen.

Am Abend des 18. Januar 2002 stieg er nach dem Besuch einer *Churrascaria*, eines Grillrestaurants, im Ortsteil Jardins in den Geländewagen eines befreundeten Geschäftsmanns. Kurze Zeit später wurde das Fahrzeug auf der Rua Antônio Bezerra von drei Fahrzeugen zum Anhalten gezwungen. Die Unbekannten zerrten Celso Daniel aus dem Fahrzeug und fuhren mit ihm davon. Wenige Tage später wurde er, hingerichtet mit elf Schüssen, tot an einer Straße gefunden.

Der Fall schockierte die brasilianische Öffentlichkeit nicht nur wegen seiner extremen Grausamkeit. Auch über die Hintergründe der Tat wird nach wie vor spekuliert. Vordergründig scheint die Angelegenheit klar zu sein. Die zehn jungen Männer, die die Tat begangen haben sollen, stammen aus einer Favela und waren offenbar darauf aus, Lösegeld zu erpressen. Möglich ist auch, dass sie es gar nicht auf Celso Daniel abgesehen hatten, sondern auf den Besitzer des Mitsubishi Pajero, den Unternehmer Sérgio Gomes da Silva. Von seiner Familie wäre möglicherweise eine Lösegeldzahlung erwartbar gewesen, jedoch blieb er unverletzt am Ort des Überfalls zurück, als die Entführer davonbrausten. Alles nur eine tragische Verwechslung?

Gegen diese These sprechen einige Indizien. Auffällig ist die Zahl der Zeugen, die im Zuge der Ermittlungen nach und nach unter recht mysteriösen Umständen gestorben waren, ehe sie zu den weiteren Umständen der Tat befragt werden konnten. Sieben Zeugen starben bislang. Trotz dieser Häufung unglücklicher Zufälle schien der Fall als »normales Verbrechen« so gut wie abgeschlossen.

Die Familie Daniels jedoch setzte die Behörden unter Druck, den Fall wieder aufzunehmen. Am 5. August 2002 beantragte das Staatsministerium von São Paulo die Wiederaufnahme. Die Brüder des Ermordeten, Bruno und João Celso, glaubten der offiziellen Version der Ermittler nicht. Vielmehr gingen sie von einer politisch motivierten Tat aus. Nach Aussage der Brüder habe Celso Daniel sich dagegen gewehrt, sich mit seiner Kommune – São Andre ist eine der ABC-Städte des Bundesstaats São Paulo, der Herzkammer der Gewerkschaftsbewegung und PT-Land – an dem Geldbeschaffungsmechanismus zu beteiligen. Stattdessen, so die Brüder, habe er begonnen, ein Dossier zusammenzustellen. Darum habe man von Seiten der PT versucht, durch den Mord dieses politisch hochexplosive Material verschwinden zu lassen. Zeugenaussagen zufolge soll Lula selbst die Tat in Auftrag gegeben haben.[88]

Der Reigen mysteriöser Ereignisse setzte sich jedenfalls fort. Im August 2010 wurde die Staatsanwältin Eliana Vendramini, die für die Untersuchung des Mordes an dem ehemaligen Bürgermeister Celso Daniel zuständig war, in einen Autounfall auf einer Schnellstraße in São Paulo verwickelt. Das gepanzerte Fahrzeug, das von der Staatsanwältin gefahren wurde, überschlug sich dreimal, nachdem es wiederholt von einem anderen Auto getroffen worden war, das, ohne anzuhalten, weitergefahren wurde.

Diese Gemengelage zeigt exemplarisch die enge Verstrickung der brasilianischen Politik in die Korruption. Eigentlich hatte es sich bei dem Untersuchungsausschuss *CPI dos Bingos* um ein Gremium gehandelt, das Korruption und Geldwäsche im Glücksspielmilieu untersuchen sollte. Dass dabei die Sprache auch auf die *caixa dois* kommt und dieselben Zeugen vernommen werden, belegt eindrucksvoll, wie weit verbreitet Korruption zu sein scheint. Kaum ein Thema kann isoliert betrachtet werden, alles ist verbunden, wenn man nur tief genug gräbt – manchmal stießen die Ermittler

---

88 Vgl. Barroso, Cristina, Caso Celso Daniel, o crime perfeito?, https:// tribunanacional.com.br/coluna/130/caso-celso-daniel-o-crime-perfeito, in: Jornal Tribuna Nacional, aufgerufen am 14. Mai 2021.

erst Jahre später in einem ganz anderen Zusammenhang auf die entscheidende Spur. So verwundert es nicht, dass der Fall Célso Daniel 14 Jahre später bei den Ermittlungen des *Lava Jato* abermals zum Thema wurde, aber bis heute die Ermittlungsbehörden nicht beschäftigt.

1994–1998

Aller guten Dinge sind drei – Lulas dritter Anlauf

Cardoso schlug Lula praktisch flächendeckend. Nur in Rio Grande do Sul und im Distrito Federal konnte Lula mehr Stimmen einfahren. Allerdings sind diese Staaten in absoluten Wählerzahlen eher zu vernachlässigen, gerade 7,3 Prozent der Wahlberechtigten lebten dort. Vor allem die, die durch den *Plano Real* nun etwas mehr Geld in der Tasche hatten, gaben ihre Stimme Cardoso. Auf der anderen Seite schien es die PT geschafft zu haben, sich eine Kernanhängerschaft aufzubauen.[89]

Cardoso war es gelungen, »wirtschaftliche Aufbruchstimmung«[90] zu verbreiten. Der Mann, der eine Biographie über sich »Der zufällige Präsident«[91] nennen ließ, war alles andere als ein Quereinsteiger, wie der Titel der Memoiren nahelegen könnte. Ein solcher passte tatsächlich eher zu US-Präsident Donald Trump, über den Regisseur James Fletcher eine gleichnamige Dokumentation drehte. Vermutlich wollte FHC, wie Cardoso weithin bekannt ist, auf seine berufliche Vorgeschichte anspielen. Ehe er in den 1970er-Jahren in die Politik einstieg, war er ein bekannter Soziologe. Sein Hauptwerk *Dependency and Development in Latin America* ist bis heute ein Klassiker. Oder auf seinen vergleichsweise rasanten Aufstieg vor der Kandidatur, als er praktisch aus dem Nichts Finanzminister und damit eines der wichtigsten Kabinettsmitglieder Itamar Francos wurde.

In den 1970er-Jahren wandte er sich der Politik zu. Cardoso stammt aus einer politischen Familie. Sein Vater Leonidas Cardoso,

---

89   Vgl. Hunter, S. 124.
90   König, S. 362.
91   Cardoso, Fernando Henrique, Winter, Brian, The Accidental President of Brazil: A Memoir, Public Affairs, 2006.

ein General der Reserve, war von 1955–1959 Kongressabgeordneter der rechtsgerichteten PTB gewesen. Zudem galt er als Nationalist.[92] Cardoso Junior war 1978 in die bis dahin einzige zugelassene Oppositionspartei MDB eingetreten. In den Jahren zuvor hatte er in etlichen Aufsätzen und Zeitungsartikeln die Militärdiktatur kritisiert und attackiert. Er stammt also ein Stück weit aus derselben politischen Richtung wie sein Widersacher Lula. Später war er mit weiteren Abtrünnigen aus der mittlerweile in PMDB umbenannten Partei ausgetreten und hatte eine eigene Partei, die PSDB, gegründet, mit einem sozialdemokratischen Anspruch im Namen.

Die Politik der ersten Amtszeit Cardosos wird gemeinhin allerdings als neoliberal charakterisiert. Dass er mit dieser Politikrichtung wenig Berührungsängste hatte, bewies er schon bei der Auswahl seiner Koalitionspartner. Weil die PSDB im stark zersplitterten Kongress keine eigene Mehrheit stellen konnte, war er auf die Hilfe anderer Parteien angewiesen. Er suchte das Bündnis mit der rechtskonservativen PFL und der PTB, mit denen auch schon Collor zu regieren versuchte. Und, wie bereits erwähnt, hätte Cardoso auch keine Probleme gehabt, Collors Regierung in einer Koalition zu unterstützen, wäre er nicht innerparteilich auf große Widerstände gestoßen.

Cardosos Politik machte vor allem durch große Privatisierungen oder Denationalisierung,[93] wie sie von der Opposition genannt wurde, auf sich aufmerksam. Er zerschlug das Telekommunikationsunternehmen *Telebras* in zwölf Gesellschaften, die er anschließend ordentlich versilberte. 19 Milliarden Reais soll alleine dies in die Staatskassen gespült haben. Außerdem verkaufte er das Eisenerzbergbauunternehmen *Companhia Vale do Rio Doce* aus dem Bundesstaat Minas Gerais für umgerechnet rund 3 Milliarden Reais. Bei wem der Name Vale oder der Begriff Rio Doce eine Glocke läuten lässt: Am 5. November 2015 brach der Damm von Bento Rodrigues, bei dem 19 Menschen starben. Am 25. Januar 2019 brach im Bundesstaat Minas Gerais erneut ein Absetzbecken. Die sich daraus entwickelnde Schlammlawine zerstörte die Klein-

---

92 Vgl. König, 362.
93 Als solche framte es die PT im Wahlkampf 1998 um.

stadt Brumadinho. Die Behörden gingen von mehreren hundert Toten aus. 2018 hatte der TÜV Süd den Damm überprüft und Maßnahmen zur Stabilisierung angeregt. Außerdem werden dem Unternehmen immer wieder Menschenrechtsverletzungen vorgeworfen, etwa von der International *Federation of Human Rights* (IFDS).[94] Alleine wegen dieser Privatisierungen Fernando Henrique Cardoso als Neoliberalen und eher rechten Politiker darzustellen, dürfte aber ein wenig zu weit gehen. Der bekannte brasilianische Kolumnist Reinaldo Azevedo formulierte es einmal so: FHC sei deswegen nicht rechts, »denn sonst wäre Ernesto Geisel, der das genaue Gegenteil machte (Anm. d. Autors: Verstaatlichung von Betrieben), unser größter Kommunist gewesen«. Geisel war von 1974–79 Präsident während der Militärdiktatur gewesen.

Vielmehr brauchte Cardoso die Erlöse aus den Unternehmensverkäufen, um von 1996 an sein Programm *Brasil em Ação* finanzieren zu können. Hinter dem Begriff verbirgt sich ein breit angelegtes Programm mit 42 Projekten aus fast allen Politikfeldern wie Gesundheit, Infrastruktur, Transport, Bildung, Erziehung, Energieversorgung oder Agrarreformen, ein Konglomerat von »Investitionen mit dem Zweck der Entwicklung«, wie es im Untertitel des Programms heißt. Konkret bedeutet das ein Programm für eine Reform des öffentlichen Gesundheitswesens (SUS) um rund 400 Millionen Reais, ein Programm zur Reduzierung der Säuglingssterblichkeit um 1,9 Mrd. Reais, mehrere Wohnbauprogramme wie *Pró-Moradia, Carta de Crédito* oder *Habitar Brasil* – eine Aufzählung aller Programme würde den Rahmen sprengen.[95] Die wenigen Beispiele sollen verdeutlichen, dass dieses breit angelegte Programm durchaus für die Entwicklung des ganzen Landes und für weite Teile der ärmeren Bevölkerung angelegt war. Der

94   Vgl. https://www.fidh.org/en/region/americas/brazil/9662-how-much-are-human-rights-worth-in-the-brazilian-mining-and-steel-industry, aufgerufen am 17. Mai 2021.

95   Eine detaillierte Übersicht liefert das Papier der Regierung zu dem Programm. Cardoso, Fernando Henrique, Uma estratégia de desinvolvimento social, Brasilia, 1996. Als PDF abrufbar unter: http://www.biblioteca.presidencia. gov.br/publicacoes-oficiais/catalogo/fhc/uma-estrategia-de-desenvolvimento-social-1996, aufgerufen am 19. Mai 2021.

Zwiespalt zwischen Neoliberalismus und Developmentalismus, in dem Kritiker Cardoso wähnten und aus dem sie seine Politik als Verrat an den eigenen soziologischen Verdiensten interpretierten, sollte durchaus entkräftet sein. Cardoso durchlief während seiner Amtszeit vielmehr einen Erkenntnisprozess, an dessen Anfang zu jenem Zeitpunkt auch sein Widersacher Lula stand: den Unterschied zwischen reiner oppositioneller Lehre und Realpolitik mit all ihren Sachzwängen und Rahmenbedingungen. Man könnte auch sagen: Cardoso hat die Marktwirtschaft akzeptiert[96] und sich den wirtschaftlichen Gegebenheiten der Zeit angepasst. »Entweder man globalisiert mit, oder man wird globalisiert«, drückt es Boris Fausto aus.[97] Zugleich aber gelang es Cardoso, die Demokratie zu konsolidieren und Ansätze zur Schaffung einer wohlhabenderen und gerechteren Gesellschaft zu schaffen. Die abschließende Klärung der Frage, ob Cardoso ein Sozialdemokrat oder ein Neoliberaler war, ist auch nicht Gegenstand dieses Buches. Befürworter beider Richtungen werden genügend Argumente für ihre Sichtweise finden. Cardoso deshalb jedoch Verrat an seiner sozialdemokratischen Grundhaltung abzusprechen, würde über das Ziel hinausschießen.

Allerdings hatte das Programm seinen Preis: 54 Milliarden Reais sollte das alles kosten. Die nicht gesicherte Finanzierung ließ viele Programme stocken,[98] zudem belastete es die Staatsfinanzen enorm, was sich vor allem in einer Überbewertung des Real äußerte, die nur durch eine ordentliche Finanzspritze eingedämmt werden konnte, indem die Regierung Teile der Goldreserven verkaufte. Zudem entstand ein Außenhandelsdefizit, für das Brasilien 1998 eine IWF-Kredit von rund 44 Mrd. Dollar aufnehmen musste. Der Real musste im Januar 1998 abgewertet werden, die Kaufkraft sank, die Neuverschuldung stieg, und die ambitionier-

---

96 Torres Freire, Vinicius, Sociólogo FHC mudou antes do FHC presidente, https://www1.folha.uol.com.br/fsp/brasil/fc19079813.htm, in: Folha de São Paulo, aufgerufen am 17. Mai 2021.

97 Vgl. Fausto, S. 482.

98 Vgl. De Toledo, José Roberto, Projetos do programa ›Brasil em Ação‹ apresentam atrasos, https://www1.folha.uol.com.br/fsp/brasil/fc091016.htm, in: Folha de São Paulo, aufgerufen am 19. Mai 2021.

ten Programme kochten wegen des daraus folgenden Sparzwangs auf ganz kleiner Flamme.

Der Satz: »Wenn ich den Leuten sage, ich bin links, glaubt mir das niemand. Aber es stimmt, es stimmt!« hat etwas Flehendes, aber war wohl auch nicht ganz ernst gemeint, als FHC ihn 2014 im Kunstmuseum von Rio sprach.[99] Er sagte es als Elder Statesman in einer Plauderrunde, in der es eher um launige Anekdoten denn um politische Profilierung ging. Generell ist die brasilianische Politik viel in Bewegung. Partei- und Fraktionswechsel gehören zum Tagesgeschäft, was auch damit zusammenhängt, dass die Kandidaten ihren Wahlkampf selbst organisieren und finanzieren müssen. Es kommt durchaus vor, dass Parteien ihren ideologischen Kompass nach links oder rechts verschieben. Ein besonders prominentes und relativ junges Beispiel ist die von FHC mitgegründete PSDB. Seine grundsätzlichen politischen Positionen – gegen die Todesstrafe, für gleichgeschlechtliche Beziehungen, für die Entkriminalisierung von Abtreibung, jedoch gegen deren generelle Freigabe, die Entkriminalisierung von Drogen – lassen grundsätzlich eher auf ein gemäßigt linkes politisches Weltbild schließen. Was ihn jedoch nicht davor feit, von Gegnern und Anhängern gleichermaßen als Verräter, Opportunist oder Neoliberaler bezeichnet zu werden.

Die PSDB hat in der jüngsten Vergangenheit tatsächlich einen ordentlichen Rechtsruck hingelegt – durchaus in mehreren Etappen. Weg von Cardosos sozialdemokratischer Mitte-Links-Prägung über eine deutlich zentristische Position während der Regierungszeit der PT bis 2014 und Aécio Neves[100] hin zu einer rechtspopulistischen Ausrichtung. Schuld daran ist João Doria, erst Bürgermeister von São Paulo, seit 2018 Gouverneur des bevölkerungsreichsten und

---

99 Mello Franco, Bernardo, ›Sou de esquerda, mas ninguém acredita‹, diz FHC, https://www1.folha.uol.com.br/poder/2014/04/1438019-sou-de-esquerda-mas-ninguem-acredita-diz-fhc.shtml, in: Folha de São Paulo, aufgerufen am 17. Mai 2021.

100 Aécio Neves ist der Sohn des 1985 kurz vor seiner Amtseinführung verstorbenen Präsidenten Tancredo Neves. Für diesen hatte man eine Sonderregelung verabschiedet, nach der als Ex-Präsident bezeichnet werden darf, obwohl er keinen einzigen Tag im Amt war.

wirtschaftsstärksten Bundesstaats. In seinem Wahlkampf 2018 zeigte er sich nicht nur gerne Seite an Seite mit dem späteren Präsidenten, dem rechtsradikalen Jair Bolsonaro. Er unterstützte ihn auch mit seiner Stimme[101] und führte einen knallharten anti-linken Wahlkampf. Die PT sieht er als »militant« und »sozialistisch«. Damit nicht genug der Verwandtschaft im Geiste, wie die Enthüllungsplattform *The Intercept*[102] herausstellte. Bolsonaro bedankte sich bei der PSDB für die Wahlunterstützung, indem er den Senator Lucas Izalci zum Vize-Vorsitzenden des Senats auswählte. Und es gibt kaum eine Partei, die mehr Initiativen der Bolsonaro-Regierung im Parlament unterstützte als die PSDB. 81 Prozent erhielten ihre Zustimmung, zählte *The Intercept*. Nur die PSL, über deren Ticket Bolsonaro kandidiert hatte, stimmte etwas häufiger mit Bolsonaro, nämlich bei 85 Prozent der Initiativen. Kleiner Exkurs am Rande: Das innige scheinende Verhältnis zwischen Doria und Bolsonaro kühlte während der Corona-Pandemie (von März 2019 an) merklich ab, als beide völlig gegensätzliche Politikansätze fuhren. Man kann davon ausgehen, dass João Doria im Präsidentschaftswahlkampf 2022 im konservativen Lager gegen Bolsonaro kandidieren wird.[103] Möglichen politischen Allianzen und Kandidaten wird im hinteren Teil des Buches ein eigenes Kapitel gewidmet.

Lulas zweite Niederlage in Folge

Die zweite Niederlage, diesmal in der ersten Wahlrunde und nicht erst in der Stichwahl, traf die PT, aber auch deren Spitzenkandidaten Lula schwer. Es war nicht nur der *Plano Real*, der den für möglich gehaltenen Sieg zunichte gemacht hatte. Der Wahlkampf war deutlich weniger polarisiert abgelaufen. Anstelle eines

---

101 Vgl. hierzu ein Video vom Wahltag im Oktober 2018, https://www.youtube.com/watch?v=z8RvYFFZVos, aufgerufen am 19. Mai 2021.

102 Joao, Filho, Está na hora do PSDB mudar de nome: não há mais social-democracia dentro do partido, https://theintercept.com/2020/02/02/esta-na-hora-do-psdb-mudar-de-nome-nao-ha-mais-social-democracia-dentro-do-partido/, in: The Intercept, aufgerufen am 17. Mai 2021.

103 Nöthen, Andreas, Brasilien: Corona-Impfung als Schlagabtausch im Präsidentschaftswahlkampf, https://web.de/magazine/panorama/brasilien-corona-impfung-waffe-wahlkampf-35575238, in: Web.de, aufgerufen am 19. Mai 2021.

ideologischen Gegenspielers aus dem konservativen Lager wie Collor war mit Fernando Henrique Cardoso ein gemäßigter und glaubwürdiger Kandidat der Mitte angetreten.

Intern versuchte die Arbeiterpartei PT, die Niederlage zu deuten und zu analysieren. Für manch einen hatten die Medien eine entscheidende Rolle gespielt, für andere war das deutliche Missverhältnis an zur Verfügung stehenden Wahlkampfgeldern ein gewichtiger Faktor gewesen. Doch Analyse und Kritik richteten sich auch nach innen. Moderate Strömungen wie die *Unidade de Luta*, die aus der *Articulação* hervorgegangen war, kamen zu dem Schluss, dass es der Partei offenbar nicht gelungen war, ihr Wählerpotenzial auszuschöpfen.

Für weiter links stehende Strömungen wie die *Hora da Verdade* hatte die Niederlage eher inhaltliche Gründe. Die Schwerpunktsetzung, die mit dem Erfolg des *Plano Real* notgedrungen in den Mittelpunkt gerutscht war, nämlich ein Rezept für mehr Preisstabilität zu finden, betrachtete diese Gruppe eher als bourgeoises Problem. Stattdessen hätte man besser auf das Thema Stabilität der Währung reagieren und zumindest so tun sollen, als habe man auch einen Plan.[104] Immerhin hatte man erkannt, dass es der PT zu jenem Zeitpunkt an wirtschaftspolitischen Themen mangelte bzw. die Wähler der Partei auf diesem Gebiet offensichtlich weniger Lösungskompetenz zuschrieben. Die PT, aber vor allem Lula war offenbar noch zu sehr im Arbeitermilieu verhaftet.

In einem Gastbeitrag in der großen landesweiten *Folha de São Paulo* vom 14. Oktober 1994[105] deutete Luiza Erundina de Souza ansatzweise eine Problematik an, die sich von dieser Wahl an immer deutlicher zeigen sollte: die Ablösung Lulas von der PT und der Beginn des sich später, während der Präsidentschaft Lula, deutlich zuspitzenden Konflikts zwischen dem *Lulismo* einerseits und dem *Petismo* andererseits. Diesen Konflikt werden wir zu einem späteren Zeitpunkt im Detail betrachten.

---

104 Vgl. Hunter, S. 125.
105 De Souza, Luiza Erundina, PT – crescimento, derrota e perspectiva, https://www1.folha.uol.com.br/fsp/1994/10/14/painel/1.html, in: Folha de São Paulo, aufgerufen am 27. Mai 2021.

Luiza Erundina gehörte zu den mächtigen Vertretern der PT, die auf kommunaler Ebene vorübergehend sehr erfolgreich Politik machten. Als das Urgestein und Gründungsmitglied der PT 1989 Oberbürgermeisterin der Metropole São Paulo wurde, war sie die erste Frau, die es in Lateinamerika geschafft hatte, an die Spitze der kommunalen Verwaltung einer Millionenstadt gewählt zu werden. Die PT-Politiker, die auf kommunaler Ebene im Amt waren, zählten von Beginn an eher zu den radikaleren, linkeren Strömungen der Partei. Entsprechend groß war mit zunehmenden Wahlerfolgen deren innerparteiliches Gewicht. Anders als auf kommunaler Ebene, war es der PT nicht gelungen, Stimmen zuzulegen. Für Luiza Erundina lag die Ursache gerade in der Nominierung Lulas und in der Wortwahl der Kampagne. Darin habe die PT immer nur von »Ausgeschlossenen« gesprochen. Davon hätten sich andere Bevölkerungsgruppen zu wenig angesprochen gefühlt. Luiza Erundina trat noch vor der Wahl 1998 zur *Partido Socialista Brasileiro* (PSB) über.

Die Wahl offenbarte ein grundlegendes Dilemma der PT: Während sich die Brasilianer nach wie vor nur sehr begrenzt mit linken politischen Inhalten identifizierten, schienen sie ein gewisses Faible für Lula entwickelt zu haben – und das über die Partei hinaus. Offenbar schien es Lula besser zu gelingen, Wähler außerhalb der klassischen Kernwählerschaft anzusprechen, wenn auch noch nicht genug. Zumindest in den moderateren Gruppierungen lautete daher die Schlussfolgerung: mehr auf die politische Mitte zielen und zugleich das Image Lulas massentauglicher gestalten.

Das ging aus Lulas Sicht nur mit starken Verbündeten der moderaten Strömungen. Einer, ebenfalls aus der *Articulação* und ein treuer Gefolgsmann Lulas, ist José Dirceu. Ihm, der zuvor Generalsekretär gewesen war, gelang es, 1995 zum Präsidenten der PT gewählt zu werden. Die Wahl war relativ knapp. 54 Prozent der PT-Mitglieder stimmten für Dirceu, während 46 Prozent lieber Hamilton Pereira als Parteichef gesehen hätten. Die Mehrheit reichte zunächst einmal aus, um im wichtigsten und ranghöchsten Parteigremium, dem bundesweiten Exekutivkomitee eine Mehrheit zu erringen. Von den 22 Mitgliedern galten 13 als eher moderat, wohingegen acht eher dem linken Lager zuzuordnen waren. Ehe wir schauen, wie sich das auf die kommenden Wahlen auswirken sollte, erscheint es sinnvoll, etwas genauer auf José Dirceu einzugehen. Er sollte in den folgenden Jahren der entscheidende Stratege der Partei werden. Ihn nannte Lula einmal *o capitão do time*, wie den Mannschaftskapitän beim Fußball. Andere nannten ihn »das Gehirn der Revolution« (*cérebro da revolução*).[106]

José Dirceu (geb. 4. März 1946)
Politisch aktiv war José Dirceu schon während der Diktatur. Er kam aus der Studentenbewegung. 1968 wurde er Präsident der Studentengewerkschaft *União Estadual das Estudantes* UEE in São Paulo. Dirceu nahm an einem heimlichen Studentenkongress teil, der jedoch aufflog. Gemeinsam mit 15 anderen Personen wurde er verhaftet und inhaftiert. Das Gefängnis durfte er erst im Austausch gegen den entführten US-Botschafter Charles Burke Elbrinck verlassen – das Land musste er gleich dazu verlassen. Dirceu ging nach Kuba ins Exil. Klingt die Biografie bis hierher schon wie ein Abenteuerroman, sollte sie sich im weiteren Verlauf zu einem echten Agententhriller des Kalten Kriegs entwickeln.

Auf Kuba wartete er nicht ab, bis sich die Lage in der Heimat abkühlte, sondern nutzte die Zeit zur Weiterbildung. José Dirceu ließ sich im Guerilla-Kampf ausbilden, was auch Widerstandsversuche gegen Verhöre und Folter einschloss, und wechselte schließlich in das Gebiet, in dem er zum Spezialisten wurde: in den Geheimdienst, genauer gesagt zur Spionage. Zudem erreichte er etwas, das wohl nur sehr wenige Flüchtlinge geschafft haben dürften: Er kam der Spitze der kubanischen Regierung näher und wurde ein Freund und Gesprächspartner von Fidel Castro.

1975 kehrte er heimlich nach Brasilien zurück, nachdem er sich einer plastischen Gesichtsoperation unterzogen hatte, die ihm eine Stupsnase und wulstige Augen bescherte. Fortan nahm er die falsche Identität von Carlos Henrique Gouveia de Melo an. Er zog zunächst nach Cruzeiro do Oeste (PR), wo er heiratete,

---

106 Vgl. Fabiano, Ruy, José Dirceu, o cérebro da Revolução, https://veja.abril.com.br/blog/noblat/jose-dirceu-o-cerebro-da-revolucao/, in: Vaja, aufgerufen am 31. Mai 2021.

ohne selbst seiner Frau seine wahre Identität zu offenbaren. Dies holte er erst 1979 nach, nachdem die Militärregierung eine Amnestie beschlossen hatte. Danach soll er noch einmal nach Havana zurückgekehrt sein, um sein Gesicht wiederherstellen zu lassen. 1980 gründete er die PT mit und schloss 1983 sein vor dem Exil abgebrochenes Jurastudium ab. Dirceu gehörte, ebenso wie Lula, zu der gemäßigteren und einflussreichen Strömung[107] innerhalb der Partei, der *Articulação*, wurde deren Generalsekretär (1987–1990) und später Präsident (1995,1997 und 1999). Unter Lula als Präsident war Dirceu nicht nur ein enger Vertrauter, sondern von 2003 bis 2005 *Ministro-Chefe da Casa Civil*.[108]

Bekannt und berüchtigt wurde José Dirceu durch seine Angriffslust auf politische Gegner. Nicht zuletzt deshalb war er eine der treibenden Kräfte im Untersuchungsausschuss gegen PC Farias, den Wahlkampfmanager von Ex-Präsident Fernando Collor de Mello, an dessen Ende Collor selbst in Bedrängnis geriet. Auch Präsident Cardoso ging Dirceu hart an, als er ihn 1996 beschuldigte, für das sogenannten *Massaker von Eldorade de Carajarás* verantwortlich zu sein. Dabei waren am 17. April 1996 19 Mitglieder der Landlosenbewegung MST (*Movimento sem Terra*) durch die *Policia Militar* getötet worden. Am Ende wurden zwei von 150 eingesetzten Polizisten verurteilt.

Cardoso reagierte auf den Anwurf und übertrug die Verantwortung der Agrarreform dem neu gegründeten außerordent-

---

107　Im Laufe ihrer Geschichte sah die PT zwischen 40 und 50 solcher innerparteilichen Strömungen. Manche existierten nur ein paar Jahre, andere seit den Gründerjahren. Die Articulação – Unidade na Luta (AUNL) ist der Name, den die wichtigste interne Tendenz der Arbeiterpartei (PT) 1993 angenommen hat. Sie ist eine interne Tendenz oder Strömung der PT, die 1983 gegründet wurde und praktisch während des gesamten Werdegangs der Partei die Mehrheit stellte. Hervorgegangen aus dem Dokument »Manifest der 113«, brachte sie unabhängige PT-Aktivisten zusammen, die in Gewerkschaften (wie Lula selbst) und kirchlichen Basisgemeinschaften (CEBs) aktiv waren, sowie ehemalige Mitglieder von linken Organisationen wie der Ação Libertadora Nacional (ALN), einem militanten Arm der Widerstandsbewegung gegen die Militärdiktatur.

108　Im deutschen Vergleich käme die Position der des Kanzleramtsministers am nächsten.

lichen Ministerium für Grund- und Bodenpolitik, dem *Ministro Extraordinário de Política Fundiária.* Diesem wiederum unterstellte man das *Instituto Nacional de Colonização e Reforma Agrária* (INCRA), das Institut für Ansiedlung und Agrarreformen. So wurden in der Regierungszeit Cardosos 635 000 Familien angesiedelt. Sie erhielten 20 Millionen Hektar Land, die entweder zuvor von der INCRA enteignet oder gekauft worden waren.[109] Bis dahin hatte es keine so großen Ansiedlungsbemühungen in der Geschichte Brasiliens gegeben.

Bekannt wurde Dirceu auch dafür, der strategische Strippenzieher hinter dem Aufstieg und der Präsidentschaft von Lula zu sein. Er war es, der parteiintern die Öffnung der PT für die breite Bevölkerung durchboxte, um einen Weg zu Allianzen mit Parteien zu ebnen, die außerhalb des linken Spektrums lagen. So sollte die PT mit Blick auf die Wahl 2002 endlich mehrheits- und regierungsfähig werden. Bereits 1996 streckte er die Fühler in Richtung der Zentrumsparteien sowie PSDB und PMDB aus. In Rio de Janeiro unterstützte er den Wahlkampf des Bürgermeisterkandidaten Chico Alencar (wurde am Ende nur Dritter) vor allem mit dem Ziel, Verbindungen zu Parteien zu stärken, die er für Allianzen in der Zukunft verwenden wollte.

Das Schmieden von Allianzen beschränkte sich nicht nur auf die Innenpolitik. Dirceu unterstützte Lula bei der Entstehung und dem Aufbau des sogenannten *Foro de São Paulo,*[110] einer Organisation, die seit 1990 Parteien und Vereinigungen der Linken in Lateinamerika versammelt und einen engen Dialog mit dem internationalen Sozialismus pflegt. Vom Foro aus sollten unter seiner strategischen Führung Linke sukzessive in die Regierungen des Kontinents gewählt werden.

Mit dem Netzwerken und Strippenziehen hat es Dirceu im Laufe der Zeit aber auch übertrieben. Vier Mal wurde der Politiker zu einer Gefängnisstrafe verurteilt. Klammert man die politische Haft in den frühen Jahren aus, waren die Ursachen jedes

109 Vgl. König, S. 366.
110 Homepage des Forums: https://forodesaopaulo.org/, aufgerufen am 1. Juni 2021.

Mal Korruption und Geldwäsche. Dirceu galt etwa als der Kopf hinter dem ersten großen Korruptionsskandal, der der PT in der ersten Amtszeit Lulas als Präsident ins Haus stehen und unter dem Namen *Mensalão* bekannt werden sollte. Diesem wird im weiteren Verlauf ein eigenes Kapitel widmen. Auch beim zweiten großen Korruptionsskandal, dem *Lava Jato*, tauchte der Name José Dirceu auf.

Die Frage, die sich die PT für die aufziehende Wahl 1998 stellen musste, lautete daher: Soll Lula ein drittes Mal als Spitzenkandidat ins Rennen gehen? Während die PT zunächst intern noch zu diesem Schluss kommen musste, stand er für Lula selbst außer Frage, auch wenn er öffentlich bescheidener agierte und sich in den Dienst der Mannschaft stellte. In einem Interview mit dem Magazin *Veja*[111] sagte er, er habe zunächst keinen gesteigerten Wert darauf gelegt, erneut als Kandidat ins Rennen zu gehen. Das Interview stammt aus dem August 1998, zwei Monate vor der Wahl. Auf die Frage, warum er so lange gewartet habe, in den Wahlkampf einzutreten, antwortete er: »Nein, ich habe nicht lange gewartet, ich wollte nur nicht kandidieren.« Er habe zunächst erwartet, dass es für die PT besser sei, einen anderen Kandidaten zu präsentieren. Wichtiger noch sei es aber gewesen, eine breite Oppositionsfront aufzubauen. Das sei geschehen. Und nachdem die Partei zum Schluss gekommen sei, dass sein Name der mit den besten Erfolgsaussichten sei, habe er der Kandidatur zugestimmt.

Nicht umsonst war mit José Dirceu nun jemand Parteichef, der diese Richtung einschlagen sollte und damit Lula einen gewissen Freiraum verschaffte. Diesen gewährte ihm die Gründung des *Instituto Cidadania*[112] (von 2010 an *Instituto Lula*) – eine Art Thinktank, dessen einziger Grund es zunächst war, Lula die Möglichkeit zu bieten, das noch sehr hemdsärmelige und bisweilen rüpelhafte Image der Partei aufzupolieren und sich mit Wirtschaftsvertretern zu treffen, ohne dass ihm die Partei dazwischenfunkte. Zugleich

111 Bydlowski, Lizia, Galuppo, Ricardo, Leite, Paulo Moreira, »Falta autoestima«, in: Veja 12. August 1998, S. 13–15.
112 Vgl. Hunter, S. 128.

bot sich dadurch die Gelegenheit, parteiinterne Prozesse und Gremien ein Stück weit zu umgehen. Das Instituto nutzte aber nicht nur Lula, sondern durchaus auch der PT. Die dort geführten Gespräche und angestoßenen Denkprozesse halfen dabei, das Image der Partei zu verbessern und sie politisch weiterzuentwickeln, was die parteiinternen Kritiker letztlich zum Verstummen brachte. Einige Jahre später sollte es einigen als Sprungbrett in lukrative Regierungsposten dienen. Im *Instituto Lula* wurde im Februar 2018 auch das große Interview geführt, das den Kern von Lulas Buch *A verdade vencerá – o povo sabe por que condenam* ausmacht.

Lula versuchte auch auf anderem Wege, etwas Luft zwischen sich und die Partei zu bekommen. Auf sein Betreiben hin zog die Parteizentrale von São Paulo in die Hauptstadt Brasília. Das war nicht nur ein Hinweis auf die bundesweiten Ambitionen Lulas, der dadurch die Partei näher an das Zentrum der Macht rückte. Zugleich kann man diesen Schritt auch als eine Art Emanzipation von der radikaleren Parteibasis interpretieren. São Paulo, Gründungs- und Entstehungsort der PT, der Entstehungsort der in den 1970er-Jahren von Lula angeführten Arbeiterstreiks, hatte innerhalb der PT eine besondere Symbol- und Strahlkraft.

Noch eine Lehre wurde aus der Wahlniederlage gezogen: Hatte man bisher bei der Setzung thematischer und inhaltlicher Schwerpunkte in die Partei hineingehört und weniger auf Trends oder gesellschaftliche Entwicklungen reagiert und war damit wie beim *Plano Real* kalt erwischt worden, beschloss man nun, einen genaueren Blick auf Wahlumfragen und Trends zu werfen. Der alte Grundsatz »Sollen sich die Leute eben nach uns richten« galt nicht mehr. Allerdings ist dies weniger ein Ausdruck geschwundenen Selbstbewusstseins oder der Suche nach einem verlorenen inneren Kompass. Mit dieser Taktik erhofften sich insbesondere Lula und seine Vertrauten, einen Schlüssel zur Macht und letztlich zum Präsidentenamt zu finden.

Lula, kurz nach der Wahl innerhalb der Partei durchaus nicht mehr unumstritten, bot sich nun die Gelegenheit, innerparteilich gestärkt in den nächsten Wahlkampf ziehen zu können. Er versuchte, die Partei zu einer Öffnung zu zwingen, und drohte mit einem Kandidaturverzicht, sollte die Bündnisfrage nicht neu geklärt werden – natürlich in seine Richtung, mit einer Öffnung des Allianzenspektrums zur politischen Mitte. Allzu forsch vertrat er diesen Punkt dann nicht. Zunächst sollte dies bei nur bei Wahlen auf kommunaler und bundesstaatlicher Ebene gelten.

Verfassungsänderung bringt Chance auf Wiederwahl

Bis dato hatte die Verfassung nur eine Amtszeit pro Präsident vorgesehen. 1997 brachte FHC einen Änderungsantrag in den Kongress ein, der eine Wiederwahl ermöglichen sollte. Cardoso sah seine politische Mission der wirtschaftlichen und politischen Erneuerung Brasiliens noch nicht beendet und strebte eine zweite Amtszeit an, um die begonnenen Reformen weiterführen zu können. Diesen Vorstoß, so wertet es der frühere Parlamentspräsident Eduardo Cunha in seinen kürzlich erschienenen Memoiren mit dem Titel *Tchau, Querida*, sei ein antidemokratischer, wenn nicht sogar verfassungswidriger Staatsstreich gewesen.[113]

Ehe ich Cunhas Gedanken weiter auszuführen versuche, müssen zunächst ein paar einordnende Worte über Eduardo Cunha und dessen Buch gesagt werden. Cunha war bis 2017 einer der mächtigsten und einflussreichsten Politiker Brasiliens, ein abgebrühter Strippenzieher und gewiefter Taktiker der PMDB. Daneben war Cunha ein bekannter Radioprediger der *Assembleia de Deus*, einer der größten Pfingstkirchen Brasiliens. Er galt als federführend bei den Bemühungen, im Frühjahr 2016 die damalige Präsidentin Dilma Rousseff (PT) des Amtes zu entheben. Gemeinsam mit dem Vize-Präsidenten Michel Temer (PMDB) soll die Argumentation für das Impeachment von Cunha gekommen sein, während Temer den Part des Mehrheitsbeschaffers für die benötigten Zwei-Drittel-Mehrheiten in den Kammern übernahm. Auf das Amtsenthebungsverfahren gegen Dilma Rousseff und dessen politische Einordnung wird zu einem späteren Zeitpunkt eingegangen werden. Der Titel der Memoiren »*Tchau, Querida*« (»Tschüss, meine Liebste«) dürfte eine ironische Anspielung auf die große Abneigung sein, die Cunha gegen Dilma Rousseff hegte.

---

113   Vgl. Cunha, Eduardo, Tchau, Querida – O diario do impeachment, São Paulo, 2021, S. 73.

Kurz nach dem Impeachment geriet Cunha selbst in den Korruptionsermittlungen des *Lava Jato* in Bedrängnis. Ermittler fanden Konten in der Schweiz, auf denen er Millionenbeträge gebunkert haben sollte. Cunha bestritt den Vorwurf und behauptete, das Geld gehörte seiner Frau. Doch das half nichts. Am 12. September wurde er mit 450 zu 10 Stimmen als Parlamentspräsident abgewählt und im März 2017 zu einer Gefängnisstrafe von 15 Jahren verurteilt. Fallengelassen von seinen Verbündeten nach getaner Arbeit, sonn er auf Rache. Noch auf dem Weg in das Gefängnis kündigte Eduardo Cunha an, ein Buch veröffentlichen zu wollen, in dem er schonungslos auspacken werde. Eine Ankündigung, bei der einige seiner langjährigen Weggefährten sicherlich kalte Füße bekamen. Vier Jahre später erschien das Buch.

Von daher sind Cunhas Aussagen in diesem Buch zuerst einmal auf Rache und Abrechnung abzuklopfen. Mit seiner langjährigen Erfahrung verfügt er über ein detailliertes Insiderwissen, mit dem er vielen Kollegen gefährlich werden kann. Doch in weiten Teilen schwingen auch Enttäuschung und Wut mit.

Die verfassungsrechtlichen Bedenken Cunhas teilten die Abgeordneten des Kongresses 1997 augenscheinlich nicht. Cardosos Antrag wurde angenommen, der amtierende Präsident durfte für eine weitere Amtszeit kandidieren – und gewann erneut. Mit 53 Prozent der Stimmen im ersten Wahlgang konnte Fernando Henrique Cardoso sein starkes Ergebnis von 1994 beinahe wiederholen. Lula schnitt mit 31,7 Prozent der Stimmen ein paar Prozentpunkte besser ab als vier Jahre zuvor, mehr aber nicht. Ciro Gomes, der von der PMDB kam und sich 1997 der PPS, der *Partido Popular Socialista*, anschloss, einer Partei, die entgegen ihrem Namen eher im Zentrum des politischen Spektrums zu verorten war, kam mit 11 Prozentpunkten auf den dritten Platz.

Warum hatte es auch im dritten Anlauf für Lula nicht gereicht? Die Voraussetzungen für einen Herausforderer waren in diesem Wahlkampf nicht optimal. Sicher, die Finanzierung der Wahlkämpfe mit einem klaren Übergewicht bei Cardoso bestand fort. Diesen Vorsprung vermochten auch Sammelaktionen nicht auszugleichen, die Gewerkschaften vor Fabriktoren oder Krankenhäusern veranstalteten. Entscheidender dürfte aber gewesen sein, dass es kaum einen Punkt gab, an dem Lula und die PT den Wahlkampfhebel hätten ansetzen können. Nach dem von FHC entworfenen *Plano Real* befand sich Brasilien erstmals seit längerer Zeit in wirtschaftlich ruhigem Fahrwasser. Diese ungewohnt komfortable und ruhige Lage wollten viel Brasilianer nicht zwingend aufs Spiel setzen, auch wenn Lulas Wahlkampfslogan *Sem medo de ser feliz* (»Keine Angst vor dem Glücklichsein«) diese allgemein positive Grundstimmung aufzunehmen versuchte, zugleich aber auch alte Ängste und Sorge, die früher die radikalere PT-Rhetorik hervorgerufen hatte (etwa die »Ausgestoßenen« 1994) zerstreuen sollte.

Die PT hatte versucht, das Thema Arbeitslosigkeit und soziale Ungleichheit in den Fokus zu rücken. Tatsächlich war es Cardosos Regierung nicht gelungen, die Zahl der Beschäftigungslosen nachhaltig zu drücken. Die Technisierung der Landwirtschaft hatte zwar dabei geholfen, die Produktivität und Konkurrenzfähigkeit zu erhöhen. Geschehen war dies auch zu Lasten von Abertausenden Landarbeitern, die zuvor auf den Feldern Arbeit gefunden hatten. Dennoch war die PT nicht in der Lage, daraus politisches Kapital zu schlagen. Auch die von Cardoso angeschobenen Privatisierungen großer Staatsunternehmen, die von der PT nicht als Privatisierung, sondern als »Denationalisierung« im Wahlkampf thematisiert worden waren, weil der Begriff negativere Assoziationen weckt, schienen die Brasilianer nicht wirklich aufzurütteln. Zumal Lula selbst im Wahlkampf moderate Töne anschlug und versprach, bereits getätigte Privatisierungen nicht wieder rückgängig machen zu wollen, schließlich seien sie vom Kongress beschlossen worden und somit Gesetz. Das sei zu respektieren, sagte Lula in dem Interview mit *Veja*.[114]

Auch in Sachen Landreform, einem zentralen Thema der Klientel der PT, bei dem Cardoso recht erfolgreich agierte, argumentierten Lula und die PT weniger radikal. Von Verteilung sprach man jetzt immer noch, der Begriff der »Umverteilung«, also Wegnahme auf der einen und Abgabe an die anderen Seite, ver-

---

114 Vgl. Bydlowski, Lizia, Galuppo, Ricardo, Leite, Paulo Moreira, »Falta auto-estima«, in: Veja 12. August 1998, S. 13–15, hier: S. 14.

schwand aus dem Wahlkampfwortschatz. Auch das Thema »Landbesetzung« hielt Lula nicht mehr für so zentral. Das sei gar nicht notwendig, da grundsätzlich sehr viel Land zur Verfügung stehe, sagte er im *Veja*-Interview. Die alte Klassenkampfrhetorik, die über Jahre ein Markenzeichen der Arbeiterpartei und Lulas gewesen war, war wohlüberlegten, massentauglicheren Ausdrücken gewichen.

Zugleich wurde am Image des Spitzenkandidaten gefeilt. Lula wurde vom »verhindernden Radikalen zum versöhnenden Pragmatiker«, wie es Wendy Hunter treffend beschreibt.[115] Zumindest hatte er in diesem Wahlkampf einen Weg dorthin eingeschlagen. Der alte Arbeiterführer, als der Lula berühmt worden war, rückte in den Hintergrund. Dafür wurde sein persönlicher Hintergrund, die Herkunft aus ärmlichen Verhältnissen im Nordosten Brasiliens, mehr und mehr zum Leitbild. Ein logischer Schluss, wenn man die vorherigen Wahlergebnisse Lulas analysiert. Denn obwohl er dem Milieu entstammt, in dem sich die überwiegende Mehrzahl der Brasilianer nach wie vor befand, obwohl er kein geschliffener Rhetoriker war, sondern eher eine einfache und teilweise grammatisch fehlerhafte Sprache pflegte (worüber sich viele immer wieder lustig machten), hatte er in diesen Bevölkerungsteilen bislang stets verloren.

---

115   Vgl. Hunter, S. 133.

1998–2002

Die zweite Amtszeit Cardosos war deutlich schwächer. Die positive Stimmung, die der *Plano Real* verströmt hatte, trübte sich zusehends ein. Schuld daran war einmal mehr die wirtschaftliche Situation. Die anfangs gelobten Reformen brachten eine Reihe unangenehmer Nebenwirkungen mit sich. Die Regierung musste die Ausgaben reduzieren, gleichzeitig wurden Abgaben und Steuern erhöht. Zudem stieg das Zinsniveau. All das schlug sich in den Geldbeuteln der Brasilianer nieder. Die Bereitschaft zu Investitionen sank, und vor allem der informelle Sektor, bis heute personenmäßig der größte Gewerbezweig Brasiliens, spürte, dass das Geld nicht mehr so locker saß, zumal durch die gestiegene Arbeitslosenzahl immer mehr Personen notgedrungen in diesen Wirtschaftszweig strömten. Die Stimmung verschlechterte sich zusehends, aber die Brasilianer wollten allenfalls kleinere Kurskorrekturen vornehmen. Für eine größere Marktreform mit einer grundsätzlich neuen Ausrichtung schienen sie nicht zu begeistern zu sein. Schon früh im Jahr 1999 sah sich die Regierung gezwungen, den Real, dessen Bindung an den Dollar die Währung künstlich hochhielt, abzuwerten, um das Außenhandelsdefizit und damit die Verschuldung nicht weiter wachsen zu lassen.

Cardosos Popularität ließ spürbar nach, die Kommunalwahlen zur Halbzeit der Legislaturperiode bescherten seiner PSDB eine ernüchternde Schlappe, während die PT sechs Hauptstädte von Bundesstaaten gewann, darunter die größte Stadt, São Paulo, mit der Kandidatin Marta Suplicy. »Hätte er die Wiederwahl nicht eingeleitet, hätte FHC sein Mandat auf dem Höhepunkt beendet und wäre wahrscheinlich in die Präsidentschaft der Republik zurückgekehrt. Seine Biographie würde viel besser zu seinen Gunsten geschrieben werden«, schreibt Eduardo Cunha. »Die Wiederwahl war der größte Fehler der Zeit nach der Diktatur und warf alle

Stabilität weg, die durch Fernando Henrique Cardoso in seinem ersten Mandat erreicht worden war.«[116]

Erstaunlich einmütig wählten alle aussichtsreichen Kandidaten, Lula, José Serra, Ciro Gomes und Anthony Garotinho, den »Wandel« als Wahlkampfmotto. Am schwierigsten hatte es José Serra, der von Cardosos PSDB aufgestellt wurde und seinen Parteikollegen nicht allzu offensiv kritisieren konnte. Schließlich war Serra zwei Mal Minister unter Cardoso gewesen und von diesem als Nachfolger präsentiert worden. *O Brasil pode mais* (»Brasilien kann mehr«) lautete sein Motto. Als Farbkonzept entschied er sich für blau, da die Farbe rot die Farbe der PT war und ist. Ciro Gomes, der sich erst vor kurzem von der PMDB gelöst hatte, mit der Cardoso gemeinsam koaliert hatte, fiel es ebenso schwer, sich als erfolgversprechende Alternative zu gerieren wie dem Ex-Gouverneur von Rio de Janeiro, Anthony Garothino (*Partido Socialista Brasileiro*, PSB), der sich mit Korruptionsvorwürfen konfrontiert sah.

Leichtes Spiel also für Lula, sollte man meinen. Aber: Die vergangenen Wahlkämpfe hatten stets überraschende Wendungen parat gehabt. Zudem musste Lula eines gelingen: sich über seine Stammanhängerschaft hinaus als glaubhafte Alternative zur Cardoso-Politik präsentieren. Parteiintern forderte Lula eine gewisse Autonomie im Wahlkampf. Darum zog man mit zwei unterschiedlichen Slogans im Rennen. Während die PT »für ein anständiges Brasilien« warb – *O PT para um Brasil decente* –, inszenierte sich Lula als Vereiniger, Verwalter und Erneuerer[117] und ging mit dem Wahlspruch *Lula, Paz e amor* (»Lula, Frieden und Liebe«) ins Rennen. Die harte Klassenkampfrhetorik war gewichen, der Begriff »Sozialismus« aus dem Wahlprogramm verschwunden. Auch im Erscheinungsbild gab sich Lula angepasster: Statt im Blaumann Nähe zum einfachen Volk zu suggerieren, sah man ihn häufiger im Anzug und mit Schlips und Kragen – eine Einladung an die Mittelschicht.

Für das alles hatte er sich Hilfe geholt. Duda Mendonça war ein erfahrener Werbestratege, hatte schon mehrfach erfolgreich Wahlkämpfe gemanagt. Unter anderem hatte er 1992 dem rech-

---

116   Vgl. Cunha, S. 84–85.
117   Vgl. Hunter, S. 139

ten Paulo Maluf dazu verholfen, Bürgermeister von São Paulo zu werden. Zeitungen beschrieben Mendonça als den Mann, der Lula den Armani-Faktor verlieh.[118] Aufmerksame Verfolger der deutschen Politik dürfte hier der Begriff des »Kaschmir-Kanzlers« in Erinnerung gerufen werden,[119] als 1999 über den sozialdemokratischen Bundeskanzler Gerhard Schröder bekannt wurde, dass er maßgeschneiderte Anzüge und Hemden trage und auch einmal gerne eine Havana-Zigarre rauche.

Von Mendonça stammte auch die Drei-Drittel-These, wonach ein Drittel der Wähler feste Anhänger Lulas seien, ein weiteres Drittel ihn im Leben nicht wählen würde und das dritte Drittel aus volatilen oder unentschlossenen Wählern bestehe, die noch nicht wüssten, wem sie am Ende ihre Stimme gäben. Zugleich ergaben Umfragen, dass es sich bei dem dritten Drittel überwiegend um Personen mit niedrigeren Einkommen, Frauen und Ältere handele. Statt Klassenkampf- und Enteignungsrhetorik, wie sie vielleicht radikalere Teile der PT begrüßt hätten, sprach Lula lieber von einer »Demokratisierung des Marktes« oder »Reformen innerhalb des Kapitalismus«. Gleichzeitig sorgte Mendonça dafür, dass Lula den Kümmerer und Macher ernsthaft verkörperte, indem er ihm in den TV-Spots[120] zu allen Politikfeldern Experten zur Seite stellte. Die Botschaft sollte eindeutig sein: Auch wenn der neue Präsident nur über eine handwerkliche Ausbildung verfügt und keine formale akademische Bildung genossen hat, wird er sich die besten Berater und Experten an seine Seite holen, um die Probleme des Landes zu lösen. Für die Frauen holte sich Lula immer wieder Frauen an seine Seite, die in der PT eine tragende Rolle spielten. Marta Suplicy, die Bürgermeisterin von São Paulo, Marina Silva, die 1994 mit 36 Jahren als jüngste Senatorin in der Geschichte Brasiliens

118 Vgl. Folha de Londrina, Lula, de Terno Armani https://www.folhadelondrina. com.br/opiniao/lula-de-terno-armani-397279, in: Folha de Londrina, aufgerufen am 9. Juni 2021.

119 Utermöhle, Elna, Kanzler in Kaschmir, https://www.spiegel.de/wirtschaft/ kanzler-in-kaschmir-a-30d16ab6-0002-0001-0000-000010630167, in: Der Spiegel, aufgerufen am 7. Juni 2021.

120 Vgl. https://www.youtube.com/watch?v=HU45_nQD-H8, ab Minute 3:54, aufgerufen am 9. Juni 2021.

gewählt worden war, oder Heloísa Helena, die 1998 als erste Frau in ihrem Geburtsbundesstaat Alagoas zur Senatorin gewählt wurde und der dort alteingesessenen konservativen PFL das Mandat abjagte. Für die einfacheren Leute entdeckte Lula seine eigene Herkunft aus ärmlichen Verhältnissen im Nordosten wieder, die er nunmehr hervorhob. Waren die Sprache und die Inhalte der PT früher von Intellektuellen im Süden gut aufgenommen worden, sorgte Duda Mendonça nun dafür, dass Lulas Sprache einfacher, konkreter und weniger akademisch wurde. Insgesamt erzeugte die Kampagne einen positiven und optimistischen Ton.

Um sicher zu gehen, vom Volk verstanden zu werden, wandte sich Lula mit dem Brief *Carta ao Povo Brasileiro*[121] an das brasilianische Volk. Dieser war, anders als sein Titel suggeriert, vor allem an Unternehmer und Investoren gerichtet, denen die PT und ein möglicher Präsident Lula nach wie vor suspekt erschienen. In dem am 22. Juni 2002 veröffentlichten Brief versprach Lula, viele Politikansätze seines Vorgängers Cardoso fortsetzen zu wollen, den Staatshaushalt auszugleichen und die getroffenen Vereinbarungen mit dem Internationalen Währungsfonds (IWF) zu respektieren und einzuhalten. Interessanterweise wandte er sich als Lula und nicht im Namen der PT an das Volk, da die Versprechen des Briefes an der Parteibasis für Ärger sorgten.

Die Idee dazu kam nicht von Lula selbst, auch nicht von seinem Wahlkampfstrategen Mendonça. Aber sie dürfte Lula sehr vertraut gewesen sein. Den ersten »Brief an das Volk« verfasste Professor Goffredo da Silva Telles Jr. Am 8. August des Jahre 1977, also in der Zeit, in der sich die Militärdiktatur allmählich zu öffnen begann und Lula tief in der Gewerkschaftsarbeit steckte, stellte sich Telles Jr. in den Hof der Juristischen Fakultät der Universität von São Paulo und verlas seinen Brief, in dem er das Militärregime verurteilte und zur Rechtsstaatlichkeit aufrief.

Lulas Plan ging auf. Zwar sorgte er mit dem Brief an der Parteibasis für gehörigen Ärger, die Märkte und die Investoren

---

121 Der gesamte Brief kann z. B. hier heruntergeladen werden: https://fpabramo. org.br/wp-content/uploads/2010/02/cartaaopovobrasileiro.pdf, aufgerufen am 9. Juni 2021.

wurden aber von seinen Versprechen beruhigt. So hatte Lula mit dem »Brief an das Volk« seinen eigenen *Plano Real* gefunden und gewinnbringend eingesetzt.

So wundert es auch nicht, dass Lula Jahre später, im Jahr 2018, abermals zu dem Stilmittel »Brief an das Volk« griff. Da stand er mit dem Rücken zur Wand. Brasilien steckte seit einigen Jahren in einer veritablen Wirtschaftskrise, und der Schuldige war schnell ausgemacht: Lula. Darum richtete er diesen Brief weniger an Investoren, sondern an die Mittelklasse, deren Vertrauen in Lula nie besonders ausgeprägt zu sein schien und das in der Wirtschaftskrise ordentlich erodiert war. Der erhoffte Befreiungsschlag wurde es aber nicht. Dennoch: Zum Zeitpunkt der Wahl schien der Schritt nicht nur wahlkampftaktisch, sondern auch wirtschaftlich gerechtfertigt. Das zumindest beschreibt Luiz Gonzaga Belluzzo in einem Interview mit dem Magazin *Revista Forum*[122] so. Er wurde später Makroökonom in der erste Regierung Lula.

2002: Taktische Änderungen auf dem Weg zum Wahlsieg

All das hätte kaum funktioniert, hätte die PT 2002 starr an ihren alten Allianzpräferenzen festgehalten. Klar, die klassischen Mitstreiter PDT, PCdoB und PCB blieben der PT treu. Doch erstmals holte sich die Arbeiterpartei zusätzlich die sozialdemokratische Mitte-Links-Partei *Partido Democrático Trabalhista* (PDT) mit dem alten linken Vorkämpfer Leonel Brizola mit ins Boot. Ein wahltaktischer Schritt, um die eher unterentwickelten Landstriche im Landesinnern und im Nordosten zu erreichen. Größere Erfolgsaussichten auf einen Wahlsieg, dessen war sich Lula bewusst, würde sich aber nur mithilfe einer der großen Zentrumsparteien, am besten mit der PMDB, einstellen. Allerdings musste Lula aufpassen, dass er sich bei diesem Schritt nicht die Finger an der Parteibasis verbrennt.

Ideal erschien deshalb, wenn schon nicht die PMDB direkt zu umgarnen, sich zumindest die Unterstützung wichtiger Persön-

---

122 Rovai, Renato; Faria, Glauco und Pochmann, Marcio, O marco foi a Carta ao Povo Brasileiro, https://revistaforum.com.br/revista/30/o-marco-foi-a-carta-ao-povo-brasileiro/, in: Revista Forum, aufgerufen am 7. Juni 2021.

lichkeiten aus ihrem Umfeld zu sichern. Prädestiniert für diese Funktion schien Itamar Franco, der Gouverneur des Bundesstaats Minas Gerais. Franco, der als Interimspräsident die vorzeitig beendete Amtszeit Collors als Präsident zu Ende regiert hatte und unter Fernando Henrique Cardoso zum Finanzminister berufen worden war, gehörte zu jener Zeit nicht mehr offiziell der PMDB an – wurde aber noch mit ihr assoziiert. Zudem war der Bundesstaat Minas Gerais historisch gesehen neben dem Bundesstaat São Paulo und vielleicht noch Rio Grande do Sul seit jeher ein politisch ungeheuer wichtiger Staat. Nach dem Ende der Monarchie und in der ersten Republik[123] hatten sich São Paulo und Minas Gerais praktisch dabei abgewechselt, die Präsidenten des Landes zu stellen. Das Verhältnis zwischen São Paulo, damals von Kaffeeplantagen geprägt, und Minas Gerais mit der dominierenden Viehwirtschaft wird gemeinhin als Kaffee-und-Milch-Koalition der Oligarchen bezeichnet. Man sieht: Lula musste weit in die Geschichte Brasiliens zurückgreifen, um sich eine tragende Machtbasis zu organisieren. Die frühen Jahre zementierten auch den sogenannten *Clientelismo* in Brasilien ein. Vereinfacht könnte man diesen Politikstil als einen Austausch politischer Gefälligkeiten zum gegenseitigen Machterhalt beschreiben. Ob wissentlich oder nicht, aber mit dieser versuchten Annäherung an Franco und die Zentrumspartei PMDB begab sich Lula zugleich auf rutschiges Geläuf – mit der Gefahr, durch diese Allianz möglicherweise mit einem neuen Politikstil umgehen zu müssen, den die PT bislang kategorisch abgelehnt hatte. Denn mit diesem taktischen Bündnis war fortan klar: Einem Präsidenten Lula würde es kaum möglich sein, sich dieser tief verankerten Konvention zu entziehen.

Lula und José Dirceu unternahmen allerhand, um den Elder Statesman für sich zu gewinnen. Man traf einander zum Essen, lud ihn nach São Paulo als Ehrengast zum Start des großen Projekts

123 Bezeichnung für die politische Situation in Brasilien zwischen 1889 und 1930, also bis zur brasilianischen Revolution und dem Ausruf der zweiten Republik am 15. November 1930.

Moradia ein,[124] ein soziales Wohnbauprogramm, das unter der Koordination des von Lula geleiteten *Instituto Cidadania* entwickelt worden war. Die Botschaft war klar: Itamar Franco unterstützt die Kandidatur Lulas. Damit kam die Partei, die auf kommunaler Ebene bereits recht erfolgreich verwaltete und regierte, auch auf nationaler Ebene aus der radikalen Krawallecke heraus.

Aber Lula wollte ganz sichergehen und bandelte zugleich mit der konservativen *Partido Liberal* (PL) an. Diese hatte in den 1990er-Jahren dabei geholfen, César Maia zum Bürgermeister von Rio de Janeiro zu machen. Zudem unterstützt die PL die Bürgermeisterkandidatur von Paulo Maluf in São Paulo. Die inhaltliche Schnittmenge zwischen PT und PL dürfte nicht allzu groß gewesen sein. Aber: Zu Beginn des neuen Jahrtausends war sie so etwas wie die Partei der Stunde. Bei den Kommunalwahlen holte sie 234 Rathäuser, überwiegend im Südwesten und im Nordosten. Darum musste ihr Lula, um ihre Gunst und Unterstützung zu gewinnen, ein attraktives Angebot machen. Lula nominierte den Geschäftsmann José Alencar als seinen Kandidaten für das Amt des Vize-Präsidenten. Lula erhoffte sich dadurch ein Signal an die Wirtschaft. Der angedachte Vizepräsident war ein mit der PMDB verbundener Geschäftsmann, was zur Beruhigung des Marktes beitragen sollte. Sollte Lula Linien überschreiten, könnte er des Amtes enthoben werden und sein Vizepräsident José Alencar das Amt übernehmen. So war er gewissermaßen das Sicherheitsventil des Systems. Zudem kam er wie Itamar Franco aus Minas Gerais, wo die PT noch nie gut abgeschnitten hatte.

Mit der Annäherung an die PL ging Lula zugleich auf Tuchfühlung zu den immer stärker werdenden evangelikalen Pfingstkirchen, die in der PL stark vertreten waren. Bei der Wahl 2002 kamen zwei evangelikale Priester über das Ticket der PL als Senatoren nach Brasília: Magno Malta aus dem Bundesstaat Espirito Santo und Marcelo Crivella (Rio de Janeiro). Letzterer ist eine

124   De Barros e Silva, Fernando Itamar admite apoiar candidatura de Lula, https://www1.folha.uol.com.br/fsp/brasil/fc2805200032.htm, in: Folha de São Paulo, aufgerufen am 11. Juni 2021.

besonders illustre Figur: Er ist nicht nur der Neffe von Edir Macedo, dem Medienmogul und Gründer der größten evangelikalen Kirche Brasiliens, *Igreja Universal*. Crivella sollte im Olympia-Jahr 2016 für vier Jahre zum Bürgermeister von Rio de Janeiro gewählt werden. 2018 unterstützte er den Wahlkampf des späteren Präsidenten Jair Bolsonaro.

Bei den Wahlen am 6. Oktober 2002 erreichte das Gespann Lula/Alencar 46,44 Prozent der Stimmen und verpasste damit die absolute Mehrheit nur knapp. José Serra von der PSDB lag auf dem zweiten Platz, wenn auch mit 23,19 Prozentpunkten ziemlich weit abgeschlagen. Anthony Garotinho und Ciro Gomes gewannen 17,86 bzw. 11,97 Prozent der Stimmen. Dies bedeutete: Es musste eine Stichwahl zwischen Lula und Serra geben. Hierfür riefen Gomes und Garotinho ihre Wähler auf, für Lula zu stimmen – was auch weitgehend beherzigt wurde. Lula erreichte in der zweiten Wahl am 27. Oktober 61,27 Prozentpunkte, José Serra musste sich mit 38,72 Prozentpunkten geschlagen geben. Damit hatte es Lula geschafft: Im vierten Anlauf nach 1989, 1994 und 1998 wurde er zum Präsidenten von Brasilien gewählt. Ein »historischer Triumph«, wie das Nachrichtenmagazin *Veja* titelte. Und tatsächlich: Niemals zuvor in der Geschichte Brasiliens hatte es ein Kandidat in das höchste Amt geschafft, der nicht der klassischen politischen und akademischen Elite entstammte. Noch ein Wort zu seinem taktischen Gespür: Das Bündnis mit der PL erwies sich bei dieser Wahl scheinbar als goldrichtig. Sie zog mit 61 Abgeordneten in den Kongress ein.

Endlich Präsident!

Der Titel des Nachrichtenmagazins *Veja* sagte es treffend: Der Wahlsieg Lulas im vierten Anlauf war ein »historischer Triumph«. Nicht nur, weil der Kandidat drei Niederlagen weggesteckt hatte, um ans Ziel zu kommen. Mit Luiz Inácio Lula da Silva zog erstmals ein Politiker in den *Palacio Planalto* ein, der nicht aus der klassischen Schicht der Politikerdynastien stammte, die im Grunde seit Jahrhunderten das Land regieren. Ein Mann aus dem Volk sollte fortan die politischen Geschicke des größten Landes Südamerikas lenken. Man kann tatsächlich wie Fausto von einer »Demokratisierung der

Politik und der Gesellschaft«[125] sprechen, die die Amtszeit Lulas mit sich brachte. Denn nun hatten die sozialen Bewegungen, Gewerkschaften und kirchlichen Gruppen, die bis dahin politische Zaungäste und nur in der außerparlamentarischen Opposition waren, eine politische Stimme erhalten. Die »politische Arena vergrößerte sich«,[126] was als ein zentraler Aspekt der Redemokratisierung gesehen werden kann – der ja ein erklärtes Ziel der Arbeiterpartei war. Allerdings verlief dies nicht ganz widerspruchsfrei. So gab es unter diesen Kräften durchaus radikalere Teile, die diesen demokratischen Fortschritt in Frage stellten. Aber: Mit der PT war erstmals eine Partei an die Macht gekommen, die über eine umfassende Organisation und einen ideologischen Unterbau verfügte.[127]

Wobei man auch konstatieren muss: Die PT und Lula, die gewonnen hatten, waren nicht mehr dieselben, die 1988 für eine neue Verfassung gekämpft hatten. Inzwischen hatte die PT auf kommunaler wie Bundesebene die reine Oppositionsrolle verlassen und war in der Realpolitik angekommen – auch organisatorisch hatte sie inzwischen einen großen, funktionierenden Apparat aufgebaut. Für diesen Weg hatte sie erstmals Allianzen außerhalb des linken Spektrums geknüpft, vornehmlich auf Betreiben von Lula und seiner rechten Hand José Dirceu, was auch ein Beleg dafür war, dass sie sich gegen die klassischen Strömungen und sozialen Bewegungen durchsetzen konnten und diese an Bedeutung verloren. Trotz erster Skandale wie den »schwarzen Kassen« hatte es die PT geschafft, ihr Image als »ethische Partei«[128] aufrecht zu erhalten – als die Partei, die sich der Probleme und Interessen der Arbeiter und Armen annimmt.

Die große Gießkanne voller Wohltaten konnte Lula allerdings nicht auspacken. Im Jahr 2000 hatten er und seine Partei das Gesetz der fiskalischen Verantwortung (*Lei de Responsibilidade Fiscal*[129]) mitunterschrieben.

125 Vgl. Fausto, S. 523.
126 Ebenda
127 Vgl. Hunter, S. 146.
128 Fausto, S. 523.
129 Der Gesetzestext findet sich auf dieser Regierungsseite: http://www.planalto.gov.br/ccivil_03/leis/lcp/lcp101.htm, aufgerufen am 16. Juni 2021.

Dieses Gesetz, offiziell Ergänzungsgesetz Nr. 101, ist ein Zusatzgesetz, das darauf abzielt, die Kontrolle über die Ausgaben der Bundesregierung, der Bundesstaaten, des Bundesdistrikts und der Gemeinden zu erzwingen, indem es diese an deren Steuererhebungskapazität koppelt. Begründet wurde diese Maßnahme mit der in der brasilianischen Politik üblichen Praxis, dass Politiker am Ende ihrer Amtszeit dazu tendierten, große Projekte zu fördern und die Rechnung ihren Nachfolgern zu überlassen. Das Gesetz verlangt, dass die Finanzen detailliert dem Rechnungshof (Bundes-, Staats- oder Gemeindekasse) vorgelegt werden. Diese Gremien können die Konten genehmigen oder nicht. Wird die Abrechnung abgelehnt, wird eine Untersuchung über die Verantwortung der Exekutivorgane und ihrer Amtsträger für etwaige Unregelmäßigkeiten eingeleitet, die zu Geldstrafen oder sogar zum Verbot der Kandidatur der Beteiligten führen kann. Mit diesem Gesetz steckte die kommende Regierung in einem Dilemma. Einerseits knüpften die Wähler hohe Erwartungen an einen Wandel und spürbare Verbesserungen. Auf der anderen Seite hatten Lula und die PT einen gewissen Vertrauensvorschuss der Finanzmärkte erhalten, deren Ängste es zu zerstreuen galt.

Lulas Mannschaft

103 Minister sollte es in den acht Jahren der Regierungszeit Lula geben. Das ist viel, aber nicht ungewöhnlich viel. Im gleichen Zeitraum schaffte es Vorgänger Fernando Henrique Cardoso auf immerhin 96 Minister.[130] Bevor wir uns genauer anschauen, wie es zu einer solchen Zahl kommen kann – was mit hohen Fluktuationen zu tun hat, denn keine Regierung hat 100 Ministerien –, sollten wir uns einmal ein paar der wesentlichen Schlüsselpersonen der Regierung etwas genauer anschauen.

Die besondere Rolle von José Dirceu für die Entwicklung der PT und Lulas klang bereits an. Dirceu als Vertrauensperson Lulas

---

130 Duarte, Alessandrsa, ›Cada presidente teve mais de 90 ministros desde 94‹, afirma cientista político, https://oglobo.globo.com/brasil/cada-presidente-teve-mais-de-90-ministros-desde-94-afirma-cientista-politico-19259087, in: O Globo, aufgerufen am 16. Juni 2021.

wurde zum Chef der »Casa Civil« gemacht, eine Art Kabinettschef, den Lula bei seiner Ernennung als Mannschaftskapitän, *capitão do time*, beschrieb. Der Begriff sagt bereits viel über die Machtfülle und Nähe zum Präsidenten aus, mit dem Dirceu seit nunmehr fast zwei Jahrzehnten in der PT zusammenarbeitete.

Für die Finanzen nominierte Lula Antonio Palocci, ebenfalls einen langjährigen Weggefährten und Mitbegründer der PT. In São Paulo war er 1997–98 Präsident der Partei. Den Ex-Bürgermeister von Riberão Preto hatte Lula darüber hinaus zum Chef seines Übergangsteams gemacht, das die Machtübernahme von Vorgänger Cardoso vorbereitete. Palocci brachte einen recht pragmatischen Blick auf die Finanzen mit, den er auch innerparteilich propagierte. So sah er die Zufriedenheit der Investoren als wesentliche wirtschaftliche und politische Notwendigkeit – ohne Wachstum und Stabilität konnte es aus seiner Sicht kein Geld für Sozialprogramme geben. In wesentlichen Zügen führte er Cardosos Politik fort, gewissermaßen als finanzpolitische »dritte Amtzeit Cardosos«.[131] Sowohl Palocci als auch Dirceu sollten während der ersten Amtszeit eine wichtige Rolle für die PT spielen, wenn auch in negativer Hinsicht.

Für die Zentralbank brachte Lula Henrique Meirelles ins Rennen. Im Jahr 2002 startete der ausgewiesene Finanzfachmann, eher Technokrat und Fachmann denn politische Besetzung, seine politische Karriere, kandidierte für den Bundesstaat Goiás und wurde mit über 183 000 Stimmen als Senator für den PSDB in den Nationalkongress gewählt. Ein Jahr später wurde er Präsident der Zentralbank von Brasilien, von Januar 2003 bis November 2010, unter Präsident Lula da Silva. Für dieses Amt musste er sich allerdings von der PSDB lossagen. Er gilt bis heute als Garant für Lulas erfolgreiche Wirtschaftspolitik während dessen erster Amtszeit. Das waren nur drei der Personalien, die Lula zu lösen hatte. Sein Problem (wie auch das jedes Präsidenten): Nach dem Wahlsieg und den ausgehandelten Allianzen sind viele Verbündete zu befriedigen – hinzu kommen die unterschiedlichen Interessengruppen innerhalb der PT. Das nimmt dann auf den ersten Blick schon mal bizarre Züge an: So wurde ein Großgrundbesitzer zum Minister für Landwirtschaft,

131 Vgl. Hunter, S. 150.

obwohl die Landlosenbewegung, der die PT sehr nahestand, genau gegen diese Großgrundbesitzer und ungleiche Strukturen kämpft. Minister für Agrarreform, also das Ressort, das auch die Landfrage klären soll, wurde ein PT-Politiker einer linken Strömung, um in dieser Gruppierung für Ruhe zu sorgen. Umweltministerin wurde die Senatorin und Umweltaktivistin Marina Silva. Jede einzelne dieser Personalien wirkt in sich schlüssig, im Zusammenspiel der miteinander eng verwobenen Ressorts jedoch widersprüchlich. Positiv ausgedrückt, »bot die Regierung großzügigen Raum für politische Manöver«,[132] wie es Boris Fausto ausdrückt.

Eine brasilianische Spezialität – der *presidencialismo de coalizão*

Trotz des deutlichen Votums pro Lula konnte der Präsident nicht auf eine breite Machtbasis im Kongress bauen. Die PT errang gerade einmal 20 Prozent der Sitze. Um regieren zu können, waren Lula und die PT also auf Koalitionen angewiesen. Das Problem: Anders als beispielsweise in Deutschland, gibt es keine Sperrklausel wie die Fünf-Prozent-Hürde. Bestrebungen hierfür gab es immer wieder, sie wurden aber als verfassungswidrig eingestuft und verworfen. Jede Partei, die Stimmen erhalten konnte, findet sich folglich im Kongress wieder. Die Folge ist eine ausgeprägte Zersplitterung des Parlaments. So konnte Lula zu Beginn des Mandats nur auf die Stimmen von 213 Abgeordnete in der Abgeordnetenkammer zählen – bei insgesamt 513 noch keine Mehrheit. Beobachter sprachen deshalb von einer »Mission Impossible«[133] wegen der großen Kluft zwischen den Erwartungen der Wähler und dem eingeschränkten politischen Bewegungsspielraum. Ein Scheitern erschien folgerichtig, offen lediglich die Frage des Zeitpunkts.

Dies war die »knappe« Bilanz im Januar: nicht genug Stimmen, um Verfassungsreformen verabschieden zu können. Ein knappes Dreivierteljahr später sah das Bild etwas günstiger aus: Da hatten 47 Abgeordnete die Fraktion und davon 36 ins Regierungslager ge-

---

132 Vgl. Fausto, S. 525.
133 Radermacher, Reiner, FES-Analyse: Brasilien, in: Friedrich-Ebert-Stiftung, August 2003, S. 2.

wechselt, das nun über 249 Stimmen verfügte. Der Senat, in dem es nur fünf Parteiwechsler gab, wurde und wird dagegen gänzlich von dem ehemaligen Regierungsblock aus PSDB, PMDB und PFL dominiert, der jetzt 50 (ursprünglich 49) der insgesamt 81 Stimmen auf sich vereinen konnte. Doch: Wie ist so etwas kurz nach einer Wahl überhaupt möglich?

Für die PT und Lula hätte all das einen wackeligen Start bedeuten können – und zudem die Notwendigkeit, mehr Kompromisse eingehen oder Zugeständnisse machen zu müssen als gewollt. Fraglich, ob sich das mit den hohen Ansprüchen der PT bzw. der Basis vertragen hätte. Des Rätsels Lösung beschreibt der Begriff *migração partidaria*, übersetzt bedeutet das so viel wie Parteiwanderung. Diese Wechselbewegung ist durchaus charakteristisch für den brasilianischen Parlamentarismus, in dem Parteien eher unideologischen Wahlmaschinen gleichen, die zugleich eine recht diffuse inhaltliche Orientierung aufweisen, weshalb die Zugehörigkeit zu Parteien bisweilen sehr flexibel ausgelegt wird. Während auf der anderen Seite »echte« Parteien (wie die PT), die mit einer klaren Programmatik ihre Mandatsträger an sich binden können, die Ausnahme darstellen.

Die neue Regierung war also darauf angewiesen, zusätzliche Stimmen aus dem Lager der Opposition zu gewinnen. Die größte politische Nähe bestand zur PSDB, doch die Enttäuschung der eben erst aus der Regierung gewählten Partei und ihres geschlagenen Präsidentschaftskandidaten Serra saß zu tief, um verlässliche Absprachen zu ermöglichen. Zudem hatte sich die Führung der langjährigen Regierungspartei für die Strategie einer »verantwortlichen Opposition« ausgesprochen. Selbst wenn Entscheidungen getroffen werden mussten, die nah an der Politik Cardosos oder an bereits eingebrachten Initiativen der PSDB waren, hätte sich Lula niemals der Unterstützung der PSDB sicher sein können – bestenfalls einzelner Abgeordneter.

Somit blieb als potenzieller Partner nur die PMDB übrig – im Grunde Lulas Lieblingspartner. Die »relativ lockere Sammlungsbewegung«[134] schien mit ihren 74 gewählten Abgeordneten am

---

134 Vgl. Radermacher, S. 8.

ehesten in der Lage, der Regierung Stimmen für eine gelegentliche Mehrheitsbeschaffung zur Verfügung stellen zu können. Jedoch zierte sich die PMDB, die sich ihrer Bedeutung als Mehrheitsbeschafferin bewusst war. Die Verhandlungen zogen sich hin. Erst am Vorabend der Parlamentseröffnung am 1. Februar konnte eine lose Zusammenarbeit mit einem formellen Abkommen geschlossen werden. Sichtbarste Folgen dieses Bündnisses waren die Wahl von José Sarney (1985–1990 Präsident Brasiliens) zum Vorsitzenden des Senats sowie die Ernennung von Carlos Lessa zum Präsidenten der staatlichen Entwicklungsbank BNDS, beide Mitglieder der PMDB.

Zunächst hatte Lula also versucht, einzelne Repräsentanten anderer Parteien, die nicht zum linken Kernbündnis[135] gehörten, mit interessanten Posten gefügig zu machen. Vor allem bei den kleineren, PL und PTB, war er damit erfolgreich. Das Kalkül dahinter: Wen muss ich einer anderen Partei abwerben, der gleichzeitig so viel Einfluss mitbringt, dass dies für weitere Stimmenbewegungen reichen könnte? Wie solche Überläufer von der eigenen Partei auf- und angenommen werden, steht freilich auf einem anderen Blatt. Auch darüber, wie verlässlich und belastbar diese Art politischer Mehrheitsbeschaffung sein kann, ließe sich ausführlich diskutieren. Gut vorstellbar, dass es im Wesentlichen mehr auf die Attraktivität des angebotenen Postens denn auf die inhaltliche Seite ankommt. Aber: Man kann von dieser Art Mehrheitsbeschaffung halten, was man will – sie ist zumindest nicht illegal. Durchaus illegal ist dagegen das, was Lula, oder sein Regierungsumfeld, tat, um sich Mehrheiten zu beschaffen. Sie wählten den direkten Weg über bares Geld.

Ein Skandal erschüttert die PT: Mensalão

Man kann offensichtlich in Brasilien Politik mit unlauteren und kriminellen Mitteln machen – solange sich niemand ausgeschlossen oder benachteiligt fühlt. Wäre man böse, könnte man behaupten, die PT war nicht umsichtig genug oder zu geizig, alle potenziellen Personen ausreichend zu schmieren, als ihr nach we-

---

135   PT, PDT, PTB, PPS, PL, PSB, PCdoB

nigen Jahren Regierungszeit der erste große Skandal um die Ohren flog, den Beobachter wie die des arabischen Medienhauses *Aljazeera* in einer Mischung aus Erstaunen und Ehrfurcht »Prozess des Jahrhunderts«[136] tauften.

Bis dahin hatten nicht nur erklärte Gegner Lulas und der Linken wie Eduardo Cunha darüber gestaunt, mit wie viel Geschick es Lula und seiner Regierung gelungen war, selbst für schwierige Entscheidungen angesichts der eigenen numerischen Unterlegenheit Mehrheiten zu beschaffen. »Lula bewies politische Kraft«, schreibt Cunha angesichts der politischen Erfolge. »Lula gewann auch das Vertrauen derjenigen, die ihn nicht gewählt hatten, und zeigte zugleich, dass man selbst ohne eine definierte Mehrheitsbasis im Kongress wichtige Siege erringen kann«,[137] schreibt er in seinem Memoiren beinahe ehrfürchtig.

Das Nachrichtenmagazin *Veja* dürfte bereits in der Ausgabe 1872[138] vom 22. September 2004 Cunhas Sicht mächtig ins Wanken gebracht haben. Das Magazin berichtet über ein Angebot, das die PT der PTB gemacht haben sollte: Die Partei sollte demnach 150 000 Reais für jeden Abgeordneten erhalten, wenn sich diese dazu verpflichteten, fortan die PT-Regierung zu unterstützen. Alles in allem habe der Kauf der gesamten Partei die PT 10 Millionen Reais gekostet. Im Mai 2005 legte *Veja* noch einmal nach. Am 14. Mai 2005 veröffentlichte sie ein Video, in der der ehemalige Leiter der *Empresa Brasileira de Correios e Telégrafos Ect* (DECAM/ECT), der Post-Behörde, Maurício Marinho, einen unrechtmäßigen Vorteil für einen Geschäftsmann forderte und auch erhielt. Außerdem gab er an, das Geld sei an Roberto Jefferson von der Regierungspartei PTB gegangen. Er war ein Unterstützer Collors gewesen.

In Wirklichkeit handelte es sich um keinen Geschäftsmann, sondern um den Anwalt Joel Santos Filho, der eine Falle gestellt

136 Michener, Greg, Brazil's ›trial of the century‹, https://www.aljazeera.com/opinions/2012/8/16/brazils-trial-of-the-century/, in: Aljezeera, aufgerufen am 21. Juni 2021.
137 Vgl. Cunha, S. 87.
138 Ottramari, Alexandre, Cabral Otávio, 10 Milhões de Divergencia, in: Veja, Ausgabe 1872, 22. September 2004, S. 45–48.

hatte. Er hatte 5 000 Reais von dem damaligen Geschäftsmann/ Lieferanten der brasilianischen Post- und Telegrafengesellschaft, Artur Wascheck, angeboten bekommen, um diesen Beamten zu filmen und damit zu überführen. Mauricio Marinho gelang es so, ein Muster der Korruption von öffentlichen Beamten offenzulegen – alles detailreich nachzulesen in der Reportage »Der Schlüsselmann der PTB«. Diese Beschreibung bezog sich auf Roberto Jefferson als den Mann hinter dem Betrugsschema in diesem staatlichen Unternehmen.

Es war ausgerechnet jener Abgeordnete Roberto Jefferson von der PTB, der daraufhin die Flucht nach vorne antrat und die PT attackierte. In einem Interview[139] mit Renata Lo Prete von der *Folha de São Paulo* vom 6. Juni 2005 berichtet er, dass PT-Schatzmeister Delúbio Soares seit Beginn der Amtszeit Abgeordneten anderer Fraktionen – darunter auch seiner eigenen – monatlich umgerechnet 11 000 Euro (damaliger Wechselkurs) gezahlt haben soll, damit sie in den entscheidenden Abstimmungen die Linie der Regierung unterstützten. Ein unmoralisches Angebot, das er nicht mittragen könne, wie er beteuerte. »Es ist billiger, eine Söldnerarmee zu bezahlen, als die Macht zu teilen. Es ist einfacher, einen Stellvertreter einzustellen, als über ein Regierungsprojekt zu diskutieren. Das ist der Grund. Diejenigen, die bezahlt werden, denken nicht«, sagte er in dem Interview. Mehrere Verfassungsreformen wurden so mit gekauften Stimmen beschlossen, darunter die der Sozialversicherung, die Lula nicht antasten wollte. Es gibt einige Verfassungsrechtler, für die diese Änderungsanträge verfassungswidrig sind, weil sie gegen die republikanischen Grundsätze und die Moral der Verfassung verstoßen. Der einzige Minister des Obersten Gerichtshofs, der diese These vertrat, war Marco Aurelio Mello.

Wegen der üppigen monatlichen Zahlungen – eine Monatsrate bedeutet auf Portugiesisch *Mensalidade* – entstand der Begriff *mensalão*, unter dem die Angelegenheit berühmt wurde und der so viel wie »großes Monatsgehalt« bedeutet.

---

139   Lo Prete, Renata, Contei a Lula do »mensalão«, diz deputado, https://www1. folha.uol.com.br/folha/brasil/ult96u69403.shtml, in: Folha de São Paulo, erstveröffentlicht 6. Juni 2005, aufgerufen am 21. Juni 2021.

Zunächst ging der Plan der PT auf. Ob bei der Abstimmung zur Steuerreform am 24. September 2003 oder bei der Abstimmung zu vorläufigen Maßnahmen des Mindestlohns (2. Juni 2004) oder bei der Sozialversicherungsreform (5. August 2003) oder bei der Abstimmung, die dem Chef der Zentralbank Ministerstatus verleihen sollte (1. Dezember 2004) – immer wieder kamen die Vorschläge der Regierung glatt durch die Gremien.[140] Die Hintergründe, die Jefferson offenbarte, belegten zudem eine weitere Sache: dass beide Bestechungsvorkommnisse, jedes für sich ungeheuerlich und verwerflich, zusammenzugehören schienen. Die Geschichte, die langsam ans Licht kam, war nicht unbedingt eine journalistische Glanzleistung. Ins Rollen gebracht hatte sie die Zentrumspartei PMDB, die auch gerne einen der lukrativen Posten abbekommen hätte, aber leider nicht zum Zug gekommen war. Missgunst und Neid waren die Triebfedern. Weil die PMDB sicherlich mehr gefordert hätte als ein paar regionalen Aufsichtsratsposten für ihre Günstlinge bei einer Handvoll staatlicher oder halbstaatlicher Unternehmen, hatte sich die PT eher auf die kleineren und weniger bedeutenden, dafür leichter zu kontrollierenden Parteien konzentriert und diese gefügig zu machen versucht.

Der große Schlagabtausch war eröffnet. Anstatt die Verfehlungen einzuräumen oder nichts zu sagen, bestritt die PT alle Vorwürfe Jeffersons und schaltete große Zeitungsanzeigen, in denen sie die Errungenschaften der PT im Kampf gegen die Korruption pries. Doch das alles half nichts. Selbst einen parlamentarischen Untersuchungsausschuss (CPI) konnte die PT nicht verhindern, auch wenn sie sich noch so sehr bemühte. Zwischenzeitlich liefen sogar drei Untersuchungsausschüsse parallel, die sich mit den Bestechungsvorwürfen beschäftigten: einer, der sich mit den Bestechungsversuchen bei der Post beschäftigte; ein zweiter, der sich um den Stimmenkauf kümmerte; und einer, der nur mittelbar mit der Thematik zu tun hatte. Der Untersuchungsausschuss mit dem Namen »Bingo« schaute sich die Verbindungen von Dirceus Be-

140 Natuza, Nery, Saques de Valério coincidem com votações polêmicas no Congresso, https://noticias.uol.com.br/ultnot/2005/07/04/ult27u49836.jhtm, in: Rauters, aufgerufen am 21. Juni 2021.

rater Waldomiro Diniz zur Glücksspielmafia von Rio de Janeiro an. Er soll auch dort um Geld für die PT geworben haben.

Das ganze Betrugs- und Verschleierungsschema ermöglichte ein PR-Unternehmer namens Marcos Valério. Dessen Werbefirmen hatten zahlreiche Verträge mit staatlichen Unternehmen, für die er arbeitete. Das Geld, das aus den Werbebudgets von Staatsunternehmen wie der *Furnas, Electronuclear, Petrobras* oder der Rentenkasse der *Banco do Brasil* stammte, floss über seine Firmen SMPB und DNA. Auch die staatliche *Banco Rural* war involviert, wie die Finanzaufsichtsbehörde COAF ermittelte. Mittels fiktiver Darlehen waren die Monatsgehälter finanziert worden, um den Ursprung des Geldes aus der Staatskasse zu verschleiern. Dabei fühlte sich die Bank offensichtlich sicher, denn sie verschob sogar Geld auf ausländische Konten, was ihr später den Vorwurf der Geldwäsche einbrachte – und Kátia Rabello, der Präsidentin der Bank zu jener Zeit, eine Haftstrafe von 16 Jahren und acht Monaten. Roberto Jefferson bezeichnete dies in einer Aussage vor dem Ethikausschuss des Repräsentantenhauses als »die kleinen Geldfabriken der PT[141]«.

Doch Rabello blieb nicht die Einzige, die über diesen Finanzskandal stolperte. Durch das folgenreiche Interview war auch der Sturz von Lulas Kabinettschef José Dirceu kaum vermeidbar. An seiner Stelle wurde Dilma Rousseff, bis dahin Ministerin für Bergbau und Energie, ernannt, er selbst wurde von der PT wieder als normaler Abgeordneter eingebaut.

Dirceu und mehrere beteiligte Abgeordnete kamen vor den Ethikrat, aber nur José Dirceu und Roberto Jefferson verloren im September 2005 ihre Mandate und für zehn Jahre ihr passives Wahlrecht, im Falle von Jefferson wegen »ethischer Verletzungen«. Einige Abgeordnete traten zurück, bevor sie angeklagt wurden, um bei der folgenden Wahl wieder ins öffentliche Leben zurückkehren zu können und einer Bestrafung zu entgehen – darunter João Paulo Cunha von der PT in São Paulo.

141 Vgl. hierfür das Portal https://espaco-vital.jusbrasil.com.br/noticias/2651551/ revista-veja-a-fabrica-de-dinheiromesmo-banida-por-envolvimento-no-escandalo-do-mensalao-empresa-fatura-1-bilhao-de-reais-em-obras-do-pac-seu-dono-e-tesoureiro-do-partido, aufgerufen am 4. Oktober 2021.

Die strafrechtliche Aufarbeitung des *Mensalão* dauerte bis in das Jahr 2012. Am Ende wurden zehn der insgesamt 37 Angeklagten vom Obersten Gerichtshof STF zu teilweise empfindlich hohen Strafen verurteilt, wie der Fall von Rabello zeigt. Aber auch bei den anderen Angeklagten Dirceu, Finanzminister Palocci oder Schatzmeister Soares sahen die höchsten Richter den Tatbestand der aktiven Korruption als erfüllt. Interessanterweise gelang es den Richtern nicht, Präsident Lula eine Schuld nachzuweisen, obwohl Roberto Jefferson in dem *Folha*-Interview explizit zum Ausdruck brachte, dass er sich nicht nur mit Dirceu und Soares getroffen habe, sondern auch Lula zu einem Gespräch gekommen sei.

Viele Jahre später brach Marcos Valério sein Schweigen.[142] 2019 erschien in dem Magazin *Veja* ein Artikel, in dem Valério Lula vorwarf, einer der Auftraggeber an dem Mord an Ex-Bürgermeister Celso Daniel gewesen zu sein. Die Aussagen machte er vor dem Staatsministerium (*Ministerio Publico*) von São Paulo, bereitgestellt in der Abteilung für Morduntersuchungen von Minas Gerais. Allerdings: So schwerwiegend der Vorwurf ist, so vage bleibt Valério laut dem Magazinbericht. Er berichtete von dem Unternehmer Ronan Maria Pinto, von dem er alles erfahren haben will.

Wie schon in einem vorangegangenen Kapitel beschrieben, beschäftigt die Ermordung Celso Daniels die Justiz und Brasilien bis heute, eben weil die Umstände bislang nicht eindeutig aufgeklärt werden konnten – und wahrscheinlich auch nicht mehr aufgeklärt werden. So bleibt nach wie vor Spielraum für Spekulationen und Mythen. Viele Theorien erscheinen für den Betrachter durchaus plausibel und nachvollziehbar, zumal im Fall von Celso Daniel, aber auch im Fall des *Mensalão* immer die engsten politischen Vertrauten Lulas involviert waren. Jedoch mangelt es an harten Beweisen. Übrigens ein Umstand, der sich immer wieder im Zusammenhang großer Skandale oder spektakulärer Verbrechen in der brasilianischen Politik zeigt: Am Ende ist es schwer bis un-

---

142 Marques, Hugo, Marcos Valério cita Lula como um dos mandantes da morte de Celso Daniel, https://veja.abril.com.br/politica/marcos-valerio-cita-lula-como-um-dos-mandantes-da-morte-de-celso-daniel/, in: Veja, aufgerufen am 22. Juni 2021.

möglich, die wahren Strippenzieher und Auftraggeber dingfest zu machen oder zu klären, welche politisch strategische Überlegung einer Tat zu Grunde liege könnte. Man denke an den Mordfall Marielle Franco aus dem Jahr 2018 und an die Nähe des Bolsonaro-Clans zu den Mördern. Die Frage wird zu einem späteren Zeitpunkt noch einmal im Zusammenhang mit Lula auftauchen, wenn es um die Mitwisserschaft Lulas im Korruptionsfalls *Lava Jato* und vor allem um die Frage geht, wie er in den Besitz eines luxuriösen Apartments kommen konnte.

Möglicherweise muss man in die Betrachtung auch die Situation Valérios miteinbeziehen. Er war derjenige, der die Schmutzarbeit für die PT verrichtete und hart verurteilt wurde, während andere glimpflicher davonkamen oder nie ein Gefängnis oder einen Gerichtssaal von Innen sahen.

Die Bedeutung des Mensalão für die Regierung

Das Bestechungsnetzwerk war aus dem Willen der PT entstanden, zu regieren, ohne die üblichen Koalitionsspielchen mitspielen zu müssen. Die PT und auch Lula nahmen es in Kauf, lieber Kooperationen illegal durch Schmiergelder zu kaufen, als Macht in einer klassischen Koalition zu teilen.[143]

Die Entzauberung der PT als Partei, die letztlich zu ähnlichen Mitteln greift wie jene, von denen sie sich vorher so vehement und glaubhaft abgesetzt hatte, führte natürlich zu einer Enttäuschung der Wähler. Allenfalls war die PT nun eine »in between party«, wie es Wendy Hunter ausdrückt, die nicht länger über den normalen Parteien zu stehen schien, aber dennoch noch nicht voll in die herkömmlichen Politikmechanismen integriert war. Lula, so erklärt sich Hunter dieses Phänomen, wollte mitmischen, wurde aber von einer Partei zurückgehalten, die nicht nach den allgemein gültigen Regeln spielen wollte. Den *Mensalão* wertet sie deshalb als einen Versuch, um die parteiinternen Widerstände herum zu arbeiten und dennoch allen Ansprüchen gerecht zu werden. Interessant dabei ist, dass Lula trotz des Skandals 2006 mit einem starken Wahlergebnis und hohen Zustimmungswerten die Wieder-

143 Vgl. Hunter, S. 167.

wahl gelang, während andere PT-Politiker von den Wählern abgestraft wurden. Ein Stück weit wurde hier eine Entkoppelung der Person Lula von der PT vonseiten der Wähler vorgenommen.[144]

Aber man kann dem Skandal oder seiner späteren juristischen Aufarbeitung einiges Positives abgewinnen. Man kann die Aufarbeitung auch als Beweis für die »fortschreitende Konsolidierung der brasilianischen Demokratie«[145] werten. Schließlich darf man bei der Betrachtung nicht aus den Augen lassen, dass die Militärdiktatur gerade einmal 20 Jahre vorbei war. Brasilien befand sich in einer demokratischen Selbstfindungsphase.

Dennoch wurden am Ende des Verfahrens auch einige hochrangige Politiker und Minister, die als unantastbar galten, verurteilt. Das kann man schon als »neue Maßstäbe für Brasiliens politische Kultur« ansehen. Ketzer könnten jedoch fragen: Weshalb wurde dann Lula nicht verurteil? Grundsätzlich gilt der Artikel 86 der Verfassung: Die Abgeordnetenkammer ermächtigt, und der Oberste Gerichtshof oder der Senat urteilt je nach Art der Straftat.

Zu mutmaßen, dies sei nur geschehen, weil der Bundesrichter Joaquim Barbosa 2003, übrigens als erster afrobrasilianischer Richter, von Lula zum Bundesrichter im *Supremo Tribunal Federal* (STF) ernannt worden war, wäre sicher zu kurz gedacht. Zwar hat der Präsident ein Vorschlagsrecht – wie auch in den USA –, jedoch lässt es die brasilianische Verfassung nicht zu, dass solche Entscheidungen von einem Präsidenten im Alleingang getroffen werden.

Zunächst ist der Senat gefragt. Die Kammer muss den Vorschlag des Präsidenten bestätigen bzw. hätte auch das Recht, den Vorschlag abzulehnen. Das kam insgesamt fünf Mal vor, ist also eher ein Fall für das Kuriositätenkabinett denn gängige Praxis. Alle Ablehnungen fanden übrigens im Jahr 1894 statt, in der Frühphase

144 Ein interessanter Aspekt, den man auch in Deutschland während der Kanzlerschaft von Angela Merkel beobachten konnte. Egal, in welchem Umfragetief die CDU gerade steckte, den Popularitätswerten der Kanzlerin tat dies fast nie einen Abbruch. Wobei es für Merkel keinen auch nur annähernd gelagerten Fall wie diese Korruptionsgeschichte gab.

145 Fraundorfer, Markus, Llanos, Mariana, Der Mensalão-Korruptionsskandal mit weitreichenden Folgen für Brasiliens Demokratie, in: GIGA Focus German Institute and Area Studies, Nr. 12, 2012, S. 2–8.

der ersten Republik nach dem Ende der Monarchie 1889. Präsident war damals Marschal Floriano Peixoto.[146]

Nicht unwichtig: Auch im Vorfeld einer Richterbenennung gibt es eine Art Koalitionsverhandlung, um die Aussichten des angedachten Kandidaten auszuloten oder für die Zustimmung Gegenleistungen zu erstreiten. Außerdem sind nicht nur Politiker, sondern beispielsweise auch Angehörige der Anwaltskammer involviert und haben die Möglichkeit, ihre Vorstellungen geltend zu machen.

Man sollte aber nicht glauben, dass ein Bundesrichter, nur weil er von einem Präsidenten vorgeschlagen wurde, diesem zu ewiger Dankbarkeit verpflichtet wäre. Bundesrichter werden auf Lebenszeit ernannt bzw. scheiden erst mit dem Erreichen des 70. Lebensjahres aus dem Amt aus. In der Regel überdauert ihre Amtszeit die des ernennenden Präsidenten bei weitem, und sie können auch nicht wieder abberufen werden. Auch das macht sie relativ unanfällig für politischen Druck.

Noch einmal zurück zum *Mensalão*-Prozess, der für brasilianische Verhältnisse ungewöhnlich war. Zum ersten Mal wurde ein solches Verfahren von einer großen Öffentlichkeit begleitet. Das sicherte dem Richter Joaquim Barbosa in der Bevölkerung eine breite Unterstützung. Man darf nicht außer Acht lassen, dass er dabei war, Politiker der Regierungspartei PT zur Verantwortung zu ziehen. Das lag daran, dass Jahre zuvor der Fernsehsender *TV Justícia*[147] gegründet worden war, der Urteile des Obersten Gerichtshofs ausstrahlte. Der Oberste Gerichtshof wurde bekannt wie nie zuvor. Verhandlungen waren von da an medial präsent wie eine Fußballweltmeisterschaft: Die Menschen konnten die Prüfungen von der Straße aus beobachten.

Der Justiz, der wie allen Staatsgewalten immer ein wenig der Ruch anhing, sie koche insgeheim ihr eigenes politisches Süppchen, brachte dieser Prozess enormes Ansehen in der Bevölkerung. Viel-

---

146 Westin, Ricardo, Senado já rejeitou médico e general para o Supremo Tribunal Federal, https://www12.senado.leg.br/noticias/materias/2015/06/01/senado-ja-rejeitou-medico-e-general-para-o-supremo-tribunal-federal, in: Senadonotícias, aufgerufen am 22. Juni 2021.

147 Vgl. http://www.tvjustica.jus.br/, aufgerufen am 4. Oktober 2021.

leicht verschaffte er ihr sogar den nötigen Rückenwind, um keine zwei Jahre später ein noch viel größeres Rad zu drehen.

Die politischen Folgen – Abspaltungen

Die linke Partei *Partido Socialismo e Liberdade* (PSOL) fand klare Worte zu den Verurteilungen der *Mensalão*-Verantwortlichen. »Im Gegensatz zu den Behauptungen der Parteien, die die Basis von Dilmas Regierung bilden, ist der ›*Mensalão*‹ nicht nur eine Fiktion der Presse mit dem Ziel, die von der PT geführte Regierung zu destabilisieren«, fasste sie zusammen und erinnerte daran, dass das Kaufen von Stimmen nichts sei, was von der PT erfunden worden wäre, sondern »bereits von der PSDB in Minas Gerais eingeführt wurde, unter Mitwirkung desselben Marcos Valério, der kein Neuling in Operationen dieser Art war«.

»Der *Mensalão*«, so die PSOL weiter, »ist jedoch nicht der erste Korruptionsskandal in unserem Land. Die Privatisierung von Unternehmen wie Vale und von Telekommunikationsunternehmen sowie der Kauf von Stimmen, um die Wiederwahl des ehemaligen Präsidenten Fernando Henrique Cardoso sicherzustellen, zeigen, dass die Korruption in den Tukan[148]-Regierungen tief verwurzelt war, dass die Korruption ein endemischer Bestandteil der brasilianischen Politik ist. Der *Mensalão* ist der oberste Beweis dafür, dass die PT und ihre Regierung ein Programm des tiefgreifenden Wandels aufgegeben haben und ein Bündnis mit den Parteien der Ordnung vorzogen, die ihre Unterstützung im Austausch für Positionen, Freigabe von Parlamentsänderungen und, in diesem Fall, Bezahlung von Kampagnen und Stimmenkauf sanktionierten. Das heißt, politische Laster, die zu offener Korruption herabgestiegen sind, um an der Macht zu bleiben. Verwandelt in einen Verbündeten des Finanzkapitals und des Agrobusiness, hatte die PT keine Skrupel, Methoden anzuwenden, die von der Partei selbst historisch abgelehnt wurden, um die Unterstützung für ihre Maßnahmen zu sichern. Dieser Prozess symbolisierte einen Rückschritt der demokratischen und republikanischen Werte und verstärkte

---

148 Tukane oder tucanos ist der allgemein gebräuchliche Spitzname der Partei PSDB, der Lulas Vorgänger Fernando Henrique Cardoso angehört.

das Gefühl der Verweigerung von Politik und Parteiarbeit. Es ist vor allem ein politisches Problem, das die falschen Optionen der PT zugunsten dieser Art von Regierbarkeit offenbart. Optionen, die wir ablehnen.«[149]

Die Pressemitteilung der PSOL fasst die Situation gut zusammen und erklärt ansatzweise, weshalb die PSOL überhaupt existiert: Bei der linken Gruppierung handelt es sich um eine Abspaltung von der PT.

Diese Abspaltung erfolgte nicht freiwillig – und war auch eher ein Parteiausschluss. Am 11. Dezember 2003 sollte der Kongress über die Sozialversicherungsreform der Lula-Regierung abstimmen; eine der, wie sich später herausstellte, gekauften Abstimmungen. Vier Mitglieder der PT verweigerten ihre Zustimmung: Heloísa Helena, Luciana Genro, João Fontes und João Batista Araújo, genannt »Babá«. Drei Tage später waren sie aus der Partei ausgeschlossen. Das oberste Parteigremium, das *Direitório Nacional*, stimmte mit knapp 67 Prozent[150] für den sofortigen Rauswurf. Mit den Ausgestoßenen, aber auch durch den Umgang mit den Abweichlern bei der Abstimmung verlor die PT ein Stück weit ihre Programmatik und Integrität, aber vor allem ihrer parteilichen Identität. Denn bis dahin galt die PT als integrative und inklusive Partei, in der alle Strömungen eine politische Heimat finden konnten. Das schien nun vorbei. Statt den Dialog zu suchen, wählte man die Konfrontation.

Im Juni 2004 fanden sich die vier Abtrünnigen zur Gründung der PSOL zusammen. Diese besiegelte der oberste Wahlgerichtshof, der *Supremo Tribunal Eleitoral* (STE), offiziell am 15. September 2005.

Die Parteigründung entfaltete einen großen Sogeffekt auch auf andere Personen des linken Spektrums, die sich in der immer

---

149 Valente, Ivan, Nota do PSOL sobre o julgamento do mensalão, https://shorturl.at/sKW48, in: Homepage der Partei PSOL, aufgerufen am 22. Juni 2021.

150 Vgl. Zacharias, Brenda, Conheça a história do PSOL, protagonista nas eleições 2020, https://www.terra.com.br/noticias/eleicoes/conheca-a-historia-do-psol-protagonista-nas-eleicoes-2020,6aed40cb97801fe019f9e13a303badac e1ueohdo.html, in: Terra, aufgerufen am 23. Juni 2021.

stärker werdenden Mitteausrichtung der PT nicht mehr repräsentiert sahen. Sie kamen aus sozialen Bewegungen, aus intellektuellen Kreisen und auch aus dem gewerkschaftlichen Sektor, wie etwa Luisa Miranda vom gewerkschaftlichen Dachverband CUT oder Clécio Luis, der später der erste PSOL-Bürgermeister einer Hauptstadt eines Bundesstaats (Belém) werden sollte. Schon 2006 ging die PSOL mit Heloísa Helena als Spitzenkandidatin in den Präsidentschaftswahlkampf, die aus dem Stand 6,5 Millionen Stimmen holte und auf dem dritten Platz landete.

Vieles an Auftreten und Programmatik der PSOL erinnert an die frühe PT. Ihren politischen Durchbruch erlebte sie aber erst einige Jahre später. 2016 schaffte es der Spitzenkandidat Marcelo Freixo, ein gelernter Hochschuldozent, in die Stichwahl um das Bürgermeisteramt von Rio de Janeiro. Erst in der Stichwahl unterlag er dem evangelikalen Ex-Bischof Marcelo Crivella, zugleich Neffe des Gründers der *Igreja Universal* und Medienmoguls Edir Macedo. Inzwischen ist Freixo zur *Partido Socialista Brasileiro* (PSB) gewechselt.

Bei den Kommunalwahlen im Herbst 2020 stach ein anderer Kandidat hervor: Guilherme Boulos aus São Paulo, der in der Stichwahl knapp daran scheiterte, Bürgermeister der Metropole zu werden.

Boulos war 2018 in den Präsidentschaftswahlkampf gezogen, schnitt aber mit weniger als einer Million Stimmen eher bescheiden ab. Dennoch scheint der Enddreißiger ein neuer Hoffnungsträger der Linken in Brasilien werden zu können. Unweigerlich kamen da Vergleiche mit Lula auf. »Ist Boulos der neue Lula?«,[151] fragte nicht nur Rodolfo Costa von der Zeitung *Gazeta de Povo*. Ohne zu weit vorgreifen zu wollen – mit der Wahl 2018 bzw. 2022 werden wir uns noch beschäftigen –, kann man diesen Vergleich ein Stück weit ziehen, wenn man Boulos und den jungen Lula vergleicht. Boulos ist es auch, dem Beobachter zutrauen, künftig eine

---

151 Vgl. Costa, Rodolfo, O que disseram as urnas: o Psol é o »novo PT«? E Boulos pode se tornar o »novo Lula«?, https://www.gazetadopovo.com.br/eleicoes/2020/psol-boulos-pt-lula-projecao-nacional/, in: Gazeta de Povo, aufgerufen am 23. Juni 2021.

tragende Rolle in der linken Politiklandschaft Brasiliens zu spielen. Allerdings müsste sich bis dahin etwas an der Machtarchitektur der Parteienlandschaft verändern und die PT Bereitschaft signalisieren, ihre Hegemonie aufzugeben.

Ob die PSOL in der Lage wäre, eine Führungsrolle in der linken Parteienlandschaft zu übernehmen, ist zumindest fraglich. Der große flächendeckende Durchbruch gelang ihr bislang nicht. Ihre Stärken sind eher punktuell. Zwar schlug sie einen ähnlichen Weg ein wie die PT, über Kommunalwahlen in der politischen Landschaft Fuß zu fassen, jedoch in einer anderen Dimension. Bei der ersten Wahl, bei der die PT angetreten war, gewann sie aus dem Stand 179 Rathäuser. Bei der PSOL waren es gerade einmal vier – von 5000. Vielleicht ist es die fehlende »parteiliche Muskulatur«, wie es Costa ausdrückt, um die Linke des Landes zu führen. Möglicherweise ist die PSOL, ähnlich wie die PT in ihren Anfangsjahren, noch zu weit links und muss sich noch ein wenig zur Mitte öffnen, um ein breiteres Wählerpublikum anzuziehen. Aber sie hat Prinzipien: 2016 sprach sich die PSOL gegen das Amtsenthebungsverfahren gegen PT-Präsidentin Dilma Rousseff aus. 2018 positionierte sie sich gegen die Inhaftierung Lulas, den sie als von einer Justiz verfolgt ansah, die aus Sicht der PT verfassungswidrig gehandelt hatte.

Mit Marcelo Freixo wäre eine weitere Persönlichkeit vorhanden, die sich die Last des Frontmanns mit Boulos teilen könnte. Freixo machte sich 2008 einen Namen als furchtloser Aufklärer, der auch vor politisch heißen Eisen nicht zurückschreckt. Er war der Vorsitzende eines Untersuchungsausschusses zu den Milizen in Rio de Janeiro, an dessen Ende mehr als 220 Polizisten, Ex-Polizisten, Feuerwehrleuten und Angestellten der öffentlichen Verwaltungen Verbindungen zur Miliz nachgewiesen werden konnten.

Auch die charismatische Stadträtin Marielle Franco aus Rio de Janeiro gehörte der PSOL an. Der jungen, schwarzen und lesbischen Politikerin, die in der Favela Maré aufwuchs, bescheinigten viele Beobachter die Aussicht auf eine große Politikkarriere. Doch diese endete, bevor sie richtig begonnen hatte. In der Nacht zum 14. März 2018 starb Marielle Franco im Kugelhagel der Milizen, mit denen sie sich öffentlich angelegt hatte. Auch eine Beteiligung des Bolsonaro-Clans gilt zumindest als nicht unwahrscheinlich. Die Bolsonaros unterstützen offen die paramilitärischen Milizen in Rio de Janeiro, die für sie eine entscheidende Machtbasis sind. Im Jahr 2020 erschien zu diesem Thema ein hervorragendes Buch von Bruno Paes Manso.[152]

Für den Traum von einer Führungsrolle der PSOL ist es zu früh, auch wenn die Mitgliederzahlen steigen. Im Oktober 2020 waren es 184 224. Dennoch muss sie aufpassen, nicht unterhalb des landesweiten Wahrnehmungsradars zu landen. Unter dem Interimspräsidenten Michel Temer verabschiedete der Kongress 2017 eine Verfassungsänderung (*emenda constitucional Nr. 97*),[153] die praktisch die Einführung einer Eintrittshürde für Parteien für den Kongress beschloss – im Grunde ein richtiger Schritt, denn mit rund 25 Parteien, die regelmäßig im Kongress vertreten sind, sind Koalitionen enorm schwierig zu schmieden und äußerst instabil. Nicht fünf, aber immerhin zwei Prozent Stimmenanteil müssen Parteien künftig erringen, um in beiden Kammern vertreten zu sein. Zweite Möglichkeit: Einer Partei gelingt es, elf Abgeordnete entsenden zu dürfen. Allerdings müssen diese aus neun verschiedenen Bundesstaaten sein.

Grundzüge der Politik der ersten Lula-Jahre

Als Luiz Inácio Lula da Silva Ende 2002 zum Präsidenten gewählt wurde, stand die Wirtschaft stabil da. Die Inflation war niedrig, die Währung stabil – das Erbe der Politik Fernando Henrique Cardosos. Und an den Grundeinstellungen Cardosos änderte die Regierung Lulas zunächst nicht viel. Nicht von ungefähr gibt es Beobachter, die von einer »dritten Amtszeit Cardosos«[154] sprechen.

Auch Cardoso hatte ein Portfolio an Sozialprogrammen aufgelegt, die jedoch am Ende wegen fehlenden Geldes nicht die gewünschte Wirkung entfalten konnten. An diesem Punkt setzte

---

152 Paes Manso, Bruno, A República das Milícias – Dos esquadrões da morte à era Bolsonaro, todavia, São Paulo, 2020.

153 Der Gesetzestext findet sich auf der Seite der bras. Bundesregierung: https://www.in.gov.br/materia/-/asset_publisher/Kujrw0TZC2Mb/content/id/19335869/do1-2017-10-05-emenda-constitucional-n-97-19335801, aufgerufen am 23. Juni 2021.

154 Vgl. Hunter, S. 150.

Lulas Regierung ihre ersten echten Schwerpunkt. Lulas Politik zielte zu Beginn vor allem darauf ab, die Lebenssituation der ärmeren Schichten zu verbessern, und er legte zahlreiche Sozialprogramme auf. Ein Programm, die *olsa amília*, gab Familien kurzfristig mehr finanziellen Spielraum.

Bolsa Familia

Die gewaltigen sozialen Gegensätze sind seit jeher ein prägendes Merkmal der brasilianischen Gesellschaft. Dieser strukturellen Armut versuchte man nun etwas Wirksames entgegenzusetzen. Seit den 1940er-Jahren gab es immer wieder Überlegungen, wie man effektiv Unterstützung leisten könnte. So gab es zunächst die *cesta basica*, Lebensmittelpakte mit Grundnahrungsmitteln wie Öl, Zucker, Reis etc., die in Supermärkten günstig gekauft werden können, um sie anschließend an Bedürftige zu verteilen. Doch das System arbeitete nicht flächendeckend, zudem war es ein willkommener Anlass für Korruption oder das Abzweigen von Waren für den Schwarzmarkt. Auch Lulas Vorgänger Cardoso entwarf Programme. Da gab es das Programm *Bolsa Escolar* unter Federführung des Bildungsministeriums. Das Energieministerium startete das Zuschussprogramm *Auxílio Gas* oder auch die *cartão alimentação*. Das Problem dabei: verschiedene Zuständigkeiten, mehrere Verwaltungen, die im Grunde alle dieselbe Klientel bearbeiteten, und dadurch Reibungsverluste, fehlende Schnittmengen und Ineffizienz erzeugten.

Im Oktober 2003 verabschiedete die Regierung Lula mit der *Bolsa Familia* ein großes Umverteilungsprogramm, 2004 trat es in Kraft. Arme Familien erhielten vom Staat eine Transferleistung von 89 Reais pro Kind bis zum 17. Lebensjahr. Die bisherigen Programme wurden praktisch aufgelöst und in diesem einen Programm des Entwicklungsministeriums gebündelt. Im September 2010 bezogen 13,8 Millionen Familien, etwa ein Viertel der gesamten Bevölkerung,[155] das Hilfspaket. Im Gegenzug waren Familien

155 Vgl. Campello, Tereza, Cortes Neri, Marcelo, Bolsa Familia Program – A Decade of Sozial Inclusion in Brazil, Federal Government of Brazil, IPEA Institute for Applied Economic Research, Brasilia, 2014, S. 9.

dazu verpflichtet, ihre Kinder zur Schule zu schicken und regelmäßig an staatlichen Impf- und Gesundheitsprogrammen teilnehmen zu lassen.

Die Angst vor Missbrauch war groß. Wie wollte man sicherstellen, dass sich Familien nicht mehrfach anmeldeten? Was, wenn sich Familien nun ermutigt sahen, mehr Kinder in die Welt zu setzen? Und natürlich auch der Vorwurf der Opposition, die PT-Regierung wolle sich durch das Programm nur Wählerstimmen erkaufen. Verächtlich nannten Kritiker das Programm denn auch *bolsa esmola*. Das Wort »esmola« bedeutet so viel wie Almosen. Interessant dabei: Dieselbe Kritik hatte Lula seinerseits als Oppositionsführer geäußert,[156] als die Regierung Cardoso ihre Sozialprogramme auflegte.

Administrativ angedockt wurde das Programm bei den lokalen Verwaltungen, wo sich Familien einmalig registrieren mussten. Diese Registrierung galt dann zugleich für alle anderen Kontakte mit den Behörden. Im Gegenzug erhielten die Familien die *Cartão de Cidadão*. Das ist eine geladene Prepaidkarte, mit der Lebensmittel, Schulmaterialien, Kleidung oder Schule bezahlt werden konnten.

Das Programm hatte zweifellos Erfolge. In erster Linie sorgte es für ein Empowerment von (alleinerziehenden) Frauen, die 93 Prozent[157] der Karteninhaber ausmachten. Dem nationalen Gesundheitsdienst SUS – ein ähnliches kostenloses Prinzip wie der britische NHS – gelang es dadurch, ein Monitoring-System zu etablieren, das einen wesentlich besseren Überblick über Impf- und Vorsorgeuntersuchungsprogramme[158] bei Kindern und Jugendlichen lieferte – wichtige Informationen im Kampf gegen Unter- und Mangelernährung oder die Kindersterblichkeit. Weitere Effekte erforschte die Universität von Pernambuco. Die Studie konnte mit dem Vorurteil aufräumen, das Geld werde nicht zweckgebunden, sondern für andere Dinge eingesetzt. Laut der Untersuchung[159] wurden 87 Prozent der Transferleistung für Lebensmittel ausgegeben.

---

156 Vgl. Fausto, S. 534.
157 Ibid. S. 14.
158 Ibid. S. 24.
159 Benini Duarte, Gisléia, Programa Bolsa Família: impacto das transferências sobre os gastos com alimentos em famílias rurais, RESR, Piracicaba, SP,

Die *Bolsa Familia* wurde zu einem der größten sozialen Transfer-
programme der Welt und zum Vorbild für viele andere Staaten,
darunter Bangladesch oder Mexiko.

Im November 2021 erhielten Empfänger der *bolsa* ihre letzte
Zahlung. Die Regierung Bolsonaro hatte angesichts leerer Kassen
und der Corona-Pandemie beschlossen, das linke Prestigeprojekt
zu beenden und durch ein eigenes Programm, *Axilio Brasil*, zu
ersetzen. Welche Auswirkungen das auf die Bevölkerung haben
wird, muss sich freilich erst noch zeigen.

Fome Zero

Das Ernährungsprogramm *Fome Zero* (»Null Hunger«) zielte in
eine ähnliche Richtung. Das Programm wurde unter der Präsidentschaft Lulas im Thinktank *Instituto Cidadania* entwickelt und geht
zurück auf eine Idee von Betinho Herbert José de Sousa.[160] Als Start-
punkt wählte man den 16. Oktober 2001, den Welternährungstag.
Das formulierte Ziel des Programmes war ehrgeizig: Bis zum Jahr
2025 sollte der Hunger ausgelöscht werden. *Fome Zero* war nicht
nur ein reines Transferprogramm von Geld, sondern verknüpft mit
dem Ansatz, vor allem in den rückständigen Gebieten des Nordostens, etwa der trockenen Halbwüste *Sertão*, Bauern Landnutzungs-
techniken zur effizienteren Einsetzung des knappen Gutes Wasser
näher zu bringen. Der Erfolg erschien zunächst enorm: Im September 2014 gelang es Brasilien tatsächlich, das Land von der Landkarte
der Hungerländer zu tilgen – allerdings war es vier Jahre später wieder zurück. Darin zeigt sich der Widerspruch der Landwirtschaft.
Während fast alle Regierungen Brasiliens als eines der Kernziele
die Effizienzsteigerung der Landwirtschaft als Motor der Export-
wirtschaft vorantrieben, was auch gelang, wird wieder gehungert.

---

vol. 47, n° 04, p. 903–918, out/dez 2009. Als pdf: https://www.scielo.br/j/
resr/a/fggH8MjD8Cpf8nGK9sY59PQ/?lang=pt&format=pdf

160 Herbert José »Betinho« de Sousa oder de Souza war Soziologe und Aktivist
gegen die Ungerechtigkeit der Wirtschaft und die korrupte Regierung in
Brasilien, vor allem während der kurzen Amtszeit Fernando Collor de Mel-
los. Er war Gründer des *Instituto Brasileiro de Análise Social e Econômica*
(IBASE). Er ist Begründer der größten Bürgerinitiative in der Geschichte
von Brasilien.

Ende September 2020 verkündete das Land stolz, man sei in der Lage, eine Milliarden Menschen auf der Erde zu ernähren. Zur selben Zeit gab es in Brasilien zehn Millionen Hungernde.[161] Diese Zahl steigt aktuell, befeuert durch die Corona-Pandemie, weiter an.

Fome Zero entwickelte sich für Lulas Regierung zu einem Image-Programm. Die Erfolge wurden international gefeiert und sicherten der Regierung eine langanhaltende Aufmerksamkeit der Weltöffentlichkeit. Innenpolitisch wurde die Anti-Hunger-Kampagne als Instrument eingesetzt, um die Akzeptanz für die Politik der Regierung bis weit in das konservative Lager hineinzutreiben.[162]

Zahlreiche Firmen beteiligten sich, meist mit Sachspenden, die der Regierung medienwirksam übergeben wurden. *Fome Zero* trug aber auch dazu bei, die Parteibasis der PT ruhig und gefügig zu halten, als es an anderen Stellen in der Partei gehörig rumorte. Gerade die markt- und investorenfreundliche Politik der Regierung fand in einigen Strömungen der PT gar keinen Gefallen.

Nach dem Abflauen des medialen Feuerwerks während der Startphase wurden jene Stimmen wieder vernehmbar, die von Anfang an auf zwei zentrale Schwachpunkte hingewiesen hatten. Zum einen die Organisation des Programms: Angesichts der Schwäche des Staates einerseits und der Unschärfe der Zielgruppe andererseits würde die Durchführung eines derartig zentralisierten Programms unweigerlich von Erscheinungsformen des politischen Klientelismus und von Fällen der materiellen Korruption begleitet sein.

Zum anderen die Konzeption: Es zählt zu den Aufgaben des Staates, Leben und Gesundheit der Bürger zu erhalten, die sich in einer akuten Notlage befinden – diesen Verfassungsauftrag in praktische Politik umzusetzen, war eines der Wahlversprechen des Präsidentschaftskandidaten Lula. Zur politischen Programmatik der PT zählt indessen auch, nicht im Assistenzialismus[163] zu ver-

---

161 Senra, Ricardo, Como o mesmo Brasil que alimenta 1 bilhão ultrapassou 10 milhões de famintos ›dentro de casa‹?, https://www.bbc.com/portuguese/brasil-54288952, in: BBC Brasil, aufgerufen am 14. Juni 2021.

162 Radermacher, Reiner, FES-Analyse: Brasilien, in: Friedrich-Ebert-Stiftung, August 2003, S. 4.

163 Mit *Assistenzialismus* bezeichnet man die karitative klassische Armenfürsorge. Im Wesentlichen liegt der Schwerpunkt darauf, armen Bevölkerungsgruppen

harren, der allenfalls die Symptome lindert, sondern die Ursache zu beseitigen, sprich: die Armut abzuschaffen.

Die Lücke in der politischen Glaubwürdigkeit der Regierung, die sich angesichts ihrer höchst konventionellen und so gar nicht linken neoliberalen Finanz- und Wirtschaftspolitik und den nur wenig substanziell gewordenen sozialpolitischen Maßnahmen auftat, vermochte Lula mit seiner Glaubwürdigkeit zu kaschieren. »Als Chef-Kommunikator des in gut zwanzig Jahren herangereiften politischen Projekts ›PT-Regierung‹ eilt der Präsident von einem öffentlichen Auftritt zum anderen und teilt seinen Zuhörern in immer neuen Varianten stets dieselbe Botschaft mit einem jovialen wie ausweichenden ›Gut Ding will Weile haben!‹«, schreibt Radermacher.

Die freundliche Großwetterlage trübt sich ein

Es gab auch Stimmen, die grundsätzlich an der Ernsthaftigkeit des Programms zweifelten, dass zwar außerhalb Brasiliens sehr wohlwollen und bisweilen euphorisch aufgenommen wurde, im Innern jedoch als ziellos kritisiert wurde. Das Programm sei niemals über das Planungsstadium hinausgekommen,[164] konstatiert Marco Antonio Villa in seinem Buch *Década Perdida* (»Verlorenes Jahrzehnt«), in dem er die Amtszeit Lulas und die ersten Jahre der Rousseff-Regierung Stück für Stück auseinanderdröselt. Villa erinnert an eine Benefizveranstaltung in Rio de Janeiro im Februar 2003. Die PT hatte die schrille Society-Dame Vera Loyola als Schirmherrin für ein Benefiz-Feijoada-Essen[165] zugunsten von *Zero Fome* gewonnen. Eine Konstellation, die so gar nicht zum Selbstverständnis zu passen schien: die Luxuslady und die Arbeiterpartei.

Essen, Kleidung, Medizin oder Unterkunft zu geben. Geprägt wurde der Begriff in kritischer Absicht durch den Befreiungstheologen Paulo Freire. Assistenzialismus im weiteren soziologischen Sinne ist eine Form des Tauschs von Vergünstigungen gegen politischen Konsens.

164 Vgl. Villa, Maro Antonio, Década perdida: Dez anos de PT no poder: Dez anos de PT no poder, Record; 1. Auflage, 2013, S. 25.

165 Das gemeinsame Essen des klassischen Bohneneintopfes Feijoada ist ein beliebtes Mittel, um Spenden und Geld für bestimmte Zwecke zu sammeln. In Rio de Janeiro beispielsweise finanzieren die großen Sambaschulen auf diese Art und Weise einen Teil ihrer Kosten.

Das war sicher nicht die Klientel, mit der sich ein großer Teil der Parteibasis assoziierte. Aber Lula inszenierte diese Veranstaltung als Beleg dafür, dass die PT in allen Schichten salonfähig geworden war und es zum Erreichen ihrer Ziele keine Tabus mehr gab. Loyola hatte zugunsten des Benefizgedankens ein handgefertigtes goldenes Halsband ihrer Hündin Perepepê gespendet. »Ich finde es nicht fair, dass mein kleiner Hund mit einer goldenen Halskette herumläuft, während Millionen von Menschen in Brasilien hungern müssen«, zitierte die *Folha de São Paulo* Loyola in einem Bericht. Auf dem Foto sieht mal Lula breit grinsend neben der aufgemotzten Blondine.[166] Villa sah darin auch eine innerparteiliche Botschaft: Wenn die Radikalen in der PT mit solchen Bildern nicht zufrieden sind, müssen sich die Unzufriedenen eben ändern.[167] Die PT rückte nicht nur mit solchen Aktionen immer mehr in die Mitte des politischen und gesellschaftlichen Establishments.

Der frisch gewählte Präsident verbrachte einen Großteil seiner Zeit auf Auslandreisen. Während die Regierung mit 34 Ministerien das operative Geschäft übernahm und viele Ansätze der Politik von Amtsvorgänger Fernando Henrique Cardoso einfach weiterlaufen ließ, machte sich Lula daran, nachdem er die Herzen der Mehrheit der Brasilianer erobert hatte, selbiges auf der internationalen Bühne zu versuchen. 28 Länder besuchte er alleine 2003. In zehn Monaten verursachte Lula mehr Reisekosten als Cardoso in einer ganzen Amtszeit. Dabei besuchte er vor allem Länder der sogenannten Dritten Welt und Afrikas, obwohl die politischen und wirtschaftlichen Beziehungen dorthin für Brasilien wenig ausgeprägt waren. Eine der ersten Reisen führte ihn zum Weltwirtschaftsgipfel im Schweizerischen Davos, wo er wie ein Star empfangen wurde – auch weil es ihm gelang, sich erfolgreich als Vertreter eines dritten Weges zu präsentieren, der irgendwo zwischen Sozialismus und Kapitalismus zu liegen bzw. die Vorzüge beider Weltanschauungen zu vereinigen schien. Darüber hinaus

---

166   Vgl. Canino, Mimo, Socialite doa colar de cadela ao Fome Zero, https://www1.folha.uol.com.br/fsp/brasil/fc0602200313.htm, in: Folha de São Paulo, aufgerufen am 20. August 2021.
167   Vgl. Villa, S. 47.

bekräftigte er den Anspruch Brasiliens als wichtige Regionalmacht auf einen ständigen Sitz im Weltsicherheitsrat der Vereinten Nationen. Lula gelang es, außenpolitisch eine erfolgreiche Welle zu reiten, während seine Innenpolitik eher schwach blieb. Villa fasst es so zusammen: Lula war als Kommunikator besser als in der Funktion des Geschäftsführers. Das dankte ihm die Presse in den ersten Jahren mit einer recht wohlwollenden Begleitung. Auch Investoren fassten Vertrauen zu Lulas zuversichtlicher und optimistischer Rhetorik, gute Wirtschaftsdaten waren die Folge. Und mehr noch: Lula platzierte das oft randständige und in der Weltöffentlichkeit weniger im Fokus stehende Brasilien auf der internationalen Landkarte. Brasilien sollte in den ersten beiden Jahrzehnten des Jahrtausends mehrfach Gastgeber großer internationaler Ereignisse werden. 2007 eröffneten die Panamerica-Spiele den Reigen. Es folgten G20+-Gipfel (2012), Weltjugendtag der Katholischen Kirche (2013), Fußball-Weltmeisterschaft (2014) und Olympische Spiele (2016).

Auch das alltägliche Gebaren einiger Parteifunktionäre wandelte sich im süßen Umfeld von Macht und Einfluss, und mit dem Zugriff auf die großen Geldtöpfe wuchsen die Verlockungen. Von den einstmals hohen moralischen Ansprüchen blieb in vielen Fällen nichts mehr übrig. Die PT »verfettete«[168] allmählich. Einige Spitzenfunktionäre trennten sich von ihren Frauen und tauschten sie gegen jüngere aus. Bei Geschäftsessen in Restaurant entschied man sich plötzlich gerne für die teure Flasche Rotwein anstelle des Bieres. José Dirceu nutzte die Luftwaffe für private Flüge, Justizminister Márcio Thomaz Bastos reiste privat mit einem Hubschrauber der Bundespolizei (PF),[169] Finanzminister Palocci ließ sich für eine Reise die Privatmaschine des Unternehmers Roberto Colnaghi[170]

168 Vgl. Villa, S. 25.
169 PSDB, Virgílio lista escândalos dos dois anos do governo PT, https://www.psdb.org.br/acompanhe/noticias/virgilio-lista-escandalos-dos-dois-anos-do-governo-pt, in: Homepage der Partei PSDB, aufgerufen am 23. August 2021.
170 Heute ist Roberto Colnaghi Chef des Verwaltungsrats des Unternehmens Asperbras. Asperbras ist ein internationales Unternehmen, das in den 1960er-Jahren mit Landmaschinen begonnen hatte. Heute ist es eine Holding mit, laut eigenen Angaben, rund 5000 Mitarbeitern.

zur Verfügung stellen.[171] Die Zeiten des Moralismus, lange ein Markenzeichen und Alleinstellungsmerkmal der PT, rückten im Zuge der andauernden Regierungsbeteiligung zunehmend in die Vergangenheit. Staatseigentum wurde wie Parteieigentum betrachtet.[172] Für den Präsidenten wurde Anfang 2004 ein neues Flugzeug bestellt, was langsam auch der Presse zu viel wurde. Mit *Aero Lula*, wie das Flugzeug in der öffentlichen Diskussion genannt wurde, nehme die Regierung mehr Geld in die Hand als für den Ausbau öffentlicher Abwassersysteme, rechnete die Zeitung *Folha de São Paulo* vor.[173] Etwa zur Mitte der ersten Amtszeit begann sich die allgemein freundliche politische Großwetterlage für Luiz Inácio da Silva und seine Regierung einzutrüben. Und der *Mensalão*-Skandal stand noch bevor.

171 Carvalho, Mario Cesar, Seabra, Catia, Palocci viajou em jatinho emprestado por empresário, https://www1.folha.uol.com.br/fsp/brasil/fc0611200502.htm, in: Folha de São Paulo, aufgerufen am 23. August 2021.

172 Vg. Villa, S. 43.

173 Vgl. Salomon, Marta, Lula gastou mais com seu avião que com saneamento, https://www1.folha.uol.com.br/folha/brasil/ult96u66566.shtml, in: Folha de São Paulo, aufgerufen am 23. August 2021.

Lula forever? Der Lulismus

Beobachtern der brasilianischen Politik sind die Begrifflichkeiten geläufig, die politische Strömungen oder Stile nach ihren Urhebern benennen. Bekannt ist etwa der *Getulismus*, der die Wesenszüge der Politik von Präsident Getúlio Vargas beschreibt, der *Petismus*, der die Politik der PT zusammenfasst, in jüngster Zeit der *Bolsonarismus* oder der *Peemedebismus*. So nannte Marcos Nobre[174] die Politik der PMDB, die er als die wahre Hegemoniekraft der brasilianischen Politik herausarbeitet. Diese Art der Kategorisierung ist zwar eine recht griffige Methode der Binnendifferenzierung, neigt aber bisweilen auch dazu, inhaltsleere Worthülsen zu kreieren. In Deutschland kategorisiert man eher entlang des politischen Spektrums, würde aber vermutlich nicht ohne Weiteres von einen *Genscherismus* oder einem *Brandtismus* reden. Ich will damit nur zu erklären, weshalb im folgenden Kapitel vermehrt vom *Lulismus* die Rede sein wird, durchaus im Gegensatz zum *Petismus*.

Es ist erstaunlich, dass Luiz Inácio Lula da Silva diesen großen Korruptionsskandal nur ein Jahr vor seiner Wiederwahl vordergründig politisch unbeschadet überlebte. Natürlich nahm er langfristig Schaden. Wie wir im nächsten Kapitel sehen werden, erkaufte er sich die Unterstützung seiner ehemaligen Gegner Sarney und Collor und bezahlte teuer dafür. Er beging damit Verrat an seinen militanten Mitstreitern und an seinen Idealen. Daher nannte man ihn die »wandelnde Metamorphose«, nach einem Lied aus den 1960er-Jahren von Raul Seixas, der sang, dass die Person ständig ihre Meinung ändere. Dennoch: Lulas Sympathie- und Zustimmungswerte in der Bevölkerung blieben zunächst praktisch unangetastet. Offenbar war es ihm gelungen, sich in der Wahr-

---

174 Nobre, Marcos, Imobilismo em movimento: da abertura democrática ao governo Dilma. 2013. Companhia das Letras, São Paulo: 204.

nehmung der Menschen als Präsident von der Partei zu lösen. Einen weiteren Grund macht Boris Fausto aus: Lulas volkstümliche Art, seine ungehobelte, griffige Art, sich auszudrücken. Diese benutzten Gegner, um sich über ihn lustig zu machen; bei den Menschen jedoch kam genau das an, was er bald als Stärke zu begreifen begann. »Manchmal frage ich mich schon, warum die Leute mich mögen«, sagte er in dem großen Interview in *A verdade vencerá* (»Die Wahrheit wird siegen«). Die Antwort findet er selbst: »Wegen meines Vokabulars.«[175] Er weiß sich als Staatsmann zu inszenieren. Unzählige Male benutzt Lula den Satz: »Nie zuvor in der Geschichte dieses Landes …« (*nunca antes na história deste pais*), wenn er die Aufmerksamkeit der Menschen erreichen will oder über Wesenszüge seiner Politik spricht – auch wenn es manchmal nicht viel mitzuteilen gibt. Lula versucht den Kümmerer zu verkörpern, den wohlmeinenden Familienvater – »verständnisvoll und gerecht«.[176]

Das gefiel natürlich nicht jedem. Kritiker sahen darin eher einen rückschrittlichen Populismus (*populismo regressivo*),[177] der den Bürgern eine untergeordnete, fast infantilisierte Position zuweist. Aber: Die Sprache des Präsidenten wurde von vielen Menschen, gerade der unteren Bevölkerungsschichten, verstanden. Man darf nicht vergessen, dass dieser Teil bis dahin für die politische Klasse kaum existiert hatte und schon gar nicht ernstgenommen worden war. Lula wendete sich erstmals direkt an diese Bevölkerungsschicht und an das Volk und versuchte nicht, Journalisten und andere Meinungsmacher von seiner Politik zu überzeugen.[178] Lula erwies sich als populärer Kommunikator, weil er den direkten Weg wählte. Da spielte natürlich seine Herkunft aus armen Verhältnissen aus dem Nordosten eine wichtige Rolle. Durch seine Vita konnte er glaubhaft auf Erfahrungen verweisen, die die allermeisten Politiker aus der Oberschicht nicht vorweisen konnten. Seine Worte erschienen vielen nicht als blanke Rhetorik.

175 Da Silva, Luiz Inácio Lula, A verdade vencerá – o povo sabe por que me condenam, São Paulo, 2018, S. 44.
176 Vgl. Fausto, S. 536.
177 Ibid.
178 Vgl. Nobre, Marcos, Imobilismo em movimento: da abertura democrática ao governo Dilma. 2013. Companhia das Letras, São Paulo: 204

Skandale, ein Bruch mit der ehernen Parteimaxime, keine Bündnisse mit Parteien der Mitte und Mitte-Rechts einzugehen – trotz allem stieg Lulas Popularität im Laufe seiner beiden Amtszeiten auf am Ende rund 80 Prozent Zustimmung. Klar, dass das nicht nur Stammwähler der PT sein konnten. Offenbar war es ihm gelungen, sich von der Partei zu entkoppeln und sich als Person, Politiker, Präsident so zu positionieren, dass er seine politische Wählerbasis überragte. Lula wurde sicher wegen, aber von vielen auch trotz seiner Zugehörigkeit zur PT gewählt.

Angesichts einer starken Persönlichkeit an der Spitze einer Bewegung und der damit einhergehenden Personalisierung gibt es immer wieder Stimmen, die dies mit dem Führerprinzip vergleichen, wie es den Nationalsozialismus in Deutschland prägte. Bei näherem Hinsehen erscheint diese Sichtweise als haltlos. Es würde den Rahmen sprengen, dies zu diskutieren, deshalb hier nur drei Gedanken: Ein Merkmal des Führerprinzips ist die absolute Loyalität und Ergebenheit einer Person gegenüber, unter Verletzung verfassungsrechtlicher Bestimmungen.[179] An diesem Punkt endet der Vergleich schon. Auch der unbedingte Gehorsam gegenüber dieser Person und der propagierte Sozialdarwinismus – nur die fähigsten Personen werden zum Führen ausgewählt – passen gar nicht auf Lula, der kaum einen Hehl aus seinen Schwächen und Unzulänglichkeiten macht.

Lulismus ist weniger als personenzentrierte Herrschaftsform zu beschreiben, sondern eher inhaltlich greifbar, als Strukturwandel, der zwar durchaus begrenzt ist, weil viele Agenden der Vorgängerregierung fortgesetzt wurden, aber sich auf den ärmsten Teil der Gesellschaft konzentriert.

Das Phänomen wurde vielfach beschrieben, doch eine plausible Erklärung für das, was gemeinhin als *Lulismus* bezeichnet wird, gelang erst dem früheren Sprecher Lulas, dem Politologen André Singer.[180] Dafür hatte er sich die Veränderungen der Wahl-

---

179 Vgl. Definition der Landeszentrale für politische Bildung Brandenburg, https://www.politische-bildung-brandenburg.de/lexikon/f%C3%BChrerprinzip, aufgerufen am 12. Juli 2021.

180 Singer, André, Guilherme, Evelin, Brazil: Is ›Lulism‹ over?, http://links.org. au/node/3414, in: Links.org, aufgerufen am 12. Juli 2021.

ergebnisse im Verlauf von Lulas Kandidaturen vor und während der Präsidentschaft genauer angeschaut. Dabei stellte er fest, dass eine entscheidende Verschiebung im Wahlverhalten der ärmeren Bevölkerung stattgefunden hatte.

Hatten diese in den Jahrzehnten zuvor verstärkt konservativ gewählt, Experimente gescheut oder pragmatisch gedacht, dass für sie ohnehin keine große Veränderung zu erwarten sei, weil sie bislang nie im Blick der Politik standen, war es ihm 2002, aber viel mehr noch 2006 gelungen, diese Wählergruppe auf die Seite der PT zu ziehen. Nun war da jemand, der ihre Bedürfnisse gezielt in den Blick nahm. Der Nordosten wurde von einer konservativen Hochburg zum »Lula-Land« und Lula damit für viele zur »populären Option«, beschreibt es Singer in einem Interview mit der Zeitung *Folha de São Paulo*.[181]

Das ist insofern bemerkenswert, als Lula damit ein Interesse an der Linken wiedererweckt hat, das es ansatzweise bereits vor der Militärdiktatur gegeben hatte. Jedoch hatte es die damalige linke Partei PTB nie vermocht, nachhaltig Fuß zu fassen. Das war ihm gelungen, untermauert durch die Programme *Bolsa Familia* oder *Fome Zero. Bolsa Familia* blieb über Lula hinaus bestehen und wurde zum festen Bestandteil der Politik. Seine Nachfolgerin Dilma Rousseff sollte es weiter ausbauen, ihr Nachfolger, Interims-Präsident Michel Temer, ließ es unangetastet, und auch der aktuelle Präsident Jair Bolsonaro lernte schnell, dass es zwar ein teures, aber wirksames politisches Instrument ist. Nach anfänglichen Überlegungen, das Programm einzustellen (weil es von der verhassten Linken stammte), nahm er schnell Abstand davon, weil es ihn sofort Popularitätswerte kostete. Wirtschaftsminister Paulo Guedes war es zu teuer, also wurde es etwas umgestrickt und Mitte 2020 in *Renda Brasil* umgetauft. Gerade während der ersten großen Welle der Corona-Pandemie, als die Kritik an Bolsonaro laut und lauter wurde, leistete ihm das Programm gute Dienste uns stützte

181   Vgl. Werneck, Paulo, Cientista político André Singer explica sua tese sobre o lulismo, https://www1.folha.uol.com.br/ilustrissima/2012/08/1139728-cientista-politico-andre-singer-explica-sua-tese-sobre-o-lulismo.shtml, in: Folha de São Paulo, aufgerufen am 29. Juni 2021.

seine Umfragewerte. Erst, als es zurückgefahren wurde, weil sich die Regierung den finanziellen Aufwand nicht weiter leisten wollte, begannen die Umfragewerte insbesondere bei der Empfängergruppe stärker zu sinken. Eine Abschaffung wäre für Bolsonaro auch ohne Corona politischer Selbstmord gewesen. Mit diesem fest verankerten Fokus auf die ärmeren Bevölkerungsschichten hat sich Lula in dieser Klientel nicht nur ein Denkmal gesetzt, er hat zudem die brasilianische Politik generell und dauerhaft neu ausgerichtet. Denn: Diese Errungenschaft wieder zu beseitigen, fordert einen enorm hohen politischen Preis.

Als Ergebnis oder Ausdruck von Populismus möchte Singer den *Lulismus* nicht verstanden wissen. »Das wäre die falsche Analyse«, sagt er im *Folha*-Interview. Denn dies würde ihn als einen Effekt einer »falschen Magie«[182] darstellen, »als ob es eine Täuschung gäbe« – was de facto nicht der Fall ist. Lula versprach nicht nur, er lieferte auch konkrete Ergebnisse.

Der *Lulismus*, so formuliert es Marco Nobre, provozierte eine erneute »Repolarisierung der Politik«.[183] Allerdings nicht horizontal wie 1988, als sich das Feld in rechts und links aufteilte, sondern vielmehr gesellschaftlich vertikal, in arm und reich. So sehr sich die ärmeren Bevölkerungsteile Lula und seiner Politik zuwandten, so sehr wandte sich die Mittelschicht ob der ihr erwachsenden potenziellen Konkurrenz ab. An sich verständlich, wenn auch paradox – zielt der *Lulismus* doch nicht darauf ab, zu radikalisieren. Sein Ziel ist es ja gerade, die Ungleichheit der Gesellschaft ein wenig auszugleichen, was im Interesse aller sein sollte. Sollte man zumindest meinen.

Prinzipien vs. Machtoptionen: Unterstützung für Sarney

Ihre politische Unschuld hatte die PT spätestens mit dem *Mensalão*-Skandal verloren. Nicht nur das: Mit Dirceu, Palocci,

182 Vgl. Werneck, Paulo, Cientista político André Singer explica sua tese sobre o lulismo, https://www1.folha.uol.com.br/ilustrissima/2012/08/1139728-cientista-politico-andre-singer-explica-sua-tese-sobre-o-lulismo.shtml, in: Folha de São Paulo, aufgerufen am 29. Juni 2021.

183 Vgl. Nobre, Marcos, Imobilismo em movimento: da abertura democrática ao governo Dilma. 2013. Companhia das Letras, São Paulo, S. 204

Gushiken und Genoino wurden vier wichtige Unterstützer Lulas aus der ihm nahestehenden PT-Strömung *Campo Majoritário* aus dem Verkehr gezogen. Lula selbst schadete das nicht. Seine Umfragewerte blieben stabil, die Wiederwahl 2006 schien praktisch eine Formsache – auch weil er mit den Themen Mindestlohn und Ausbau von *Bolsa Familia* punkten konnte. 48,6 Prozent der Wählerstimmen erreichte er im ersten Wahlgang, im zweiten waren es 61 Prozent. Doch auch die zweite Amtszeit sollte für die PT einen handfesten Skandal bereithalten, der sie nicht nur weitere Glaubwürdigkeit kosten sollte, sondern mit Marina Silva eine bekannte und anerkannte Umweltpolitikerin.

Eigentlich hätte die Diskussion um Ex-Präsident José Sarney von der PMDB die PT entspannt lassen können. 2009 tauchten Vorwürfe gegen Sarney wegen finanzieller Ungereimtheiten auf. Die Vorwürfe waren nicht neu, stammten noch aus seiner Amtszeit als Präsident von 1985–1989. Doch die Wahl Sarneys im Februar 2009 zum Parlamentspräsidenten – ein einflussreicher Posten – ließ die Vorwürfe erneut hochkochen, sodass sich die Enquete-Kommission des Senats dazu veranlasst sah, einen Untersuchungsausschuss (CPI) einzurichten. Dieser sollte darüber befinden, ob die Vorwürfe strafrechtlich relevant seien und verfolgt werden müssten.

Der Untersuchungsausschuss des Senats setzte sich aus 15 Personen zusammen. Zehn Senatoren, die der Lula-Regierung nahestanden, davon mit João Pedro, Delcídio Amaral und Ideli Salvatti drei Senatoren der PT und fünf Senatoren der Opposition. Die Ausgangslage war klar: Stimmten alle zehn Regierungsnahen für eine Einstellung, wäre die Sache vom Tisch. Schwenkten die drei Petistas um und forderten eine Untersuchung, gäbe es eine knappe Mehrheit dafür. Die drei PT-Senatoren waren gewissermaßen das Zünglein an der Waage.

Lula steckte in einer Zwickmühle. Aus ihrem politischen Selbstverständnis mussten die Petistas eigentlich für eine Verfolgung stimmen. Sarney, der seit Jahrzehnten in der brasilianischen Politik mitmischte, verkörperte das politische Establishment, gegen das sich die PT stets abzuheben versucht hatte. Dass an den Vorwürfen etwas dran war, dürfte außer Frage gestanden sein. Dennoch kam Lula der Untersuchungsausschuss alles andere als gelegen. Im kommenden Jahr 2010 standen Präsidentschaftswahlen an. Lula, der nicht ein drittes Mal für eine Amtszeit kandidieren durfte, musste Vorsorge treffen, wollte er die PT weiter an der Regierung halten. Für ihn selbst war die Sache klar: Er plante, die relativ unbekannte Dilma Rousseff als seine Nachfolgerin vorzuschlagen. Diese war zwar zu jenem Zeitpunkt Chefin der Staatskanzlei als Nachfolgerin Dirceus, jedoch kein PT-Eigengewächs, und damit war schon einmal intern mit Gegenwind zu rechnen. Im Wahlkampf würde er sie durch seine Popularität unterstützen können. Um regieren zu können, würde sie eine starke parlamentarische Mehrheit brauchen – und in dieser Hinsicht führte aus Lulas Sicht kein Weg um die PMDB als Koalitionspartner vorbei. Die PMDB würde jedoch nur auf ein solches Angebot eingehen, wenn die PT ihrerseits einen Loyalitätsbeweis erbrächte. Dafür bot sich nun eine Gelegenheit. Um mit der PMDB ins Geschäft zu kommen, mussten die Ermittlungen gegen Sarney verhindert werden.

PT-Präsident Ricardo Berzoini positionierte sich öffentlich klar gegen eine Verfolgung der Vorwürfe. Der Untersuchungsausschuss werde aus »wahltaktischen Gründen instrumentalisiert«,[184] zitierte ihn *Globo*. Der Geist der gegenwärtigen Radikalisierung biete keine Bedingungen für eine unparteiische Untersuchung, so Berzoini weiter, die Untersuchungen wollten bloß die Beziehung zwischen den Parteien beeinträchtigen, die die Regierung unterstützen oder die Allianzen für die Wahlen im nächsten Jahr bilden könnten. Bemerkenswert offen präsentierte der PT-Präsident die Überlegungen der PT, ohne diese explizit zu äußern. Ohne viel Fantasie konnte man diese Aussagen auch als eine Ermahnung an die eigene Partei verstehen, keine Verfolgung zu fordern. Es musste wieder Ruhe her. Lulas Rechnung ging auf, die Regierungsmehrheit hielt. Mit 9:6 stimmten die Mitglieder des Ausschusses für eine Einstellung der Ermittlung – ein anderer regierungsnaher Senator war umgeschwenkt.

184 Vgl. G1, Berzoini pede votos pelo arquivamento de denúncias no Conselho de Ética, https://g1.globo.com/Noticias/Politica/0,,MUL1272972-5601,00-BERZOINI+PEDE+VOTOS+PELO+ARQUIVAMENTO+DE+DENUN CIAS+NO+CONSELHO+DE+ETICA.html, in: G1 Globo, aufgerufen am 14. Juli 2021.

Der Preis war hoch. Nicht nur, dass die PT innerhalb weniger Jahre erneut den Beweis erbrachte, binnen zweier Jahrzehnte zu einer normalen Partei geworden zu sein – mit Skandalen und allen üblichen Nebenerscheinungen. Der hohe ethische Anspruch bestand nur noch auf dem Papier oder bei einigen Idealisten in der Partei, deren Einfluss jedoch nicht mehr weit zu reichen schien. Diese Episode hatte zur Folge, dass mit Marina Silva eine weitere bekannte Galionsfigur die PT verließ.

Silva, PT-Mitglied von 1985 an, von 2005 bis 2008 Umweltministerin in Lulas Regierung, zog für sich die Konsequenzen und trat aus der Partei aus. In einer Stellungnahme drückte sie ihre Enttäuschung über die Entwicklung aus, die die Partei genommen habe. Die Sarney-Affäre beflecke das Image einer Partei, die in ihren Ursprüngen die Verteidigung von Ethik in der Politik beanspruchte, so Silva, und sich in eine »Wahlmaschine« (*maquina eleitoral*) verwandelt habe.[185] Die Abstimmung, die den belasteten Sarney schützte, sei ein reines Manöver gewesen, um eine Krise an der Basis zu vermeiden und eine Grundlage für die Wahl Dilma Rousseffs als Nachfolgerin Lulas im nächsten Jahr zu schaffen.

Ehe wir uns ansehen, ob dies tatsächlich so war, möchte ich einen Augenblick bei Marina Silva verweilen. Sie steht ein Stück weit für die Abkehr von Idealen und die Hinwendung zu einem pragmatischen, wirtschaftsfreundlichen Politikstil. Als Marina Silva aus der PT austrat, war sie bereits aus Resignation als Umweltministerin zurückgetreten. Ihre Politik stieß im Laufe der Zeit auf wachsenden Widerstand der Bevölkerung, aber auch der Regierung – was sie zunehmend isolierte. Denn ihre Auffassung von Umweltpolitik deckte sich nur bedingt mit den Vorstellungen der Entwicklungsagenda Lulas. Anträge wurden gewissenhaft geprüft, bearbeitet und mit Auflagen versehen, weshalb es immer wieder Kritik seitens der Wirtschaft gab. Umweltpolitik hatte und hat in Brasilien keinen hohen Stellenwert.

---

185 Vg. Alencar, Kennedy, PT salva Sarney, perde Marina Silva e vê »irrevogável« de Mercadante virar piada, https://www1.folha.uol.com.br/fsp/corrida/cr2308200901.htm, in: Folha de São Paulo, aufgerufen am 14. Juli 2021.

Silva stellte sich kritisch gegen Infrastrukturgroßprojekte wie die teilweise Umleitung des Flusses São Francisco in den trockenen Nordosten Brasiliens. 2009 begannen die Bauarbeiten. Das Ziel: den chronisch trockenen und heißen Nordosten, den Sertão, mit Wasser zu versorgen. Die Region zählt zu den unterentwickeltsten Regionen Brasiliens. Mit dem Wasser, so die Hoffnung der Politik, könnte dort endlich in größerem Stil Landwirtschaft betrieben und somit die staubige Halbwüste in blühende Landschaft verwandelt werden. Dafür mussten »nur« zwei Betonrinnen über 400 bzw. 220 Kilometer Länge sowie diverse Hebewerke gebaut werden. Zugleich sollte das abgezweigte Wasser für den Betrieb eines Kraftwerks genutzt werden. Ein lange gehegter Traum, der seit der Kaiserzeit immer wieder aufgegriffen, verworfen und beiseite gelegt worden war, schien nun Wirklichkeit zu werden.

Das alles war nicht nur extrem teuer – veranschlagt waren knapp sieben Milliarden Reais Baukosten (gut zwei Milliarden Euro). Natürlich würde ein solches Projekt auch lange dauern – bis 2025, wie die Planer seinerzeit rechneten. Ein erster Abschnitt wurde Mitte 2020 von Lulas Nachfolger Jair Bolsonaro eingeweiht, der sich dafür ordentlich feiern ließ.[186] Ein solcher Eingriff in die Natur war nicht unumstritten. Kritiker des Projekts mahnten, dass der Rio São Francisco bereits zuvor übernutzt gewesen sei und eine solch massive Wasserentnahme das Gleichgewicht des Flusses stören würde. Lula störte das wenig. Ein Infrastrukturprojekt dieser Größenordnung sollte ein Beweis dafür sein, dass er und seine Regierung willens und in der Lage waren, praktisch Unmögliches zu bewerkstelligen. Noch viel wichtiger: Mit der Wasserversorgung des Nordostens ergab sich für Lula die Möglichkeit, seine persönliche Verbindung zu dieser Region zu beweisen.

Die Amtszeit Lulas war die Zeit der Infrastruktur-Großprojekte. So sollte der Highway 163 von Brasília nach Santarém mit knapp 3 000 Kilometern die als rückständig geltende Amazonasregion endlich besser an den Rest des Landes anbinden – ein alter

---

186 Vgl. Beitrag des Nachrichtenmagazins *Jornal da Recorde* vom 27. Juni 2020, https://www.youtube.com/watch?v=lXGvtnlEZi4, aufgerufen am 16. Juli 2021.

Traum der Brasilianer. Auf der anderen Seite sollte die Strecken-
führung direkt durch indigene und Naturschutzgebiete führen.
Marina Silva schwebte eine andere Art von Umweltpolitik vor.

Beispiel Wasserkraftwerk Belo Monte

Ein Beispiel, weshalb Marina Silva ihr Amt niederlegte und
später die PT verließ, ist, exemplarisch für viele, der Bau des Wasserkraftwerks Belo Monte in Amazonien. Dort wird der Fluß Xingu,
ein Nebenfluss des Amazonas, aufgestaut, um Energie aus Wasserkraft zu erzeugen – gegen alle Widerstände.

Mit dem PAC-Programm (*Programa de Aceleração do Crescimento*) wollte die Regierung Lula das Wirtschaftswachstum an-
kurbeln. Zuständig für die Umsetzung des Programms war die
Chefin der Staatskanzlei, Dilma Rousseff, die Lula als seine Nachfolgerin auserkoren hatte. Ein Großprojekt dieses Programms war
der Staudamm Belo Monte – heute mahnendes Beispiel für Fehl-
planung, Durchdrücken politischen Willens gegen Widerstände
und besseres Wissen und die Illusion sauberer Energieerzeugung.
Doch der Reihe nach.

Den großen Traum, den Amazonas bzw. die Flüsse und Ströme,
die ihn formen, zur Energiegewinnung zu nutzen, gab es lange vor
der Amtszeit der PT. Schon in den 1970er-Jahren kamen erste Pläne
auf, damals noch im ganz großen Stil. 2000 Quadratkilometer
groß hätte der Stausee werden sollen, also gut zwei Mal die Fläche
Berlins, und neben dem Rio Xingu auch gleich den Rio Bacajá
mitaufstauen. Wie gewaltig diese Pläne waren, zeigt sich im Vergleich zu dem, was am Ende herauskam: Gut 500 Quadratkilometer
groß ist der Stausee heute, ein knappes Viertel des ursprünglichen
Plans, aber trotzdem eines der größten Projekte weltweit, mit einer
Nennleistung von 11 Gigawatt hinter dem Drei-Schluchten-Damm
in China und dem brasilianisch-paraguaianischen Itaipú. In den
1980er-Jahren erntete die brasilianische Regierung internationale
Proteste und legte das Projekt wieder auf Eis. 20 Jahre später war
es wieder da, etwas kleiner, anderer Name, aber im Wesentlichen
dasselbe Projekt. Dieses landete auf dem Schreibtisch von Berg-
bauministerin Dilma Rousseff, einer Vertreterin jener Partei, auf
die die Indigenen große Stücke gesetzt hatten. »Nur die PT konnte

Belo Monte bauen, weil niemand glaubte, dass sie es tun würde«, schrieb die brasilianische Schriftstellerin und Dokumentarfilmerin Eliane Brum.[187]

Laut einer Studie der Michigan State University[188] befanden sich 2014 weltweit 3700 Wasserkraftwerke in Planung. Von allen sogenannten erneuerbaren Energien macht laut dieser Studie die Wasserkraft 71 Prozent weltweit aus. In Brasilien sind 662 Wasserkraftwerke am Netz und erzeugen rund 70 Prozent des verbrauchten Stroms.[189] Man kann Brasilien auch zugute halten, dass es trotz seiner enormen Größe nahezu 99 Prozent aller Haushalte an das öffentliche Stromnetz angeschlossen hat.

Noch heute sind die Brasilianer stolz darauf, dass die von ihnen verbrauchte Energie überwiegend aus Wasserkraft stammt. Das ist im Prinzip auch gut – vorausgesetzt, sie wird richtig erzeugt und nicht mit Gewalt der Natur abgerungen, wie das bei Belo Monte und vielen weiteren Projekten der Fall war. Ökologische oder soziale Belange wurden jedenfalls kaum in Betracht gezogen.

Präsident Lula ging es rein um den wirtschaftlichen Aspekt, als er während seiner Amtszeit des PAC in die Projektliste aufnahm. Die PT-Regierung, die sich für die Schaffung von Schutzgebieten für Indigene und von Naturschutzgebieten einsetzten sollte, steckte in einer Zwickmühle. Wie konnte es ihr gelingen, den Bau voranzutreiben, ohne die eigenen Ziele ad absurdum zu führen? Lula tat, was er gerne tut: Er zeigte ein vermeintlich offenes Ohr für die Belange der Betroffenen.

187 Brum, Eliane, Lulas Brasilien oder: Die Illusion der Versöhnung, https://www.blaetter.de/ausgabe/2018/september/lulas-brasilien-oder-die-illusion-der-versoehnung, in: Blätter für deutsche und internationale Politik, aufgerufen am 30. August 2021.

188 Morana, Emilio F., Lopez, Maria Claudia, Moore, Nathan, Müller, Norbert und Hyndman, David W., Sustainable hydropower in the 21st century, https://doi.org/10.1073/pnas.1809426115, in: PNAS November 20, 2018 115 (47) 11891–11898; Erstveröffentlichung 5. November 2018, Michigan State University, USA, 2018, aufgerufen am 19. Juli 2021.

189 Fatheuer, Thomas, Fiedler, Julia, Alter Plan in neuem Gewand: Brasilien will Staudamm Belo Monte in Amazonien bauen, https://www.boell.de/de/navigation/lateinamerika-7779.html, in: Heinrich Böll Stiftung, aufgerufen am 19. Juli 2021.

Wie die Heinrich-Böll-Stiftung berichtete,[190] kam es am 21. Juli 2009 zu einem Treffen zwischen dem brasilianischen Präsidenten Lula, Vertretern der federführenden Unternehmen *Eletrobrás* und *Eletronorte* sowie sozialen Gruppen und Indigenen, die sich gegen den Bau des Wasserkraftwerks aussprachen. Initiiert wurde das Gespräch von Erwin Kräutler, dem Bischof vom Xingu und Präsidenten des Indigenenmissionsrates CIMI. Mehrere mit dem Bau von Belo Monte beauftragte Ingenieure präsentierten die Vorteile des Projektes, das saubere, regenerative und kostengünstige Energie ermögliche. Célio Bermann, Professor für Energie und Elektrotechnik der Universität São Paulo, legte im Gegensatz dazu die negativen Folgen der Errichtung des Wasserkraftwerkes dar. Allerdings: Von den Gegnern des Staudamms wurden gerade einmal acht Personen zum Präsidenten vorgelassen, denen es zudem nicht gestattet war, Aufzeichnungen von dem Gespräch zu machen.

Es kam, so berichtet die Böll-Stiftung, zu der überraschenden Aussage Lulas, Belo Monte nicht um jeden Preis bauen zu lassen. Er forderte die Protestbewegung dazu auf, ihm eine begründete, schriftliche Kritik am Projekt zukommen zu lassen, und bat *Eletrobrás*, ihm einen Bericht über die Projektpläne zuzusenden. Dabei blieb es. Im Februar 2010 gab das Umweltministerium bekannt, die Baugenehmigung zu erteilen. Zuständiger Minister war da schon lange Carlos Minc, der Nachfolger von Marina Silva. Diese hatte sich immer gegen das gigantische Projekt gewehrt, denn ebenso groß wie das Projekt selbst waren die befürchteten negativen Auswirkungen auf die Umwelt.[191]

Aktivisten des *Movimento dos atingidos dos barragens* (MAB)[192]

---

190 Ibid.

191 Auf die negativen Folgen will ich in diesem Kontext nicht weiter eingehen. Erwähnt seien nur die Flutung von hunderten Quadratkilometern Acker- und Siedlungsland und der damit verbundene Methanausstoß, die Umsiedlung Zehntausender meist indigener Anrainer, der Druck für die Region durch einströmende Arbeiter, um nur einige zu nennen.

192 Das Movimento dos Atingidos por Barragens (MAB) ist eine brasilianische politische Organisation, die Ende der 1970er Jahre mit dem Ziel gegründet wurde, die von den Dämmen betroffenen Menschen zu organisieren und zu führen, um ihre Rechte zu verfolgen. Homepage https://mab.org.br/quem-somos/, aufgerufen am 19. Juli 2021.

zogen ein wenig optimistisches Resümee der Veranstaltung: »Seltsamerweise waren die Minister für Umwelt, Bergbau und Energie sowie das Zivilhaus, die zu dem Treffen eingeladen waren, nicht anwesend, als ob das, was der Präsident sagt, nichts mit ihren Aufgaben zu tun hätte. Was könnten sie Wichtigeres zu tun haben, als sich mit der Zukunft des größten und umstrittensten PAC-Projekts zu beschäftigen? An diesem Tag war Dilma Rousseff in den USA bei einem Kopula-Gipfel mit Geschäftsleuten. Das heißt, Treffen mit den wichtigsten Stakeholdern im Unternehmen.«

Lulas Rolle in dieser Sache ist sehr ambivalent, wie die MAB aufzeigt. Noch bei Amtsantritt habe sich Lula als »ein Hüter des Amazonas und seiner Artenvielfalt« präsentiert, dessen Entwicklungsprogramm, insbesondere für die Region »von ökologischer Verantwortung geprägt« sein werde.[193] In diesem Text ein bemerkenswerter Absatz:

»In einem Artikel, den ich damals schrieb (und der mir heute für meine Naivität peinlich ist), kam ich zu dem Schluss, dass Lula einer der ›fünf intelligenten und naturverbundenen Präsidenten‹ sein könnte, die nötig sind, ›um Amazonien zu retten‹.« Das meint Professor Warwick Kerr, Direktor des Nationalen Instituts für Amazonasforschung, mit Blick auf die damals für die nächsten zwanzig Jahre prognostizierte Zerstörung. »Andererseits manifestierte sich dort von Anfang an eine der Haupteigenschaften Lulas, die bis heute präsent ist: seine viel gepriesene Fähigkeit, nach der Amtsübernahme im Wahlkampfmodus zu bleiben und speziell im Umweltbereich einen progressiven Diskurs zu führen, der aber mit der Praxis der Regierung in der realen Welt nicht vereinbar ist«, fährt Kerr fort und folgert durchaus ernüchtert: »Im Laufe der Zeit wurde seine Option für die Internationalisierung der Region immer deutlicher, durch seine bedingungslose Unterstützung für den Export von Agrobusiness, Bergbau und großen Wasserkraftwerken, alles zum Nachteil unserer kulturellen und biologischen Vielfalt.«

193 Movimento dos Atingidos dos Barragens, Belo Monte, Lula e o Monstro, https://mab.org.br/2009/09/01/belo-monte-lula-e-monstro/, in: Movimento dos Atingidos dos Barragens, aufgerufen am 19. Juli 2021.

Tatsächlich ist es so, dass die Berechnungen für die Energieerzeugung von 11 Gigawatt nur auf dem Papier bestand. Gegner und Sachverständige des Projekts wiesen immer wieder darauf hin, dass der Pegel des Xingu-Flusses jährliche Schwankungen aufweist, die eine Volllast der Turbinen nur in drei oder vier Monaten des Jahres ermöglicht. Rechnet man dies mit ein, kommt das Kraftwerk auf drei oder vier Gigawatt Nennleistung. Außerdem war das Kraftwerk, wie der MAB vermutet, nie dazu gedacht, in das nationale Stromnetz einzuspeisen, sondern vielmehr der Schwerindustrie in der Region als Energiequelle zu dienen. Dennoch wurde das Prestigeprojekt, mit rund 19 Milliarden US-Dollar (100 Milliarden Reais) Baukosten (je nach Quelle schwankt die Summe) das größte und teuerste Einzelprojekt der brasilianischen Geschichte, von der PT-Regierung durchgedrückt, übrigens mit deutscher Hilfe. Das Unternehmen *Voith Hydro* war mit einem Großauftrag im dreistelligen Millionenbereich an Umsetzung und Entstehung beteiligt.

Das kirchliche Hilfswerk *Misereor* hat den Bau ebenfalls kritisch begleitet und kommt zu einem ähnlichen Schluss. Keine zehn Kilometer vom Staudamm entfernt liegt die Goldmine des kanadischen Bergbauunternehmens *Belo Sun Mining* an der großen Schleife des Xingu, der *Volta Grande* – einem einstmals besonderen Lebens- und Kulturraum für die indigene Bevölkerung. Das Unternehmen mit Sitz in Toronto plante dort angeblich, pro Jahr 4,5 Tonnen Gold[194] aus dem Untergrund zu fördern. Dass dazu große Mengen hochgiftigen Cyanids benutzt werden, ist weniger bekannt. Auf dem Gelände der Mine wird das vergiftete Abwasser in offenen Staubecken deponiert. Käme es zu einem Dammbruch, hätte das verheerende Folgen. Auch andere große Bergbauunternehmen in der Region, überwiegend ausländische, sollen mit dem Strom von Belo Monte versorgt werden. Die Bevölkerung, die mit den massiven Auswirkungen leben muss, hat also wenig bis nichts von dem Großprojekt, trägt aber das volle Risiko.

194   Kramer, Stefan, Belo Monte: Der wahre Grund hinter dem Bau des Staudamms, https://blog.misereor.de/2017/06/28/belo-monte-der-wahre-grund-hinter-dem-staudamm-bau/, in: Misereor Blog, aufgerufen am 19. Juli 2021.

Schon im Vorfeld wurde mit Belo Monte viel Geld verdient. *Misereor* zitiert als den eigentlichen Grund für das Monsterprojekt[195] den Generalstaatsanwalt Felicio Pontes. Nach seinem Dafürhalten – seine Aussage stammt aus dem Jahr 2017 – gab es einen weiteren Grund: den Korruptionsapparat weiter zu füttern, den die Ermittlungsbehörden seit März 2014 unter dem Namen *Lava Jato* untersuchten. Pontes Befürchtungen sollten sich bewahrheiten. Rund 140 Millionen Reais an Schmiergeldern sollen für den Bau des Staudamms geflossen sein, berichtete unter anderem die Zeitung *Gazeta de Povo*. So soll der Abgeordnete der PMDB Antonio Delfim Netto einer der großen Nutznießer gewesen sein. Er soll laut Zeitung 15 Millionen Reais erhalten haben. Die restlichen 90 Prozent der Summe, so die *Gazeta de Povo*, gingen zu gleichen Teilen an die PT und die PMDB.[196]

Für die Schriftstellerin Eliane Brum steht Belo Monte für vier Merkmale der PT-Politik, die einen großen Beitrag dazu leisten sollte, dass die PT vor allem nach der Übergabe der Macht von Lula an Rousseff so massiv und nachhaltig an Glaubwürdigkeit verlor. Belo Monte ist ein Entwicklungsprojekt, das sich nicht um die Klimakrise schert. Es steht für ein Amazonasbild der Regierung, das den riesigen Naturraum als Explorationsraum für Rohstoffe sieht. Belo Monte, so Brum, steht des Weiteren für Korruption und die Überführung der Waldbevölkerung in den Status armer Stadtbewohner.[197] Noch heute ist die Stadt Altamira, in die viele Indigene zwangsumgesiedelt wurden, einer der größten sozialen Brennpunkte Brasiliens.[198] Dort lässt sich ähnliches Elend antreffen

---

195   Belo Monte wurde von Gegnern auch als Belo Monstro (Monster) bezeichnet.
196   Vgl. Kadanus, Kelli, Belo Monte movimentou pelo menos R$ 140 milhões em propina, diz Lava Jato, https://www.gazetadopovo.com.br/politica/republica/belo-monte-movimentou-pelo-menos-r-140-milhoes-em-propina-diz-lava-jato-5yyri1ntdgamk6uvg7umajqtt/, in: Gazeta de Povo, aufgerufen am 19. Juli 2021.
197   Vgl. Brum, Eliane, Lulas Brasilien oder: Die Illusion der Versöhnung, https://www.blaetter.de/ausgabe/2018/september/lulas-brasilien-oder-die-illusion-der-versoehnung, in: Blätter für deutsche und internationale Politik, aufgerufen am 30. August 2021.
198   Vgl. Nogueira, Danielle, Altamira, A vida na cidade mais violenta do Brasil, https://oglobo.globo.com/politica/altamira-vida-na-cidade-mais-violenta-do-brasil-22183157, in: Globo, aufgerufen am 30. August 2021.

wie in Nordamerika unter den Angehörigen der so genannten First
Nations: Suff, Arbeitslosigkeit, Perspektivlosigkeit und Kriminalität.

Landreformen, die keine waren

Die Landlosenbewegung war eine der großen zivilgesellschaftlichen Gruppierungen, die die PT seit Beginn an unterstützt hatten.
Nun, mit der PT und Lula als Präsident, waren die Hoffnungen
groß, dass die Regierung die Probleme der Landlosen zur Priorität machte – doch sie wurden, wenn nicht enttäuscht, so doch
schwer ernüchtert.

Will eine Regierung in einem Land wie Brasilien den Hunger dauerhaft bekämpfen, muss man den Blick auch auf die Verteilung der zur Verfügung stehenden Anbauflächen richten. Die
Ursprünge der Landwirtschaft während der Kolonialzeit hatten
stets darin gelegen, im Ausland nachgefragte Produkte in großem
Stil effizient zu produzieren. Das geschah in Großbetrieben.[199] Ein
kurzer geschichtlicher Abriss verdeutlicht das.

Die Großbetriebe entstanden auf Basis des Systems der Erbhöfe
und der späteren Nutzung unbebauter Ländereien als Ursprung des
ländlichen Großgrundbesitzes in Brasilien, wie Xico Graziano es
beschreibt. Der Beginn lag im kolonialen Nordosten mit Zucker-
rohr- oder Tabakplantagen. Im 18. Jahrhundert verlagerte sich
die Entwicklung von Minas Gerais in Richtung Zentrum/Süden,
während im Nordosten der Niedergang einsetzte – die Produkte
wurden in der Zwischenzeit auch in anderen Regionen der Welt
angebaut. Das große Warenangebot sorgte für einen Preisverfall.
Andere lukrative Agrarprodukte mussten gefunden und erschlossen
werden. Die Hauptstadt wurde nach Rio de Janeiro verlegt, gleichzeitig drang der Kaffeeanbau in die fruchtbaren Gebiete der São
Paulo-Region vor, die dadurch ab Mitte des 19. Jahrhunderts zur
Hauptquelle des nationalen Reichtums wurde. Die Kaffeebarone,
die Coronéis,[200] prägten gemeinsam mit den Viehbauern bis in die

199   Vgl. Graziano, Xico, Landreform in Brasilien. Integration und Verteilungs-
       mechanismen, in: Konrad-Adenauer-Stiftung, Auslandsinformationen,
       KAS-AI 5/2005, S. 44–70.
200   Der Name stammt aus dem Emboabas-Krieg (1707–1709). Mit der Grün-
       dung der Nationalgarde im Kaiserreich im Jahr 1831, als Patente an Land-

1930er-Jahre die Wirtschaft und die Politik Brasiliens. Fast alle Präsidenten dieser Epoche stammten entweder aus dem Bundesstaat São Paulo oder Minas Gerais.

In derselben Zeit erlebte mit dem Erzabbau auch die Viehzucht in der Steppe von Rio Grande do Sul einen Aufschwung, die Kautschukgewinnung verbreitete sich im Norden, womit die Ausbeutung des Amazonasgebietes begann. Wie auch immer sich der Reichtum entwickelte, der Großgrundbesitz, die Plantage war für die stets auf den Außenmarkt ausgerichtete Produktion zuständig. In der Ära Juscelino Kubitscheks (1956–61) machte Brasilien einen gewaltigen Entwicklungsschritt in die Moderne. Im Hochland entstand die neue Hauptstadt Brasília, die Industrialisierung beschleunigte sich. »Schluss mit dem Großgrundbesitz und Befreiung vom Imperialismus – das war seinerzeit das richtige Rezept gegen Armut und soziale Ungleichheit, die die aufstrebende Nation entwürdigten. In diesem Zusammenhang war die Demokratisierung des Besitzes an Boden ein ökonomisches Muss, d. h. eine Form der Erweiterung der Produktion, der Schaffung des Binnenmarktes und der Förderung des Wachstums in Brasilien. Die Zerschlagung des Großgrundbesitzes war demzufolge wirtschaftlicher Fortschritt, und deshalb erhielt der Reformansatz starke Unterstützung von den nationalen Unternehmern«, so Graziano.

In den 1970er-Jahren begann die sogenannte Grüne Revolution, die eine Technisierung der Landwirtschaft mit sich brachte. Maschinen, nun großflächig eingesetzt, verschafften der Landwirtschaft einen enormen Effizienzzuwachs, die dafür aber mit deutlich weniger Arbeitskräften auskam. Düngemittel und Pestizide, in Brasilien bis heute exzessiv verwendet, taten ihr Übriges. Weitere Produktionssteigerungen der Landwirtschaft bedurften weiterer Flächen. Dafür erhielten vor allem Großbetriebe staatliche Förderungen und wuchsen zu Unternehmen industriellen Ausmaßes heran. Ein paar Zahlen[201] des IGADI[202] können das verdeutlichen:

wirte verkauft wurden, wurde sie formalisiert. Von dort aus kontrollierten sie als lokale Potentaten den lokalen politischen Prozess zur Unterstützung des Reiches.

201 Aus dem Jahr 2004.
202 IGADI Instituto Galego de Análise e Documentación Internacional.

2,8 Prozent der Betriebe besaßen 56,7 Prozent des fruchtbaren Bodens, während 62,2 Prozent der Bauern nur 7,9 Prozent besaßen. Zugleich galten rund 5 Millionen als landlos.[203]

Auch nach der Diktatur wuchsen Agrarbetriebe und Agrarsektor weiter. Allein der Fokus begann sich zu verändern: Die Landfrage wurde nach der Diktatur vermehrt sozial als wirtschaftlich diskutiert. Kurz: Seit Jahrzehnten ist den politischen Regierenden in Brasilien die grundsätzliche Notwendigkeit einer Agrarreform bewusst, vor allem wenn man gleichzeitig sieht, welche Migrationsbewegungen im Laufe der Zeit vom Land in die Industriezentren im Süden eingesetzt haben. Doch alles, was es an Reformen gab, zielte nicht darauf ab, dieser Entwicklung etwas entgegenzusetzen. Man könnte auch überspitzt formulieren: Die armen Menschen, die auf dem Lande keine Perspektiven sahen, für die Stadt aber keine Qualifikation mitbrachten und damit oft im informellen Sektor landeten, waren der Politik lange Zeit herzlich egal. Das sollte sich mit der PT an der Regierung endlich ändern.

Lulas Regierung entwarf einen Nationalen Plan bis zum Jahr 2007. 570 000 Familien sollten bis dahin umgesiedelt werden und eigenes Land zur Bewirtschaftung erhalten. Außerdem beinhaltete der Plan die Legalisierung von 500 000 Personen, die bis dahin unrechtmäßig Land okkupiert hatten, um es zu bewirtschaften. Des Weiteren sollten 2,75 Millionen Arbeitsplätze in diesem Sektor geschaffen werden. Die Erwartungen der Landlosenbewegung MST waren groß, schließlich betrachteten sie Lula als »einen von ihnen«.[204] Doch das Programm, das eines der wichtigsten Themen der PT-Politik werden sollte, kam nur langsam in Gang. 2003 konnten laut *Amnesty International* gerade 37 000 Menschen Land zugewiesen bekommen. Im selben Zeitraum wurden andernorts fast ebenso viele Landarbeiter, nämlich 35 000, vertrieben. 2004

203 Vgl. Bader, Miriam, Lula und die MST: Träumen sie noch vom gleichen Ziel?, https://www.igadi.gal/artigos/2004/mb_lula_e_o_mst_de.htm, in: IGADI Instituto Galego de Análise e Documentación Internacional, aufgerufen am 23. Juli 2021.

204 Vgl. Amnesty International (CH), Landlose: Enttäuscht von Lula, https://www.amnesty.ch/de/ueber-amnesty/publikationen/magazin-amnesty/2005-2/landlose-enttauscht-von-lula#, in: Amnesty.ch, aufgerufen am 23. Juli 2021.

gab es offiziell 60 000 Ansiedlungen, wobei diese laut *Amnesty* wohl auf der Legalisierung bereits besetzter Ländereien basierten. Die PT hätte sicher gerne mehr unternommen. Doch zum einen fehlte es der Regierung an Geld, die großen Flächen freizukaufen. Statt zu enteignen und dann zu verteilen, vergab die Regierung Kredite an Landlose, damit diese den Großgrundbesitzern Land abkaufen konnten. Statt also die Besitzstrukturen anzugehen, legte die Regierung den Schwerpunkt ihres Tuns auf die Liberalisierung des Bodenmarkts. Zum anderen gab es im Politikbetrieb Kräfte, die diese Politik ausbremsen wollten. Die wesentliche ist die sogenannte *bancada boi*, die Bancada der Großgrundbesitzer. Neben der Waffenlobby (*bancada bala*) und den fundamentalistischen Christen (*bancada biblia*) gehört das fraktionsübergreifende Lobbybündnis der agrarischen Großgrundbesitzer zu den größten Bremsklötzen der Landreform, da sie die Interessen derjenigen vertreten, die den Zugang und die Kontrolle über die Ressource haben. Und die Mittel, deren Rechte zu wahren, waren alles andere als zimperlich. Bis heute setzen Großgrundbesitzer bewaffnete Milizen wie das *Primeiro Comando Rural* ein, um sich vor Landbesetzungen zu schützen oder Landbesetzer zu vertreiben – ein blutiger Kampf.[205]

Dabei waren es die Großgrundbesitzer, die seit der Grünen Revolution am meisten vom Agrarsektor profitiert hatten. Diese hatte nämlich weitere Landkonzentrationen zur Folge. Die Abhängigkeit der Landwirtschaft von transnationalen Konzernen als Abnehmer der Produkte war gewachsen, Monokulturen hatten zugenommen, die Ressourcen wurden intensiver ausgebeutet als je zuvor. Zugleich hatte die Entwicklung die Armut der Landbevölkerung verschärft, Ökosysteme zerstört und die Kleinbauern, die innerhalb dieser Strukturen kaum noch vorkamen, immer weiter an den Rand gedrängt. Später sollte Präsident Lula zudem zu den Wegbereitern des flächendeckenden Einsatzes der Gentechnik werden, obwohl er sowohl als Oppositionsführer als auch im Wahlkampf 2002 den Einsatz von genverändertem Saatgut in der Landwirt-

---

205 Vgl. Maschio, José, »Comando ruralista« se arma e pressiona Lula contra MST, https://www1.folha.uol.com.br/fsp/brasil/fc1603200302.htm, in: Folha de São Paulo, aufgerufen am 26. August 2021.

schaft stets abgelehnt und bekämpft hatte.[206] Im Grunde musste Lula ein Spagat gelingen mit einem nachhaltigeren Agrarmodell, das die Produktionsressourcen gerechter verteilt bzw. bislang Ausgeschlossenen einen Zugang dazu schafft, damit die angedachte Landreform auch ihre soziale Wirkung entfalten konnte. Nur mit einem gleichberechtigteren Zugang zu Land wäre eine Basis für eine breitere Demokratisierung der Gesellschaft, für mehr Gleichheit, Gerechtigkeit und Mitbestimmung über die wirtschaftliche Entwicklung zu schaffen.[207]

Wie schwierig Demokratisierung der Landwirtschaft und Befriedigung der Ansprüche politischer Verbündeter für Lula zu verbinden waren, zeigt sich an der Besetzung der relevanten Ministerposten. Für den Posten des Landwirtschaftsministers nominierte Lula Roberto Rodrigues, Agrarwissenschaftler und Landwirt, außerdem Koordinator des Agribusiness Center der Fundação Getúlio Vargas (FGV) und FAO-Sonderbotschafter für Genossenschaften.[208] Rodrigues war vielleicht kein ideologischer Hardliner, aber doch ein Vertreter der dominierenden Landwirtschaft. Daran hat sich bis heute nichts geändert. In einem Interview mit der Vargas-Stiftung,[209] einem der führenden politischen Thinktanks Brasiliens, drückte Rodrigues 2019 seine Hochachtung für die Arbeit

206 Reehag, Regine, Die Weichen sind gestellt – Brasilien auf dem Weg in die transgene Landwirtschaft, in: Lateinamerika Jahrbuch 31: Rohstoffboom mit Risiken, 2007, S. 115–126.

207 Vgl. Schneider, Vilmar, Warten auf die Landreform, https://lateinamerika-nachrichten.de/artikel/warten-auf-die-landreform/, in: Lateinamerika Nachrichten, aufgerufen am 23. Juli 2021.

208 Er war Professor an der Abteilung für ländliche Wirtschaft der UNESP – Jaboticabal-SP und Vorsitzender des OCB – Brasilianischer Genossenschaftsverband, des COSAG – Oberster Rat für Agribusiness der FIESP, des SRB – Brasilianische Gesellschaft für den ländlichen Raum, des ABAG – Brasilianischer Verband für Agribusiness und des ACI – Weltverband der Genossenschaften. Er war außerdem Landwirtschaftsminister des Bundesstaates São Paulo (1993/1994) und Minister für Landwirtschaft, Viehzucht und Versorgung (2003–2006). Quelle: https://gvagro.fgv.br/roberto-rodrigues, aufgerufen am 26. August 2021.

209 Cagliari, Artur, Às vezes é preciso radicalizar para o outro lado, diz ex-ministro da Agricultura, https://gvagro.fgv.br/node/824, in: Fundação Getúlio Vargas (FGV), aufgerufen am 26. August 2021.

der Minister Teresa Cristina (Landwirtschaft) und Ricardo Salles (Umwelt) der Regierung von Bolsonaro aus. Cristina wurde von Umweltschützern der Beiname »Muse des Gifts« verliehen, weil sie vor ihrer Ministerinnentätigkeit in der Chemiebranche tätig war.[210] Ricardo Salles wollte als Umweltminister die Corona-Pandemie nutzen, um unbemerkt Umweltgesetze zu lockern. Er stolperte im Juni 2021 über seine Nähe zur Holzmafia im Amazonasgebiet. Als Minister für Agrarentwicklung schickte Lula den Gewerkschafter Miguel Rosseto ins Rennen, ein PT-Urgestein. Man ahnt es schon: keine konfliktfreie Konstellation.

Druck erhielt die Regierung auch von den Landlosen selbst. Weil es ihnen mit der Umsetzung der Versprechen nicht schnell genug ging, begannen die Landlosen mit Besetzungen. Kurzerhand beschlagnahmten sie Büros des Nationalen Instituts für Agrarreform und Kolonisierung (INCRA) oder blockierten Straßen. Die Regierung unterstützte die Landlosen indirekt, indem sie deren Landbesetzungen weniger kriminalisierte, dafür aber wesentlich schärfer den Einsatz der Milizen gegen diese Besetzungen bestrafte.[211]

Bei der Landverteilung kam die Regierung kaum voran. Da schon Lulas Vorgänger Cardoso brachliegendes Land verteilt hatte, blieb nicht viel mehr übrig, als das Land den Großgrundbesitzern abzukaufen und anschließend zu verteilen. Neben vereinzeltem Missbrauch, bei dem Landlose, die bereits Land erhalten hatten, dies an Großgrundbesitzer zurückverkauften und sich wieder um Land bewarben,[212] erwies sich diese Strategie als viel teurer als ge-

210 Brasilien ist bis heute das Land, in dessen Landwirtschaft weltweit die meisten Pestizide eingesetzt werden. Darunter sind auch viele Stoffe, die beispielsweise in Deutschland und in der EU seit Jahren verboten sind, weil sie als zu gefährlich gelten. Vgl. Lucena, Mariana, Entenda por que o Brasil é o maior consumidor de agrotóxicos do mundo, https://revistagalileu.globo.com/Ciencia/Meio-Ambiente/noticia/2018/05/lider-mundial-brasil-pode-ganhar-mais-agrotoxicos-na-comida.html, in: Revista Galileu, aufgerufen am 26. August 2021. Vgl. auch Heinrich Böll Stiftung, Pestizidatlas 2022: https://www.boell.de/de/pestizidatlas, aufgerufen am 22. Januar 2022.

211 Vgl. Dilger, Gerhard, Ungeduld bei Brasiliens Landlosen, https://taz.de/!800026/, in: TAZ, aufgerufen am 23. Juli 2021.

212 Vgl. Lindenberg, Sonja, Bauernaufstand in Brasilien, https://www.dw.com/de/bauernaufstand-in-brasilien/a-2045966, in: Deutsche Welle (DW), aufgerufen am 23. Juli 2021.

dacht und zunehmend schwer vermittelbar. Pro Ansiedlung zahlte die Regierung ungefähr 100000 Reais. Große Teile des verteilten Landes waren zudem von eher schlechterer Bodenqualität. Eine ganze Reihe ehemaliger Landloser gab schnell wieder auf und verkaufte das Land an Großgrundbesitzer zurück. Wohl auch deshalb, weil diejenigen, die Land erhalten hatten, ursprünglich keine Landarbeiter waren. Es waren vielmehr Arbeitslose aus den Städten, die eine Chance gesehen hatte, auf diesem Wege an ein Auskommen zu gelangen, jedoch nicht über die notwendige Qualifikation verfügten. »Es sind Besitzlose, fast immer arbeitslose Arbeiter, die von der Sozialpolitik der Regierung Hilfe brauchen, jedoch weit davon entfernt sind, zu den ›Landlosen‹ im klassischen Sinne zu gehören, also zu den Ausgeschlossenen auf dem Lande. Sie sind die Elenden aus den Städten. Nimmt man die älteren Ansiedlungen aus, die seit Jahren staatliche Mittel erhalten und so zur neuen Staatsklientel wurden, hat die Verteilung von Boden ganz einfach nur die Armut von einem Ort zum anderen verlagert.« Die Bilanz war eher ernüchternd, wie Graziano zusammenfasst. »Leider zeigt die Realität, dass mit diesem Modell der Landreform keine Entwicklung, weder eine wirtschaftliche noch soziale, gelingt. Die Gewährleistung der Versorgung der angesiedelten Familien mit Lebensmitteln scheint noch das größte Verdienst zu sein.«[213]

Mit der Landreform scheiterte die Regierung aber auch an den vorhandenen Strukturen und dem Widerstand der mächtigen und bestens in die Politik vernetzten Großgrundbesitzer. Der gut gemeinte Ansatz wurde von den vorgefundenen Gegebenheiten, aber zugleich auch von eigenen strategischen und planerischen Fehlern zunichte gemacht.

Lula und die Indigenen

Das Wort »Wandel«, *mudança*, war das Leitmotiv der Antrittsrede, die Luiz Inácio Lula da Silva am 1. Januar 2003 vor dem brasilianischen Kongress hielt und in der er die Schwerpunkte seiner Politik umriss: Hungerbekämpfung, Agrarreform, wirtschaftliche

213 Graziano, S. 60.

Entwicklung und Stärkung der Rolle Brasiliens in der Welt. Das Thema Indigene, mit dem Lula noch den Wahlkampf bestritten hatte, tauchte nur in einem Nebensatz auf, in dem er die Spaltung beschreibt, die er als Präsident zu überwinden versuchen werde. »Wir beginnen heute ein neues Kapitel in der Geschichte Brasiliens, nicht als eine unterwürfige Nation, die ihre Souveränität aufgibt, nicht als eine ungerechte Nation, die dem Leid der Ärmsten tatenlos zusieht, sondern als eine stolze, edle Nation, die sich in der Welt als Nation für alle behauptet, unabhängig von Klasse, Ethnie, Geschlecht oder Glauben.«

Das angesprochene Staudammprojekt Belo Monte kann jedoch sinnbildlich für die Indigenen-Politik der Lula-Ära gesehen werden, die sich nie von dem alten Ansatz einer »Integrationspolitik« befreien konnte. Also des Versuchs, die indigenen Völker in die Lebensweise der Mehrheitsgesellschaft zu integrieren. Schlimmer noch: In einem BBC-Interview sagte die Stammeschefin Raoni Metuktire vom Stamm der Kayapó, dass es nach Lulas Amtszeit zu einer regelrechten Spaltung zwischen den Indigenen und der Regierung Rousseff gekommen sei.[214]

Der Integrations-Ansatz stammte aus der Zeit der Militärdiktatur und hatte nur einen Zweck: den gewaltigen Naturraum zu erschließen und wirtschaftlich nutzbar zu machen. Nebenbei hätte diese Politik beinahe ganze indigene Völker ausgerottet. Die Integration war de facto eine Invasion mit Staudämmen und Straßen, Siedlungen und Bergbau, begleitet von illegalen Abholzungen. Im Bundesstaat Roraima ging es sogar soweit, dass Bergleute das Land des Stammes der Yanomami besetzten.

Nachdem der 1910 gegründete *Serviço de Proteção ao Índio* (»Dienst zum Schutze des Indios«) immer wieder negative Schlagzeilen gemacht hatte, wurde 1967 die *Fundação Nacional do Índio* (FUNAI) gegründet, eine Behörde für die Angelegenheiten der indigenen Bevölkerung. Die Behörde verfolgte bis in die späten 1980er-Jahre eine Politik der Integration und Assimilation in-

214 Fellet, João, ›Nossa luta contra Bolsonaro é a mesma que fizemos contra Lula e Dilma‹, diz cacique Raoni, https://www.bbc.com/portuguese/brasil-50022818, in: BBC Brasil, aufgerufen am 28. August 2021.

digener Völker, die erst später einer zunehmenden Politik der Selbstbestimmung wich, die in der Verfassung von 1988 festgeschrieben worden war. In der Praxis aber blieb die FUNAI zunächst eine Einrichtung, die bei der Erschließung von Bodenschätzen, Holz und Siedlungen behilflich war. Noch heute wird die Behörde von Angehörigen indigener Völker teilweise kritisch gesehen, da sie sehr bürokratisch arbeitet und immer wieder Personal berufen wird, das sich offen gegen die Rechte indigener Völker ausspricht, was auch Indigenenorganisationen wie der *Conselho Indigenista Missionário* (CIMI) feststellt, eine Organisation der brasilianischen Bischofskonferenz, die sich für die Belange indigener Menschen einsetzt. Sie bezeichnet die FUNAI der 1980er-Jahre als »Hochburg indigenenfeindlicher Dienerschaft«.[215]

Erst unter Collor wurden die ersten indigenen Schutzgebiete ausgewiesen. 108 waren es in seinen beiden Amtsjahren. Nachfolger Franco schaffte im selben Zeitraum 20 Schutzgebiete, während Fernando Henrique Cardoso in seiner achtjährigen Amtszeit 147 Gebiete auswies. Die Erwartungen der Indigenen an Lula, mit ihm und der PT käme eine Regierung ans Ruder, die sich ihren Kämpfen früherer Jahre und ihren Ansprüchen verpflichtet sähe, erfüllten sich nicht. Die Demarkation wurde nicht zur Priorität erklärt. Im Gegenteil: Das Tempo verlangsamte sich deutlich. Die Regierung erließ unrechtmäßige Maßnahmen zur Verkleinerung bereits abgegrenzter Gebiete. Zudem, so kritisiert der CIMI, versuchte Lula zwar den Schein zu wahren, indem er den Diskurs mit den Indigenen nach außen hin pflegte. Parallel dazu stimulierte er jedoch genau die Teile, die gegen Indigene eingestellt waren, wie das Wachstumsbeschleunigungsprogramm PAC, in dessen Fahrwassern auch das bereits ad acta gelegte Staudammprojekt Belo Monte wieder aufgetaucht war. Doch nicht nur das. Das PAC war zugleich ein großes Finanzierungs- und Unterstützungsprogramm des Agrobusiness, von Banken, Bauwesen, Staudämmen, Bergbau oder Holzgewinnung. Alles Dinge, die mit dem Schutz von In-

215 Vgl. CIMI, Conjuntura da Política Indigenista: O Presidente Lula e os »entraves« de seus dois mandatos!, https://cimi.org.br/2010/12/31398/, in: CIMI – Conselho Indigenista Missionário, aufgerufen am 30. August 2021.

digenen und deren Siedlungsgebieten nur schwer vereinbar schienen. Indigene, so die Interpretation des CIMI, seien unproduktiv und hätten keine Bedeutung für die Wirtschaft. Schlimmer noch: Sie wurden als Hemmnis für Entwicklung gesehen.[216]

Das lässt sich gut anhand von Zahlen dokumentieren. Nimmt man nur die Waldbrände im Amazonasgebiet, die im Sommer und 2020 und 2021 unter der Regierung von Jair Bolsonaro weltweites Aufsehen erregt hatten, dann stellt man fest, dass die enormen Flächen, die dort verbrannt wurden, gar nicht die größten waren, die in der Geschichte Brasiliens der Brandrodung zum Opfer gefallen waren.

Die Grafiken zu den Waldbränden stammen von der INPE, dem *Instituto Nacional de Pesquisas Espaciais*, dem Nationalen Institut für Weltraumforschung. Die Balken belegen eindrucksvoll, dass die Waldbrände in Amazonien zwischen 2002 und 2010 ihre höchsten Ausschläge hatten – ziemlich genau die Amtszeit Lulas. Man könnte nun hingehen und Verschwörungstheorien erfinden, etwa die INPE als Hort von Lula-Gegnern. Jedoch ist das eher unwahrscheinlich. Als im Sommer 2020 Präsident Jair Bolsonaro den Leiter der Einrichtung, Ricardo Galvão, dazu drängen wollte, keine weitere Daten und Bilder über die Brände zu veröffentlichen, und ihm unterstellte, im Namen von NGOs Stimmung gegen die Regierung machen zu wollen, widersprach dieser dem Präsidenten öffentlich – und wurde geschasst.

Die Lula-Regierung hat es scheinbar nicht verstanden, einen Politikansatz zu entwerfen, der den früheren eigenen Maßgaben und Idealen entsprach. Außerdem war es ihr nicht gelungen, eine Balance zwischen den Bedürfnissen und Wünschen der Indigenen einerseits und den wirtschaftlichen Verheißungen und den damit verbundenen Hoffnungen auf Fortschritt andererseits zu finden. Im Gegenteil: Im Zweifel räumte man dem wirtschaftlichen Vorankommen Vorfahrt ein und agierte damit paradoxerweise in einer Tradition, deren Anfänge bis in die Zeit der Militärdiktatur zurückreichen. Auch strukturell setzte die Regierung Lulas die alte, teilweise sehr alte Indigenenpolitik fort.

216 Ibid.

Häufigkeit von Waldbränden in Brasilien nach Monaten pro Jahr

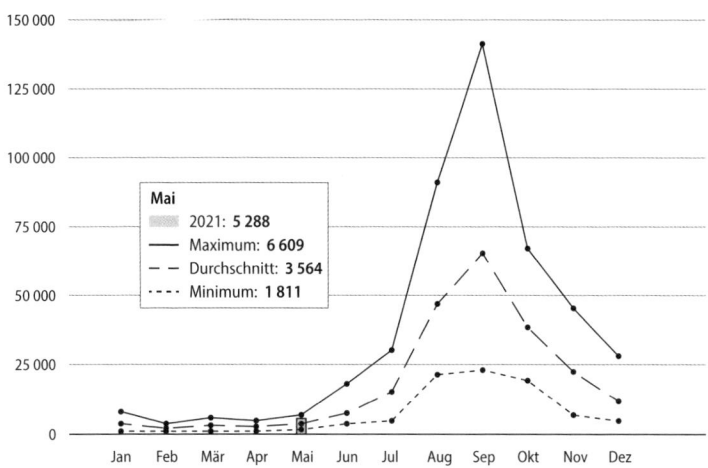

Quelle: Instituto Nacional de Pesquisas Espaciai (INPE)

Anzahl der registrierten Waldbrände im Zeitraum von 1998 bis 2021

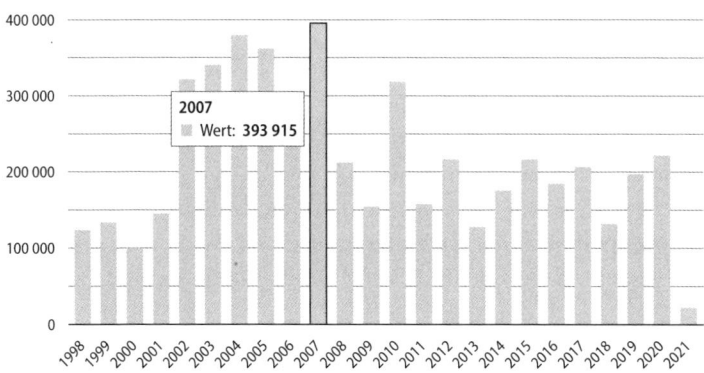

Quelle: Instituto Nacional de Pesquisas Espaciai (INPE)

Aktuell leben nach offiziellen Angaben noch rund 305 indigene Völker im fünf Millionen Quadratkilometer großen brasilianischen Teil des Amazonas-Urwaldes. An der Gesamtbevölkerung des Landes, zurzeit (2021) laut Regierung rund 213 Millionen, machen sie laut der Schutzorganisation Survival International[217] nicht einmal ein halbes Prozent aus. Ihre Schutzgebiete nehmen jedoch etwa 13 Prozent der Fläche Brasiliens ein. Für viele Brasilianer ist das eine Unverhältnismäßigkeit, die dringend einer Korrektur bedarf. Die Politik dachte auch stets so.

Vor allem aus militärischer Perspektive lagen die Indigenen immer im Fokus. Das hing allerdings damit zusammen, dass den Lebensräumen der Völker eine wichtige sicherheitsstrategische Bedeutung beigemessen wurde. Mit dem Dekret 24 700 vom 12. Juli 1934[218] wurde die Indigenenpolitik dem Kriegsministerium unterstellt. Auch als 1967 aus dem *Serviço de Proteção ao Índio* die Indigenenbehörde FUNAI wurde, blieb diese Behörde in den meisten Fällen unter der Leitung eines Militärs. 1983 verfügte Präsident João Baptista de Oliveira Figueiredo eine Neuordnung der Zuständigkeit (Dekret 88 118 vom 23. Februar 1983).[219] Fortan war eine ministeriumsübergreifende Gruppe zuständig, deren Chef General Danilo Venturini wurde, zugleich Generalsekretär des nationalen Sicherheitsrats. Aufgabe der Gruppe war es unter anderem, die Vorschläge zu bewerten, die die FUNAI zur Abgrenzung von Indigenen-Schutzgebieten machte.

Am gesteigerten Interesse des Militärs an der Indigenenfrage änderte sich auch nach dem Ende der Diktatur nicht viel. Präsident José Sarney (ab 1985) vertiefte die Militarisierung der Indigenenpolitik durch das Programm *Calha Norte*, dem praktisch die gesamte Kontrolle in diesem Feld übertragen wurde. So hatte

---

217   Vgl. https://www.survivalinternational.de/indigene/brasiliens, aufgerufen am 4. Oktober 2021.

218   Gesamter Gesetzestext unter: https://www2.camara.leg.br/legin/fed/decret/1930-1939/decreto-24700-12-julho-1934-519729-publicacaooriginal-80372-pe.html, aufgerufen am 2. September 2021.

219   Gesamter Gesetzestext unter: https://www2.camara.leg.br/legin/fed/decret/1980-1987/decreto-88118-23-fevereiro-1983-438548-publicacaooriginal-1-pe.html, aufgerufen am 2. September 2021.

das Militär das letzte Wort, wenn es um den Verlauf von Demarkationslinien ging. Auch Lulas Vorgänger Fernando Henrique Cardoso stärkte die Befugnisse des Militärs, indem er dem Militär und der *Policia Militar* weitgehende Befugnisse innerhalb der Indigenengebiete erteilte.[220] Von da an konnten Militär und Polizei die Schutzgebiete nach Belieben betreten und dort polizeiliche Maßnahmen durchführen, wenn dies im Auftrag der nationalen Sicherheit geschah – ein sehr dehnbarer Begriff.

All dies geschieht im Zuge des historisch internationalen Drucks, den Spanien, Frankreich, England und die USA auf die Region ausüben. Die Debatten in der UNO über die Anerkennung der Souveränität der indigenen Völker bestärken diese Position. Diese Politik wird jedoch nicht von allen Brasilianern gleichermaßen als notwendig unterstützt. Kritiker sehen darin den Versuch einer Einflussnahme, der es weniger um den Schutz der Indigenen, sondern um die Kontrolle über die natürlichen Ressourcen geht und die die Indigenen zu manipulieren versucht. Von daher ist es wenig verwunderlich, dass die Streitkräfte seit den 1960er-Jahren Zehntausende Soldaten in die Region geschickt haben, um das Gebiet zu besetzen. Abgesehen von der strategischen Frage handelt es sich um eine unkontrollierte Region mit einer Fläche von 5 Millionen Quadratkilometern, durch die Schmuggel, Drogenhandel und andere Verbrechen laufen.

Die Regierung Lula stellte das Thema Indigenenpolitik zwar inhaltlich auf breitere Füße, das Militär behielt aber seine Schlüsselposition. Mit dem Dekret 4801 vom 6. August 2003[221] wurde die CREDEN ins Leben gerufen, die *Câmara de Relações Exteriores e Defesa Nacional* (»Rat für Außenbeziehungen und nationale Verteidigung«). Inhaltlich beschäftigte sich das Gremium mit einer breiten Palette an Themen. Neben internationalen Kooperationen in Sicherheits- und Verteidigungsfragen gehörten dazu Grenzfragen, die indigenen Völker, Menschenrechte, Friedensoperationen,

220 Vgl. Dekret 4412 von 7. Oktober 2002, http://www.planalto.gov.br/ccivil_03/ decreto/2002/d4412.htm, aufgerufen am 2. September 2021.

221 Ganzer Gesetzestext unter: https://www2.camara.leg.br/legin/fed/decret/2003/ decreto-4801-6-agosto-2003-403411-publicacaooriginal-1-pe.html, aufgerufen am 2. September 2021.

Drogenhandel und andere internationale Verbrechensarten, Einwanderung und Geheimdienstaktivitäten.

Entsprechend auch die Zusammensetzung des CREDEN, einer Arbeitsgruppe, deren Aufgabe es sein sollte, eine neue Politik für indigene Völker auszuarbeiten. Kernbesetzung sind der Leiter des Kabinetts für institutionelle Sicherheit der Präsidentschaft der Republik, der Leiter der Staatskanzlei, der Justizminister, der Verteidigungsminister, der Außenminister, der Minister für Planung, Haushalt und Verwaltung sowie der Umweltminister. Zudem erhielten die Oberbefehlshaber der Streitkräfte (Heer, Marine, Luftwaffe) einen ständigen Sitz. Interessant an dieser Zusammensetzung ist, dass fast alle Ressorts eingebunden wurden, die sich mit Sicherheitsfragen beschäftigen, die Ministerien für Landwirtschaft und Entwicklung, das Gesundheitsministerium oder auch das Nationale Institut für Sieglung und Landreform (INCRA) und andere Behörden, die den Indigenen inhaltlich wesentlich näherstehen, jedoch außen vor blieben. Auch die Bundesanwaltschaft, deren Aufgabe unter anderem ist, die gerichtliche Vertretung der Rechte und Interessen der indigenen Bevölkerungen zu gewährleisten, war nicht involviert. Ebenso wenig Vertreter indigener Völker – obwohl es für beides eine gesetzliche Grundlage gegeben hätte.[222] Stattdessen durfte der Inlandsgeheimgienst ABIN dabei sein.

Interessenvertreter der Indigenen, wie den CIMI (Conselho Indigenista Missionário), machte dies misstrauisch. Der Indigene Missionsrat ist die Organisation der Katholischen Kirche in Brasilien zum Schutz der Indigen. Für ihn gab es praktisch nur einen Rückschluss: Offenbar betrachtete man die Frage der Indigenenpolitik als reale oder potenzielle Bedrohung für die höchsten Interessen der Gesellschaft und des Landes.[223]

---

222 Für die Beteilligung der indigenen Völker das Dekret 5 051 com 19. April 2004, https://presrepublica.jusbrasil.com.br/legislacao/97798/decreto-5051-04, aufgerufen am 2. September 2021. Im Falle der Bundesanwaltschaft ist dies der Verfassungsartikel 129, Absatz V, https://www.senado.leg.br/atividade/const/con1988/con1988_08.09.2016/art_129_.asp, aufgerufen am 2. September 2021.

223 Vgl. Lacerda, Rosane, O Governo Lula e a visão dos Povos Indígenas como »potenciais de risco à estabilidade institucional«, https://cimi.org.br/

Entsprechend sahen die Schwerpunkte der neuen Indigenen-politik aus. Die Ausbeutung von Ressourcen stand weit oben auf der Themenliste, ebenso die ständigen Interessen der Regierung in den Gebieten, eine neue Rolle für die Indigenenbehörde FUNAI oder die Auswirkung des demografischen Wachstums auf die einheimische Bevölkerung. Für den CIMI eine »besorgniserregende« Themenwahl. Und nicht nur das. Diese Themen und die daraus resultierende politische Ausrichtung sieht er im Widerspruch zu den verfassungsmäßig garantierten Rechten für Indigene, frei auf ihrem Land leben zu dürfen, entsprechend ihren Bräuche, Sitten und Traditionen ohne Einmischung Dritter. Mit dem Blick auf die Ausbeutung von Ressourcen sieht der CIMI vorrangig wirtschaftliche Interessen gegenüber dem Schutz der Bevölkerung.

Für die Indigenen bedeutete diese Ansatz einen Rückschritt. Umso mehr, als er von einer Regierung kam, deren Ansehen bei den Indigenen, aber auch bei Menschenrechtsorganisationen zu Beginn hoch war, weil sie aus der Richtung eines demokratischen und partizipativen Politikansatzes und der Korrektur historischer Fehler gekommen war. Entsprechend groß war die Enttäuschung, dass von der PT einst hart erkämpfte Verfassungskriterien nur ein Vierteljahrhundert später von derselben Partei ausgehebelt zu werden schienen.

Lula tritt ab und setzt Nachfolgerin ein – Dilma Rousseff

Lulas zweite Amtszeit endete mit den höchsten Zustimmungswerten, die ein scheidender Präsident je hatte. Ende 2008, also ein knappes Jahr vor der Wahl, lagen die Umfragen bei mehr als 87 Prozent.[224] Ein Sieg wäre, so es die Verfassung hergegeben hätte, für Lula möglich gewesen. Entsprechende Stimmen für eine Verfassungsänderung wurden aus den Reihen der PT laut.[225] Dabei

2004/06/21638/, in: CIMI – Conselho Indigenista Missionário, aufgerufen am 28. August 2021.

224 Vgl. Villa, Maro Antonio, S. 227.

225 Vgl. Seabra, Katia, Hipótese de 3º mandato de Lula divide eleitorado, https://www1.folha.uol.com.br/fsp/brasil/fc3105200902.htm, in: Folha de São Paulo, aufgerufen am 3. September 2021.

war erst gut zehn Jahre zuvor die zweite Amtszeit für einen Präsidenten beschlossen worden. Verfassungsrechtliche Bedenken und eine gespaltene Meinung in der Bevölkerung führten dazu, dass dieses Ansinnen schnell wieder verschwand. Den Schritt, den man etwa bei Hugo Chávez in Venezuela beobachten konnte, wollte Lula nicht gehen. Sehr viel wahrscheinlicher liebäugelte er mit einer erneuten Kandidatur 2014, was das Wahlrecht, nach einer Legislaturperiode Pause, problemlos hergegeben hätte. Doch wer sollte in der Zwischenzeit Lulas Statthalter sein?

Bei der Nachfolgersuche gab es für Lula und die PT kaum Auswahl. Von ihrer Nähe zum Präsidenten und ihrer strategischen Position in der Partei und Regierung wären die natürlichen Thronfolger Lulas langjähriger treuer Parteipräsident und Kabinettschef José Dirceu oder Finanzminister Antonio Palocci gewesen. Beide kamen aus derselben Grundströmung wie Lula und wären somit Garanten dafür gewesen, den von ihm eingeschlagenen Kurs der Öffnung zu Mitte-Rechts-Parteien fortzuführen. Beide standen nicht mehr zur Verfügung. Der *Mensalão*-Skandal hatte die PT, aber vor allem die Regierungsbank ordentlich durchgeschüttelt und einige Minister verbraucht. Für Palocci war nun Guido Mantega im Amt. Anstelle eines Kabinettschefs hatte sich Lula nach dem unfreiwilligen Abgang Dirceus für eine Kabinettschefin entschieden: Dilma Rousseff, bis dahin Ministerin für Energie und Bergbau, wurde zur Überraschung vieler seine neue rechte Hand.

Sie hatte bis dahin kaum jemand auf dem Schirm. Ein bemerkenswerter Schritt, denn bis dato hatte sie keine Erfahrung auf der großen Politikbühne und nur in Bundesstaaten und auf kommunaler Ebene gearbeitet. Doch im Vorfeld der Wahl machte sie auf sich aufmerksam. Während eines Treffens Mitte 2001, bei dem Luiz Inácio da Silva mögliche Ministerkandidaten für den Fall einer Amtsübernahme diskutieren wollte, tauchte Dilma Rousseff auf. Luiz Pinguelli Rosa, Physiker und aussichtsreicher Kandidat für den Posten des Ministers für Energie und Bergbau, hatte Rousseff zu dem Treffen eingeladen. Zwischen all den Professoren und Gelehrten soll die bis dahin Unbekannte einen guten fachlichen Eindruck hinterlassen haben. 2003 bekam sie den Job. Pinguelli wurde später CEO des Energiekonzerns *Eletrobrás*.

Das alleine ist schon bemerkenswert. Noch bemerkenswerter ist, dass sie ganz ohne PT-Stallgeruch der ersten Regierung der PT angehörte. Dilma Rousseff war erst 2001 in die Partei eingetreten. Das stieß innerhalb der Partei so manchem altgedienten Weggefährten bitter auf. Wie sehr Lula Dilma in dem Amt sehen wollte, illustriert eine Anekdote: José Dirceu soll sogar den Ministerposten für Energie und Bergbau gewissermaßen als Mitgift für eine mögliche Regierungsbeteiligung der PMDB an diese vermakelt haben. Der Deal war so gut wie fix, als Lula seine rechte Hand zurückpfiff und Dilma installierte.[226]

Dabei war Rousseff ebenso politisch sozialisiert worden wie eine Reihe alter PT-Haudegen, nur eben nicht in der Partei selbst. Auch sie war während der Militärdiktatur im Widerstand gewesen. Und man erwischte sie. Sie verbrachte drei Jahre im Gefängnis: von Januar 1970, als sie in der Innenstadt von São Paulo festgenommen wurde, bis Ende 1972, als sie das Tiradentes-Gefängnis wieder verlassen durfte. Damals war sie 25 Jahre alt.

Als Ministerin enttäuschte sie die Erwartungen ihres Mentors Lula nicht. Rousseff, die sich gut mit Finanzminister Antonio Palocci und Stabschef Dirceu verstand, unterstützte den unternehmerfreundlichen Kurs der Regierung, auch wenn einige Entscheidungen dem Selbstverständnis der PT entgegenstanden und auch andere Ministerressorts wenig erfreut waren. Ihre Hauptaufgabe sollte es sein, einen regulatorischen Rahmen für ein neues brasilianisches Elektrizitätsmodell aufzubauen. So geriet sie 2009 mit Umweltministerin Marina Silva aneinander. Rousseff sah es als eine ihrer wichtigsten Aufgaben an, die Kraftwerkskapazitäten aufzustocken, um größere Stromausfälle zu vermeiden, was Silva aus umweltpolitischer Sicht unverantwortlich fand. Gegenüber Lula und seinem Vertrautenkreis erwies sie sich als loyale und fleißige Ministerin. So wurde es langsam Zeit für den nächsten Schritt.

Mit dem *Mensalão*-Korruptionsskandal und seinen Verstrickungen war Stabschef José Dirceu für Lula nicht mehr zu halten, der Druck zu groß geworden. Zudem wollte Lula 2006 wieder-

226 Vgl. Pardellas, Sérgio, A grande parceria, https://istoe.com.br/103645_A+GRANDE+PARCERIA/, in: Istoé, aufgerufen am 1. Juli 2021.

gewählt werden, bis dahin mussten alle Wogen geglättet sein. Plötzlich gab es im engsten Umfeld Lulas einige Leerstellen, wie es Ex-Justizminister Tarso Genro in einem Zeitungsinterview ausdrückte.[227] Auch er dürfte zu den PT-Granden gezählt haben, die sich Chancen ausgerechnet hatten, den einen oder anderen freiwerdenden Posten zu ergattern. Doch daraus wurde nichts. Die Leerstelle auf dem Posten des Stabschefs sollte Dilma füllen. Praktisch dabei: Als frühere Ministerin für Energie und Bergbau erhielt sie einen Sitz im Aufsichtsrat des halbstaatlichen Energieunternehmens Petrobras. Dieser Umstand sollte später noch interessant werden.

In einer Kabinettssitzung soll Lula im Februar 2008 Dilma angedeutet haben, dass sie seine Nachfolgerin werden soll. »Kleine Dilma, bereite dich darauf vor, dass ich eine große Aufgabe für dich haben werde. Vielleicht die größte deines Lebens.«[228] Von da an nahm er sie unter seine Fittiche, nannte sie die »Mutter des PAC«, eines, wie bereits diskutiert, nicht unumstrittenen Konjunkturprogramms. Lula nahm Dilma mit zu wichtigen Treffen und auf Dienstreisen. Er gerierte sich als Mentor, Beschützer und Lehrer. Dass Lula eine Frau für seine Nachfolge auswählte, war ein geschickter Schachzug. Damit konnte er die Liste der Enttäuschten vergleichsweise klein halten. Neben Rousseff wäre wohl nur Marta Suplicy infrage gekommen, die von Lula 2007 vorübergehend zur Tourismusministerin ernannt worden war und als Bürgermeisterin der größten und wichtigsten Metropole, São Paulo, Regierungserfahrung sammeln konnte. Sie war sicherlich bekannter und beliebter als Rousseff, die selbst kurz vor der Wahl kaum eine eigene Popularität entwickeln konnte. Im Oktober 2008 gaben gerade einmal 8,4 Prozent aller Brasilianer an, Dilma ihre Stimme geben zu wollen. Ein knappes Jahr später, wenige Wochen vor der Wahl, stieg dieser Wert auf immer noch magere 14 Prozent.[229]

Beim vierten nationalen Kongress der PT, einer Art Parteitag, am 20. Februar 2010, präsentierte Lula Dilma offiziell als Kandi-

227 Vgl. Cruz, Waldo, »Vazio« no PT fez Dilma candidata, diz Tarso, https://www1.folha.uol.com.br/fsp/brasil/fc0402201012.htm, in: Folha de São Paulo, aufgerufen am 1. Juli 2021.
228 Pardellas, Sérgio, A grande parceria, https://istoe.com.br/103645_A+GRANDE+PARCERIA/, in: Istoé, aufgerufen am 1. Juli 2021.

datin – ohne zuvor die Partei ordentlich konsultiert zu haben, versuchte Lula mit einer Geste »imperialer Willenskraft«[230] Fakten zu schaffen. Die Vorstellung glich einem Feuerwerk an Superlativen und Lobeshymnen. Mit Erfolg: Im Juni verabschiedete die PT Dilma Rousseff als Kandidatin. Einer dritten Amtszeit Lulas, so Spötter, stand damit nicht mehr viel im Wege.

Offenbar reichte der Segen des großen Lula für mehr als die Hälfte der Brasilianer, eine ihnen praktisch unbekannte Kandidatin zur Präsidentin zu wählen – auch ein Beleg für die herausragende Stellung des Präsidenten innerhalb der Anhängerschaft, weit über den Dunstkreis der PT hinaus. Umso erstaunlicher, als Dilma im April 2009, also ein halbes Jahr vor der Wahl, bekanntgegeben hatte, sich einen bösartigen Tumor entfernen zu lassen und sich für die nächsten Monate einer Chemotherapie zu unterziehen. Ihren Job als Ministerin wolle sie aber weiterführen.[231] Für einen Rückzug aus dem politischen Geschäft hätte wohl jeder Verständnis gehabt.

Doch sie zog sich nicht zurück, sondern nahm die doppelte Belastung auf sich. Ein riskantes Manöver, nicht nur für Dilma Rousseff selbst, sondern auch für ihren Mentor. So kurz vor der Wahl einen solch langen Ausfall mit ungewissem Ausgang – da hätten viele Parteien Überlegungen angestellt, wen man anstelle Rousseffs nominieren könnte. Lula hielt trotzdem an Dilma fest. Ob dies aus Überzeugung geschah oder mangels aussichtsreicher Alternativen, darf jeder selbst entscheiden.[232]

Dass Dilma Rousseff und die PT am Ende die Wahl gewinnen konnten, hat sicher in erster Linie mit Lulas Popularität und der Gewissheit der Wähler zu tun, wenn schon nicht ihre Ikone,

229 Vgl. Zibechi, Raul, Dilma Rousseff and the magic of Lula, https://www.theguardian.com/commentisfree/cifamerica/2010/sep/29/brazil-lula-dilma-rousseff, in: Guardian, aufgerufen am 1. Juli 2021.

230 Vgl. Villa, Maro Antonio, S. 217.

231 Vgl. Helal Filho, William, Descoberta de câncer de Dilma levou suspense a sucessão de Lula, há dez anos, https://blogs.oglobo.globo.com/blog-do-acervo/post/escolhida-de-lula-para-presidencia-dilma-anunciou-que-estava-com-cancer-ha-dez-anos.html, in: Globo, aufgerufen am 4. September 2021.

232 Vgl. Fischer-Bollin, Peter, Die Ausnahmeerscheinung Lula im Vorwahljahr, in: Fokus Brasilien der Konrad-Adenauer-Stiftung, Ausgabe 1, Mai 2009.

dann wenigstens die von ihm auserkorene Platzhalterin wählen zu können. Ein Versuch, der acht Jahre später, bei der Wahl 2018, nicht funktionieren sollte. Da war Lula zunächst als Kandidat angetreten, verlor aber sein Wahlrecht, weil er kurz vor der Wahl zu einer Freiheitsstrafe verurteilt worden war, auf deren nähere Umstände ich noch eingehen werde. Anstelle von Lula schickte die PT den früheren Bürgermeister von São Paulo, Fernando Haddad, ins Rennen gegen Jair Bolsonaro. Der Slogan lautete damals: Haddad ist Lula, *Haddad é Lula*.[233] Am Ende siegte Bolsonaro.

Am 29. März 2010 hatte Lula noch schnell das Konjunkturprogramm PAC 2 gestartet – obwohl die Projekte im ersten Programm PAC längst nicht alle abgeschlossen waren. Zudem hatte im Jahr zuvor der brasilianische Bundesrechnungshof TCU empfohlen, 15 der 99 Projekte des ersten PAC wegen der viel zu hohen Kosten zu stoppen. Warum also ein weiteres Wachstumspaket schaffen? Die Botschaft war klar: Brasilien soll weiter wachsen. Zwar war das Land 2010 erstmals seit längerem in eine Rezession gerutscht, doch es brauchte positive Nachrichten. Auch wenn die nächsten Wahlen vor der Türe standen und noch lange nicht klar war, wer gewinnen würde – Lula bzw. die Regierung versuchte ihren Regierungsanspruch über die Wahl hinaus zu dokumentieren. Und als ob man der Wichtigkeit des Programms auch optisch Nachdruck verleihen müsste, ließ Lula zur Vorstellung die halbe Politikelite des Landes antanzen: 30 Minister, 18 Gouverneure und etliche Abgeordnete.

Ein Grund, weshalb die PT 2010 in die dritte Regierungszeit durfte, war sicher auch die relativ schwache Konkurrenz der PSDB. Dieser gelang es nicht, sich zwischen den beiden Kandidaten José Serra und Aécio Neves zu entscheiden. Zudem fehlte es an griffigen Inhalten. Statt eigene Inhalte zu präsentieren, schaffte es Serra sogar, Lula in einen seiner Werbespots einzubauen. So, als wollte er sagen: Seht her, ich bin der Erbe von Lula, seine Politik bleibt unangetastet. Es reichte, dass die PT die Angst schürte, eine PSDB-Regierung würde den Armen das Sozialprogramm *Bolsa Familia* zusammenstreichen. Dieses neoliberale Schreckgespenst

233 Der Wahlwerbespot zur Kampagne: https://www.youtube.com/watch?v= RsCMbbUGO5w, aufgerufen am 4. September 2021.

verfing auch deshalb so gut, weil die Weltwirtschaft 2009 in eine massive Finanzkrise gerutscht war. Hauptleidtragende waren zwar die Volkswirtschaften der USA und der EU-Staaten, aber das Erdbeben war weltweit spürbar gewesen. Mit der PT an der Macht, so die Botschaft, müsse das brasilianische Volk nicht unter den Folgen der Wirtschaftskrise leiden. Am Ende entschieden sich die Wähler nicht zwischen Rousseff und Serra, sondern zwischen zwei Kopien, wovon eine das Original selbst geformt hatte.

Kurz vor Weihnachten und der Amtsübernahme stellte Dilma Rousseff ihr neues Kabinett vor. 37 Ministerposten waren zu vergeben. Michel Temer von der PMDB hatte bereits frühzeitig das Amt des Vizes angedient bekommen. 16 Ministerien behielt die PT, die als größte Fraktion in den Kongress eingezogen war. Sechs Ministerien gingen an die PMDB. Zwei Ministerposten erhielt die PSB. PP, PR, PDT und PCdoB bekamen je ein Ministerium. Weitere acht Stellen wurden mit parteilosen Kandidaten besetzt – *petistas enrustidos*, »vertrauenswürdige Petisten«, wie es Marco Antonio Villa ausdrückt.[234]

2010: Dilma muss nun ohne Lula regieren

Dilma Rousseff trat am 1.1.2010 als erste Frau in der Geschichte Brasiliens das Amt als Präsidentin des größten Landes Südamerikas an. Zu ihrer Amtseinführung am 1. Januar 2011 kamen jedoch deutlich weniger Zuschauer, als dies bei Lula der Fall gewesen war – sie hatte nicht seine Strahlkraft. Auch ihre Antrittsrede wirkte eher nüchtern und sachlich, oder wie Villa schreibt: Dilma »präsentierte ihr Wahlprogramm mit der Energie eines Bürokraten im real existierenden Sozialismus«.[235] Detail am Rande: Als sie ankündigte, die Korruption im Land stärker bekämpfen zu wollen, erhielt sie ausgerechnet von José Dirceu Beifall.

Ganz unbelastet ging sie nicht ins Amt. Konnte Lula noch zu Beginn seiner Amtszeit die Ernte der Politik seines Vorgängers Fernando Henrique Cardoso einfahren, hatte sich die politische und wirtschaftliche Großwetterlage eingetrübt.

234 Vgl. Villa, Maro Antonio, S. 227.
235 Ebenda, S. 232.

Übergang von Lula zu Dilma –
Sozialpolitik: Positive Effekte verpuffen schnell

Der Glanz der ersten PT-Jahre war verblasst. Konnten Lula und seine Regierung zu Beginn noch von den Weichenstellungen Cardosos profitieren, verschlechterte sich gegen Ende der zweiten Amtszeit Lulas die Wirtschaftslage. Laut Daten der Weltbank[236] schafften es 29 Millionen Brasilianer, die Armut hinter sich zu lassen. 39 Millionen[237] schafften laut der PT-nahen Stiftung Perseu Abramo sogar den Sprung in die Mittelklasse. Das Einkommen der ärmsten 40 Prozent der Bevölkerung stieg zwischen 2003 und 2014 um durchschnittlich 7,1 Prozent pro Jahr, für den Rest der Bevölkerung im Schnitt um 4,4 Prozent. Die Arbeitslosigkeit halbierte sich. Dass dies nicht von langer Dauer und nachhaltig sein würde, kann man rückblickend am besten in der Gesamtschau betrachten – weshalb ich es als sinnvoll erachte, die makroökonomische Entwicklung der ersten Dekade des Jahrtausends bzw. der beiden Amtszeiten Lulas als Gesamtheit zu betrachten. Das beinhaltet eine kleine Vorwegnahme der zweiten Amtszeit Lulas und auch der Amtszeit Rousseffs.

Es waren vor allem Menschen aus den untersten Schichten, die nun ein paar Reais mehr in der Tasche hatten und dieses Geld in den privaten Konsum steckten. Nachhaltig war das nicht. Im Gegenteil: Billige Kredite befeuerten die Tendenz zum Konsum, zumal in Brasilien praktisch alles auf Pump gekauft werden kann. Selbst an der Supermarktkasse wird der Kunde gefragt, ob er den Einkauf auf einmal bezahlen möchte, also *à vista*, oder verteilt auf bis zu zwölf Monatsraten – ein verlockendes Angebot, zumal dies ohne große Bonitätsprüfung geschieht. Viele Brasilianer landeten so in der Schuldenfalle.

Um die mangelnde Nachfrage nach brasilianischen Industrieprodukten anzukurbeln, setzte die PT-Regierung ein Binnenkonjunkturprogramm in Gang. Die öffentliche Hand stützte die

236 Vgl. https://www.worldbank.org/en/country/brazil/overview (aufgerufen am 22.10.19)
237 Cagliari, Artur, Às vezes é preciso radicalizar para o outro lado, diz ex-ministro da Agricultura, https://gvagro.fgv.br/node/824, in: Fundação Getúlio Vargas (FGV), aufgerufen am 26. August 2021.

Wirtschaft durch große Bau- und Infrastrukturaufträge. Die Fuß-
ball-WM 2014 und die Olympischen Spiele 2016 in Rio sollten
diesen Effekt noch beschleunigen. Stadien und Sportstätten entstanden oder wurden teuer saniert, in Rio de Janeiro wurde die Erweiterung des Metronetzes in Angriff genommen. Unter dem Strich
lief es zunächst gut. Selbst die Immobilienkrise von 2008/09 ließ
die brasilianische Wirtschaft relativ unbeeindruckt. Die Binnen-
nachfrage erwies sich als stabil und groß genug, um Schlimme-
res zu verhindern. Um sicherzugehen, dass die Nachfrage nicht
abreiße, schuf die Regierung Steuervergünstigungen und Kredite
ohne Bonitätsprüfung für den Kauf von Autos, Elektrogeräten
oder Baudienstleistungen.

Brasilien erlebte zum Ende der Amtszeit Lulas die erste kleine
Rezession seit langem. Außerdem hatte die PT durch Skandale und
Skandälchen an Glaubwürdigkeit eingebüßt. War es Lula noch
gelungen, den *Mensalão*-Skandal weitgehend an sich abperlen zu
lassen, geriet am Ende auch er in die Kritik. So sollen seine Söhne
kurz vor Ende der Legislaturperiode Diplomatenpässe ausgestellt
bekommen haben.[238] Und sie waren nicht die Einzigen, die großzügig versorgt wurden. 328 weitere Personen genossen ein ähnliches
Privileg.[239] Auch Lula selbst war gerne unterwegs, 267 Amtsreisen in
83 Länder, viermal besuchte er alleine Kuba – das sind im Schnitt
etwa drei pro Monat. In 68 Ländern eröffnete Brasilien neue Botschaften und Konsulate.[240]

Die Stabilität war trügerisch. Der Boom beruhte nicht zuletzt auf der Verheißung gewaltiger Öleinnahmen. 2006 waren
vor der Küste Brasiliens riesige Ölvorkommen gefunden worden,
sogenanntes Vorsalzöl[241] zwar, das wesentlich tiefer in der Erde la-

---

238 Vgl. G1, Itamaraty dá passaporte diplomático a dois filhos de Lula, diz jor-
      nal, http://g1.globo.com/politica/noticia/2011/01/itamaraty-da-passaporte-
      diplomatico-dois-filhos-de-lula-diz-jornal.html, in: G1 Globo, aufgerufen
      am 13. September 2021.
239 Vgl. Villa, Maro Antonio, S. 238.
240 Ebenda, S. 223.
241 Die Ölreserven, die man als Vorsalzöl (pre-salt) bezeichnet, liegen in den
      brasilianischen Hoheitsgewässern vor der Küste. Die Vorkommen erstrecken
      sich vom Bundesstaat Espírito Santo bis Santa Catarina im Süden. Das Öl
      sei von mittlerer bis hoher Qualität, urteilt das American Petroleum Institute

gert und teurer in der Gewinnung ist, doch das schien in Zeiten hoher Rohstoffpreise keine Rolle zu spielen. Welch ein Irrtum.

Zu dieser Zeit begannen die USA, mit der ökologisch hoch umstrittenen Fracking-Methode ihre eigene Förderung stark auszuweiten, ihr Öl in den Weltmarkt zu pumpen und damit für ein Überangebot zu sorgen. So begann der Ölpreis zu sinken. Das traf nicht nur das sozialistisch regierte Venezuela, dessen Wirtschaft nahezu ausschließlich auf Öl basierte. Auch die noch immer stark rohstoffabhängige Wirtschaft Brasiliens kam ins Taumeln. Auch das war den USA durchaus genehm, galt es doch, die linke Regierung in Brasilien nicht zu stark und selbstbewusst werden zu lassen.

Der Ölpreis blieb eine Zeit lang im Keller. Ausbaden musste das Dilma. Sie bewies jedoch wenig staatslenkerisches Geschick. Kritiker behaupten gar: Sie tat nichts.

Rousseff versuchte, um Kosten zu senken, die Gehälter in den öffentlichen Unternehmen wie bei den Energieversorgern einzufrieren – mit begrenztem Erfolg. Die Unternehmen gaben den Druck an die Verbraucher weiter, die Preise stiegen. Rousseff versuchte, wie Lula, den Markt mit Subventionen und Steuererleichterungen stabil zu halten. Doch viele Menschen verloren ihre eben erst gewonnenen Jobs wieder, der informelle Sektor wuchs. Im Straßenbild tauchten verstärkt fliegende Händler auf.

Alle Erfolge der Regierung bei der Eindämmung der Armut hatten nichts daran geändert, dass unter der dünnen Schicht des allgemeinen Aufschwungs weiterhin eine riesige soziale Ungleichheit bestand. Das Wirtschaftsmagazin *Forbes* platzierte Brasilien jüngst auf Rang zwölf der Länder mit der höchsten Milliardärsdichte. Fünf Prozent der Bevölkerung besitzen so viel wie der gesamte Rest. Die sechs reichsten Milliardäre des Landes besitzen so viel wie die 100 Millionen Ärmsten – fast die Hälfte der Be-

(API), größter Interessenverband der Öl- und Gasindustrie einschließlich der petrochemischen Industrie in den USA. Die Ölvorkommen befinden sich in bis zu 8 000 Metern Tiefe unterhalb einer Salzschicht, die zwischen 200 und 2 000 Metern dick sein soll. Die Vorkommen werden auf 50 Milliarden Barrel geschätzt. Bis zu diesem Zeitpunkt waren Brasiliens Ölreserven auf insgesamt 14 Milliarden Barrel geschätzt worden. Vgl. http://large.stanford. edu/courses/2011/ph240/waisberg1/

völkerung. Angesichts so gewaltiger sozialer Spannungen genügte 2013 die bloße Ankündigung, die Fahrpreise im Nahverkehr leicht anzuheben, um die fragile, mühsam hergestellte soziale Stabilität wieder zu zerstören und die Menschen auf die Straße zu treiben.

Grund zur Unzufriedenheit hatten nicht nur die Ärmsten, die ihren bescheidenen Wohlstand fast genauso schnell wieder verloren, wie er ihnen zugefallen war, und nunmehr nicht selten auf einem zusätzlichen Schuldenberg saßen. Der etablierten Mittelschicht war durch die vorübergehenden Aufsteiger aus den unteren Schichten plötzlich Konkurrenz erwachsen. Das ließ bei den Betroffenen Verlustängste aufkommen. Viele mussten sich statt nach oben plötzlich nach unten orientieren. Und die dünne Oberschicht musste vorübergehend damit zu leben lernen, dass plötzlich auch Schwarze und farbige Brasilianer sich Konsum und Reisen leisten konnten. Quer durch die Bevölkerungsschichten wuchs die Sehnsucht nach jemandem, der den Karren wieder aus dem Dreck zieht. Neben das Bedürfnis nach sozialer Sicherheit traten dabei der Wunsch nach mehr Ordnung und Sicherheit und weniger Korruption – oder die Nostalgie nach der »guten alten Zeit« mit gewachsenen Hierarchien.[242]

Vergangenheit holt Dilma ein

Wirtschaftlich durchlebte die Rousseff-Regierung deutlich schwierigere Zeiten, als das bei Lula der Fall gewesen war. Für große Projekte, die Brasiliens Entwicklung vorantreiben sollten, fehlte zunehmend das Geld. In der Sozialpolitik versuchte Rousseff, mit großen Umverteilungsprogrammen die Politik ihres Vorgängers fortzusetzen. Doch Rückschläge in Form kleinerer und größerer Skandale und ein sich verdüsterndes Wirtschaftsklima spielten ihr nicht in die Karten. So geriet Brasilien von 2013 an allmählich dauerhaft in die Rezession. Die Inflation stieg, die Arbeitslosigkeit auch, während die Wirtschaft schrumpfte. Für Rousseff wurde das Regieren nicht leichter.

Immer wieder holte sie die Vergangenheit ein. Antonio Palocci hatte Dilmas politische Karriere zu Beginn befördert, als er

242 Vgl. Prutsch, S. 131

sie Lula gegenüber lobend erwähnte. Palocci war aber auch einer der ersten, der Dilma Rousseff in ihrem neuen Amt große Kopfzerbrechen bereitete. Inzwischen war er aus der *Mensalão*-Versenkung wieder aufgetaucht, bekleidete im neuen Kabinett das Amt des Stabschefs und war damit ein wichtiges kommunikatives Bindeglied zwischen Lula und Dilma, deren wichtigster Minister er nun war. Aber nur sechs Monate lang. Einer Zeitung war aufgefallen, dass sich Paloccis Vermögen in nur wenigen Jahren rasant vermehrt hatte; schneller, als dies bei seinen bekannten Einkünften hätte sein können.[243] Statt, wie Beobachter vermuteten, eine Sensibilität für Moderations- und Verwaltungssituationen zu entwickeln, mit dem es Lula stets gelungen war, das heterogene Parteiengefüge, das seine Regierung unterstützte, bei Laune zu halten, war sie nun gezwungen, hart zu reagieren – der *Mensalão*-Skandal war im kollektiven Gedächtnis sehr präsent. Rousseff setzte nicht nur Palocci den Stuhl vor die Tür. Sie kündigte nach dem Vorfall eine »ethische Säuberung« innerhalb der Regierung an. Aufgrund dessen mussten 2011 sieben Minister ihr Amt aufgeben; die Zustimmung für Rousseffs Politik in der Bevölkerung stieg. Paloccis Nachfolgerin als Stabschefin wurde Gleisi Hoffmann. Aus PT-Sicht etwas unglücklich: Ehemann Paulo Bernardo war zur selben Zeit Minister für Kommunikation. Man darf sich schon fragen, wie eine PT in der Opposition es bewertet hätte, wenn in einer Regierung zwei Ministerien von zwei Ehepartnern geleitet werden. Einige Jahre danach wurden beide im Zuge des *Lava Jato* der Korruption beschuldigt.[244]

Allmählich versuchte Rousseff, ein eigenes Profil zu entwickeln. So brachte sie weitere Umverteilungsprogramme und Initiativen

---

243 Vgl. Globo, Palocci amplia patrimônio 20 vezes, diz jornal; oposição pede explicação, http://g1.globo.com/politica/noticia/2011/05/palocci-tem-patrimonio-multiplicado-20-vezes-e-oposicao-quer-explicacao.html?_ga=2.191599786.1693710215.1631000692-fecfbdfc-1238-b610-290e-36d09d6c1cab, in: Globo, aufgerufen am 7. September 2021.

244 Vgl. Borges, Laryssa, PF indicia Gleisi Hoffmann e Paulo Bernardo por corrupção, https://web.archive.org/web/20160403043130/http://veja.abril.com.br/noticia/brasil/gleisi-hoffman-e-paulo-bernardo-sao-indiciados-pela-pf, in: Veja, aufgerufen am 13. September 2021.

auf den Weg, um die Zivilgesellschaft zu stärken. Mit dem *Plano Brasil Sem Miséra* (»Programm Brasilien ohne Armut«) legte sie ein Programm auf, das an die großen Erfolge der *Bolsa Familia* anknüpfen und es ausweiten sollte. Auch das Wohnbauprogramm *Minha casa minha vida* (»Mein Haus, mein Leben«), das nach mehreren Jahren Planung 2009 gestartet wurde, wurde ausgebaut.

Ein Informationsfreiheitsgesetz beendete die ewige Geheimhaltung, die bis dahin über die Herausgabe von Akten und Dokumenten verhängt werden konnte. Später in der Legislaturperiode kam ein Anti-Korruptionsgesetz hinzu, und eine Wahrheitskommission wurde ins Leben gerufen, die Menschenrechtsverletzungen von 1946–88 untersuchen sollte. Hinzu kam ein Forstgesetz, für das alle Eigentümer von Flächen in einem Umweltregister zusammengefasst werden sollten. Im selben Jahr startete die Regierung das Programm *Mais Medicos*, ein Hilfsprogramm für entlegene Regionen Brasiliens, in denen der staatliche Gesundheitsdienst SUS und die ärztliche Versorgung schlecht ausgebaut sind. Ein Hintergrund war auch, dass Medizinstudenten nach dem Studium in die großen Städte ziehen, weil dort wesentlich leichter und mehr Geld verdient werden kann. Die PT-Regierung ließ ihre guten Kontakte zur sozialistischen Regierung in Kuba spielen. Der Deal: Kuba entsendet Ärzte nach Brasilien, dafür werden diese von der brasilianischen Regierung bezahlt. Wie sich später herausstellte, hatte das Ganze mehrere Haken: Von dem Geld, das Brasilien bezahlte, floss der überwiegende Teil nicht an die Ärzte, sondern an die kubanische Regierung. Dafür behielten die Kubaner sich vor, die Pässe der Ärzte einzubehalten, damit sich diese nicht dauerhaft vom Mutterland entfernen konnten. Und um ganz sicher zu gehen, war es den kubanischen Ärzten nicht erlaubt, mit ihren Familien nach Brasilien zu kommen. Auch das eine Sicherheitsmaßnahme gegen Absetzbewegungen.

Dilma Rousseff brachte einiges auf den Weg. Im September 2013 unterschrieb sie das Gesetz Lei 12 858/2013. Darin wird festgelegt, dass 75 Prozent der Einnahmen aus dem Verkauf von Erdöl und Erdgas in den Ausbau des Bildungssektors fließen sollen, die restlichen 25 Prozent in die Verbesserung des Gesundheitssystems. Doch manche hoffnungsvollen Ansätze drohten schon, im Getöse der sich langsam formierenden Proteste gegen sie unterzugehen bzw. sanken die Preise derart in den Keller, dass sich die Ausbeutung des Öls kaum mehr lohnte.

Bei anderen, harten politischen Themen wie der Agrar- und Rentenreform oder dem Dialog mit den Gewerkschaften tat sich Rousseff schwerer. Sie war vom Wesen her eine anderer Typus Politiker als ihr Vorgänger und Mentor. Keine leutselige Volkstribunin, die den großen Auftritt und das Bad in der Menge liebt, sondern eine nüchterne Verwaltungschefin mit hohem Sachverstand und Fachkenntnis, aber wenig Charisma. Das kam nach außen wie nach innen nicht immer gut an. Wäre es mit Wachstum und weiter zunehmendem Wohlstand weitergegangen wie zuvor – es wäre den Brasilianern vermutlich herzlich egal gewesen, dass ihre Präsidentin »nur« ihren Job machte. Doch die wirtschaftliche Situation verschlechterte sich, die Menschen gingen auf die Straßen, die Unzufriedenheit wuchs und damit auch der Druck auf Rousseff.

2014: Die Wiederwahl wird knapp geschafft

Bei der Wahl 2014 schaffte es Dilma Rousseff noch einmal, sich im zweiten Wahlgang mit knappem Vorsprung gegen Aécio Neves von den alten Konkurrenten der PSDB durchzusetzen und Präsidentin zu bleiben. Noch hielt eine Mehrheit des Wahlvolks der PT die Stange. Gerade einmal 3,4 Millionen Stimmen mehr errang Dilma Rousseff. Vor allem im armen Norden und Nordosten, wo viele Menschen von den Sozialprogrammen der Linksregierung profitierten, gaben die Menschen Rousseff ihre Stimme. Der Wahlausgang war so knapp, dass anfangs vereinzelt der Verdacht des Wahlbetrugs geäußert wurde, wofür sich aber nie Beweise fanden. Aktualität erhielt diese Scheindebatte erst sieben Jahre später, als im Frühjahr 2021 der amtierenden Präsident Jair Bolsonaro Beweise zu haben glaubte, um zu belegen, dass damals betrogen worden sei.[245] Dazu muss man wissen: Bolsonaro war

---

245 Vgl. Bittencourt, Julinho, Bolsonaro diz ter »provas« que Aécio venceu de Dilma Rousseff as eleições de 2014, https://revistaforum.com.br/politica/bolsonaro-diz-ter-provas-que-aecio-venceu-de-dilma-rousseff-as-eleicoes-de-2014/, in: Revista Forum, aufgerufen am 20. September 2021.

seit Beginn der Diskussion elektronischer Wahlurnen gegen deren Einführung. Immer wieder äußerte er sich kritisch, unkte von Betrugsmöglichkeiten, für die er bislang jedoch keine Beweise liefern konnte. Bolsonaro hatte vielmehr ein eigenes Motiv für die Behauptungen. Seine Umfragewerte sind im Verlauf der Covid-Pandemie ziemlich abgerutscht, er muss um die Wiederwahl fürchten. Mit der Diskussion versucht er, die Wähler zu verunsichern und seine Anhänger zu mobilisieren.

Bei ihrer Rede bedankte sich Rousseff zunächst bei Lula, dem »Kämpfer Nummer 1 für die Sache des Volkes«. Ohne ihn hätte es womöglich tatsächlich schlecht ausgesehen für Rousseff, nachdem diese sich für eine erneute Kandidatur entschieden hatte, womit gleichzeitig klar war, dass sie keine erneute Kandidatur Lulas unterstützen werde – was ja der ursprüngliche Gedanke war, als Lula Dilma als Nachfolgerin präsentiert hatte. Und auch wenn es innerhalb der PT einige gegeben hatte, die sich unter der Forderung #VoltaLula (»Lula, komm zurück«) formierten, konnten sie die Partei nicht umstimmen.

Zudem hatte sich der Grandseigneur der PT zunächst der Öffentlichkeit und dem Wahlkampfgeschehen ferngehalten. Das änderte sich, als Herausforderer Aécio Neves, Enkel des 1985 vor Amtsantritt verstorbenen Präsidenten Tancredo Neves, aufzuholen begann. Lula machte das, was ihm einst gute Dienste geleistet hatte. Er ging auf Wahlkampfreise, besuchte vor allem den Nordosten, Norden und mittleren Westen, bezeichnete Neves als »Papasöhnchen«, das noch nie wirklich habe arbeiten müssen. Mit persönlichen Angriffen wie diesem – wobei die Gegenseite auch nicht zimperlich agierte – war der Wahlkampf auf einem Polarisationsniveau angelangt wie zuletzt 1989 zwischen Lula und Fernando Collor de Mello. Große Wellen schlug auch ein kleiner Flugplatz im Ort Claudio im Bundesstaat Minas Gerais, der auf einer Fazenda von Neves' Onkel gebaut worden war.[246] Wie die Zeitung

---

246 Vgl. Ferraz, Lucas, Governo de Minas fez aeroporto em terreno de tio de Aécio, https://www1.folha.uol.com.br/poder/2014/07/1488587-governo-de-minas-fez-aeroporto-em-terreno-de-tio-de-aecio.shtml, in: Folha de São Paulo, aufgerufen am 20. September 2021.

Folha de São Paulo berichtete, sollen für den Bau des Flugplatzes 14 Millionen Reais an Zuschüssen geflossen sein. Gouverneur von Minas Gerais war zu jenem Zeitpunkt Aécio Neves.

Wahlkampf erstmals verstärkt im Internet

Der Wahlkampf war der erste, der Diskussion und Verbreitung von Informationen deutlich ins Internet verlagerte. Zwar waren die TV-Spots, die den Kandidaten bemessen an vorherigen Wahlergebnissen zustanden, weiterhin durchaus wichtig, ebenso wie die großen Zeitungen. Aber die Bedeutung des Internets wuchs deutlich.

Auf Facebook mit seinen damals fast 89 Millionen brasilianischen Nutzern im Jahr 2014 gab es in der heißen Phase des Wahlkampfs zwischen August und Oktober rund 674,4 Millionen Interaktionen im Zusammenhang mit der Wahl. Das sind durchschnittlich 5,96 Millionen Interaktionen pro Tag und 7,6 Interaktionen pro Nutzer.[247] Bei Twitter, traditionell eher von Politikern und Journalisten genutzt, gingen in derselben Zeit fast vierzig Millionen Nachrichten über die Wahlen ein. Dabei standen die Hashtags »#Aecio45PeloBrasil« und »#DilmaMudaMais« in Anlehnung an die beiden Spitzenkandidaten in der Liste der meistkommentierten Themen in der Welt ganz oben.[248] Die zunehmende Bedeutung des Internets wurde von den Kandidaten reichlich genutzt, um ihre Ideen zu verbreiten und eine größere Nähe zu den Nutzern im Vergleich zu den alten Kommunikationsmethoden zu fördern. Außerdem können Informationen, aber vor allem Botschaften der Mobilisierung schnell und unmittelbar ohne dazwischengeschaltete Filter – etwa eine journalistische Redaktion – verbreitet werden.

Was im Positiven gut funktioniert, klappt im Negativen oft noch besser. Das Thema Fake News beschäftigte die Beobachter

---

247 Vgl. G1, Eleições brasileiras foram as mais comentadas da história do Facebook, http://g1.globo.com/politica/eleicoes/2014/noticia/2014/10/eleicoes-brasileiras-foram-mais-comentadas-da-historia-do-facebook.html, in: G1 Globo, aufgerufen am 23. September 2021.

248 Vgl. Barifouse, Rafael, Eleições 2014: Novos hábitos criam pleito mais conectado do mundo, https://www.bbc.com/portuguese/noticias/2014/10/141028_eleicoes2014_internet_rb, in: BBC Brasil, aufgerufen am 23. September 2021.

und Nutzer schon lange bevor US-Präsident Donald Trump den Begriff prägte und dieser praktisch zum Synonym für ihn und seine Politik wurde.

Auch in diesem Wahlkampf wurde das Netz gezielt mit Fake News geflutet. Unter ihnen etwa Nachrichten über den Kokainkonsum des Kandidaten Aécio Neves,[249] die Offenlegung eines Strafregisters, das Dilma Rousseff als Terroristin und Bankräuberin in der Zeit der Diktatur belegen soll, eine Spende von 2,5 Millionen Reais an die Kampagne von Marina Silva von Eduardo Campos, nachdem er Opfer eines Flugzeugabsturzes geworden war. Eine Untersuchung[250] der Getúlio-Vargas-Stiftung (FGV) im Jahr 2018 ergab, dass Tausende von Bots und gefälschten Profilen in sozialen Netzwerken mit der Absicht eingesetzt wurden, drei Kandidaten zu begünstigen: Aécio Neves, Dilma Rousseff und Marina Silva. Dieser Trend sollte sich insbesondere bei der Präsidentschaftswahl 2018 verstärken, die noch aggressiver und bösartiger geführt wurde – mit gezielten Falschinformationen, die den Gegner nicht nur diskreditieren, sondern politisch vernichten sollten.[251]

Die Aggressivität und die Verbissenheit rührten auch daher, dass Rousseff und Neves nicht die einzigen aussichtsreichen Kandidaten waren. Auch Eduardo Campos hatte seinen Hut in den Ring geworfen. Nach den Unruhen im Jahre 2013 während des FIFA-Konföderationen-Pokals verließ die *Partido Socialista Brasileira* (PSB) unter der Führung von Campos das Regierungsbündnis mit der Präsidentin Dilma Rousseff. Sämtliche Vertrauensämter wurden zurückgegeben. Ein Hauptargument für den Bruch war die aus Sicht der PSB zu enge Bindung von Regierung und traditionellen Zentrumsparteien, allen voran zur PMDB. Darauf-

249 Vgl. Campanha, Diógenes, Acusações de uso de cocaína vêm do ›submundo da política‹, diz Aécio, https://www1.folha.uol.com.br/poder/2014/05/1459651-acusacoes-de-uso-de-cocaina-vem-do-submundo-da-politica-diz-aecio.shtml, in: Folha de São Paulo, aufgerufen am 23. September 2021.

250 Vgl. G1, Robôs foram usados em campanhas nas eleições de 2014, revela estudo, http://g1.globo.com/fantastico/noticia/2018/03/candidatos-postaram-usando-robos-nas-eleicoes-revela-estudo-da-fgv.html, in: G1 Globo, aufgerufen am 23. September 2021.

251 Vgl. Nöthen, Andreas, S. 101ff.

hin lud die Partei Marina Silva und ihre alliierten Parteien ein, gemeinsam mit Campos als Präsident unter dem Label »Neue Politik« die neue Regierung ab 2015 zu bilden. Campos, der von 2007 bis 2014 Gouverneur des Bundesstaats Pernambuco war, kritisierte unter anderem, dass Infrastruktur-Großprojekte wie die Umleitung des Rio São Francisco oder der Ausbau der Eisenbahn des Nordostens durch Präsidentin Dilma wieder in Vergessenheit zu drohen gerieten. Diese waren im Rahmen des Konjunkturpakets PAC zwar aufgenommen bzw. begonnen worden; im Zuge der wirtschaftlichen Flaute schien bei vielen Projekten die Fortführung jedoch fraglich.

Den Ausgang der Wahl erlebte Campos nicht mehr. Am 13. August 2014, drei Tage nach seinem 49. Geburtstag, wollte er im Wahlkampf von Rio nach São Paulo fliegen, als sein Flugzeug, eine Cessna 560XL, aus bisher ungeklärten Gründen abstürzte.[252] Das Unglück ereignete sich während schlechter Wetter- und Sichtbedingungen nach einem abgebrochenen Landeanflug auf den Militärflughafen von Santos. Während der Vorbereitungen zum zweiten Landeversuch stürzte das Flugzeug in eine Wohnsiedlung. Alle sieben Insassen starben. Als Ersatz nominierte die Partei die frühere Umweltministerin Marina Silva. Ob es noch der Schock über den plötzlichen Tod oder eine Trotzreaktion war – nach Bekanntwerden der Nachricht schnellten die Umfragewerte der Partei von acht auf 21 Prozentpunkte, womit Silva, zumindest vorübergehend, Neves überholte.

Parlament rückt nach rechts

Im Parlament hatte die PT nie eine eigene Mehrheit besessen. Diese Situation hatte sich mit der Wahl 2014 nicht verbessert. Im Gegenteil: Das Parlament war deutlich nach rechts gerückt. Sie war stets auf die Stimmen anderer angewiesen, insbesondere die der Mitte-Rechts-Partei PMDB, zumal bei der Wahl Rous-

---

252 Vgl. Folha de São Paulo, Presidenciável Eduardo Campos morre em acidente aéreo em Santos (SP), https://www1.folha.uol.com.br/poder/2014/08/1499718-presidenciavel-eduardo-campos-morre-em-acidente-aereo-em-santos-sp.shtml, in: Folha de São Paulo, aufgerufen am 20. September 2021.

seffs 2010. Nun, bei der Wahl 2014, hatte die PMDB deutlich zugelegt, lag fast gleichauf mit der PT, die Stimmen verlor. Auch die PSDB ging stärker aus der Wahl hervor. Ebenso konnten die beiden Zentrumsparteien PP und DEM Stimmen hinzugewinnen. Schon die Zusammensetzung des Kongresses zeigte deutlich: Eine tragfähige Mehrheit zu finden, würde ein echtes Kunststück darstellen – und ein wackeliges und teures obendrein.

Zur Mitte der Legislaturperiode zeichnete sich politischer Stillstand ab. Die verschiedenen Kräfte blockierten einander gegenseitig, gleichzeitig nahm die wirtschaftliche Krise immer bedrohlichere Züge an. Und die Regierung Rousseff unternahm kaum erkennbare Schritte, sich dagegen zu stellen.

Vielleicht wollte sie es auch nicht, zumindest nicht auf die Art und Weise, wie es in Brasilien üblich ist. Allianzen und Mehrheiten werden oft nicht im Plenum, sondern im kleinen Kreis in so genannten Hinterzimmergesprächen beschafft. Das ist natürlich ein gefährliches Spiel. Wer sich darauf einlässt, landet bald in einem Netz von Abhängigkeiten und Komplizenschaft, man wird angreifbar und erpressbar. Bei Lula gab es keinerlei Zweifel daran, dass er, oder enge Vertraute wie José Dirceu, solche Gespräche in ihrem Alltagsrepertoire hatten. Rousseff schien in dieser Hinsicht etwas anders zu ticken. Die Senatsnachrichten, ein Newsportal des Parlaments, verwies auf einen Bericht der Zeitung *O Globo*, wonach im Zeitraum von Januar 2011 bis Oktober 2014 gerade einmal zwei Abgeordnete des Parlaments und 13 Senatoren in den Genuss eines Vier-Augen-Gesprächs mit Rousseff kamen. Kaum Gelegenheit, hinter den Kulissen Strippen zu ziehen. Möglicherweise auch ein Grund, weshalb Rousseff als unterkühlt und unnahbar galt.

Dilma muss weg

So reifte bei den Gegnern Rousseffs und der PT der Entschluss, einen personellen Wechsel zu vollziehen. Sie schmiedeten Pläne, wie man den Abgang der Präsidentin beschleunigen könnte. Ein erster Schritt: Die PMDB, geführt vom gewählten Vizepräsidenten Michel Temer, kündigte ihr die Koalition auf. Plötzlich stand Rousseff im Parlament ohne Verbündete dar. Das bedeutet im brasilianischen Präsidialsystem zwar nicht das Ende der Regierung, reduzierte ihren Gestaltungsspielraum aber praktisch auf Null.

Rousseff klammerte sich an die Macht. Auch wenn ihre Beliebtheitswerte in Umfragen nur noch einstellig waren, wähnte sie ihre Position offenbar stark genug, um es riskieren zu können, Neuwahlen ins Spiel zu bringen. Darauf ließen sich ihre Widersacher nicht ein. Zu stark schien vielen noch die Unterstützung der Bevölkerung für die Politik der PT zu sein, zu groß die Gefahr, doch zu scheitern. Und dann? Rousseff oder ein anderer Kandidat der PT würde möglicherweise mit neuer Legitimation aus den Wahlen hervorgehen.

Sie griff zum Äußersten. In der Hoffnung, eine Mehrheit für ein Impeachment im Kongress doch noch abwenden zu können – und um ihn vor der Strafverfolgung zu schützen –, machte Dilma Lula kurzerhand zum Kanzleramtsminister. Damit hatte der Ex-Präsident wieder direkten Zugang zu allen Kanälen der Macht und konnte die für Dilma überlebenswichtigen Allianzen schmieden. Denn auch sein großes Ziel, die erneute Wahl zum Präsidenten, würde mit einer Amtsenthebung gefährdet.

Wie sehr letztlich beide in dieser Situation unter Druck standen, belegt auch, dass das Verhältnis zwischen Rousseff und ihrem politischen Ziehvater im Laufe ihrer Amtszeit merklich abkühlte. Nicht nur hatte Dilma es abgelehnt, dass Lula nach der vierjährigen Pause 2014 wieder Präsidentschaftskandidat werden konnte. Aus Sicht Lulas hatte sie zugelassen, dass im Herbst 2015 die Bundespolizei das Büro der Firma LFT Marketing Esportivo durchsucht hatte, der Firma von Lulas Sohn Luíz Cláudio. Darunter hatte das Verhältnis gelitten. Um öffentlich eine »Wiederannährung«[253] zu demonstrieren, war Dilma im Oktober 2015 nach São Paulo gereist, Lula feierte seinen 70. Geburtstag. Am Rande der Feier kam es zu einem Austausch. Ein Vertrauter berichtete Medien, Dilma habe zwar Verständnis für die Sorgen Lulas in dieser An-

253 Vgl. Gazeta de Povo, Dilma age para se reaproximar do padrinho Lula, https://www.gazetadopovo.com.br/vida-publica/dilma-age-para-se-reaproximar-do-padrinho-lula-2×68uetryzdr8z7bix9wqmf1x/, in: Gazeta de Povo, aufgerufen am 8. Oktober 2021.

gelegenheit geäußert, ihm aber auch klarzumachen versucht, dass sie keine Kontrolle über Aktionen der *Policia Federal* ausüben könne. Damit wurde das Thema offiziell ad acta gelegt, auch um der Opposition nicht weitere Munition zu liefern, der Druck war hoch genug. Außerdem standen 2016 wieder kommunale Wahlen an, die stets auch ein Gradmesser für die zwei Jahre später folgenden Präsidentschaftswahlen sind.

Der Druck aus der Bevölkerung wuchs. Die Proteste, die 2013 begonnen hatten, rissen nicht ab. Immer lauter und deutlicher wurden die Forderungen, endlich etwas zu tun und das Siechtum zu beenden. Viele forderten den Rücktritt Dilma Rousseffs oder, sollte sie sich weigern, ein Amtsenthebungsverfahren.

Die brasilianische Verfassung bietet eine Amtsenthebung, auch Impeachment genannt, als ultimativen Schritt an. Die Latte für die Begründung eines solchen liegt sehr hoch – ähnlich hoch wie in der Verfassung der Vereinigten Staaten von Amerika, die der brasilianischen Verfassung als Inspirationsquelle diente. Es muss schon ein Fall von Verrat oder Bestechung vorliegen, ein Kapitalverbrechen oder ein ähnlich schweres Vergehen. In der jüngeren Geschichte war diese Karte einmal gezogen worden: 1992 wurde Präsident Fernando Collor de Mello aus dem Amt entfernt. Sein eigener Bruder hatte ihn der Korruption bezichtigt.

Um das Staatsoberhaupt seines Amtes zu entheben, muss zunächst die Abgeordnetenkammer mit Zwei-Drittel-Mehrheit einem entsprechenden Antrag zustimmen. Stimmt anschließend auch der Senat für die Aufnahme des Verfahrens, wird der Präsident beziehungsweise die Präsidentin zunächst für 180 Tage suspendiert. In dieser Zeit klärt der Oberste Gerichtshof, *Supremo Tribunal Federal* (STF), die erhobenen Vorwürfe juristisch. Zur endgültigen Entscheidung geht der Fall dann wieder in den Senat, der mit Zwei-Drittel-Mehrheit für die Amtsenthebung stimmen muss. Tut er es, hat der gewählte Stellvertreter des Präsidenten – im Fall von Dilma Rousseff war das Michel Temer – das Recht, die Legislaturperiode zu Ende zu regieren. Naturgemäß ist das Amtsenthebungsverfahren für die Antragsteller mit einem Risiko verbunden. Scheitert es, geht der im Amt bestätigte Staatschef möglicherweise gestärkt daraus hervor. Das ist in Brasilien nicht anders als in den USA, wo Donald Trump das von den Demokraten 2019/20 gegen ihn angestrengte Impeachment-Verfahren in aller Ruhe aussaß.

Das Amtsenthebungsverfahren gegen Dilma Rousseff beruhte auf dem Vorwurf des *fiscal pedaling* – ein Begriff, für den es im Deutschen keine griffige Übersetzung gibt. Es ging um Folgendes: Die Regierung hatte anscheinend staatliche Banken dazu benutzt, laufende Ausgaben zu begleichen, für die kein Geld vorhanden war, ohne diese Ausgaben offiziell als Kreditaufnahme zu deklarieren. Derartige fiskalische Tricks, mit denen Haushaltslücken überbrückt, verschleiert oder verschleppt werden, sind ohne Frage ein ernstes Vergehen.

Ob sie aber tatsächlich so schwer wiegen, um es zu rechtfertigen, eine Präsidentin aus dem Amt zu entfernen – darüber wird noch heute leidenschaftlich gestritten. Denn ein Impeachment ist im Kern kein juristischer, sondern ein politischer Vorgang. So weigern sich Anhänger der PT nach wie vor, die Amtsenthebung Rousseffs als rechtmäßig zu akzeptieren. Sie sprechen bis heute von einem *Golpe*,[254] einem Putsch oder Staatsstreich der Mitte-Rechts-Parteien. Unter dem Strich bleibt es eine Glaubensfrage.

Rein formal wurde das Impeachment schulmäßig durchgeführt. Die Abgeordnetenkammer stimmte nach langer Debatte mit 367 Ja- zu 137 Nein-Stimmen für dessen Aufnahme – ein deutliches Ergebnis. Es folgten die Abstimmung im Senat, die Suspendierung der Präsidentin und schließlich die endgültige Entscheidung am 31. August 2016, bei der 61 Senatoren gegen und nur 20 für sie votierten. Dilma Rousseff war ihres Amtes enthoben.

---

254 Der US-amerikanische Enthüllungsjournalist Glenn Greenwald, der mit den Veröffentlichungen des Whistleblowers Edward Snowden bekannt wurde, sieht hinter der Amtsenthebung keine hehre demokratische Absicht. Es sei nicht darum gegangen, eine korrupte Regierung zu stürzen, sondern eine Regierung, die vier Wahlen in Folge gewonnen hatte und auf anderem Wege kaum aus dem Amt zu entfernen gewesen sein dürfte. Die Anti-Korruptions-Bewegung sei nur ein Vorwand, um ein anti-demokratisches Ziel zu erreichen: einen Staatsstreich. https://edition.cnn.com/videos/tv/2016/04/18/intv-amanpour-glenn-greenwald-dilma-rousseff-impeachment.cnn (aufgerufen am 29.4.2020)

Ein Detail soll an dieser Stelle hervorgehoben werden: In der Aussprache in der Abgeordnetenkammer, bei der jeder Abgeordnete das Recht hat, seine Entscheidung zu begründen, hatte sich auch Jair Bolsonaro zu Wort gemeldet, von dem zu diesem Zeitpunkt wohl niemand vermutet hätte, in wenigen Jahren selbst Präsident zu sein. Bolsonaro hatte die Plattform des Parlaments schon öfter für seine Ausfälle genutzt. Dieses Mal fiel seine Provokation besonders geschmacklos aus: Er widmete sein Votum nicht der Familie, der Wahrheit oder Gott, wie es viele seiner Kollegen taten. Er widmete es General Carlos Alberto Brilhante Ustra. Dieser war 1970 während der Militärdiktatur der Leiter des Militärgeheimdienstes DOI-CODI – jener Institution, von der die damalige Widerstandskämpferin Dilma Rousseff gefoltert wurde.

Impeachment auch ein Akt von Sexismus?

Die beiden US-Journalisten Peter Prengaman und Mauricio Savarese von der Nachrichtenagentur AP fügen den möglichen Gründen für die Amtsenthebung in ihrem im Herbst 2021 erschienenen Buch *Dilma's Downfall*[255] der Diskussion einen weiteren und alles andere als weit hergeholten Aspekt hinzu: dass es sich bei Dilma Rousseff um eine Frau in einem seit jeher von Männern dominierten politischen Umfeld handelte. Es ist durchaus vorstellbar, dass das vergleichsweise harmlose Vergehen, dessentwegen ihr das Amt entzogen wurde, bei einem männlichen Präsidenten kaum zu einer ähnlich harten Sanktion geführt hätte. Brasilien ist, wie die meisten Gesellschaften Lateinamerikas (und der ganzen Welt), nach wie vor eine sehr machistisch geprägte. Ein Umstand, der sich unter anderem an den enormen Fällen von Gewalt gegen Frauen ablesen lässt.

Häusliche Gewalt gegen Frauen ist in Brasilien nicht selten. Schätzungen der Regierung gehen von bis zu 500 000 Vergewaltigungen im Jahr aus. Seit drei Jahren gibt es ein Pilotprojekt,

---

255 Prengaman, Peter und Savarese, Mauricio, EXCERPT: ›Bye, dear‹: Sexism during Brazil impeachment, https://apnews.com/article/europe-arts-and-entertainment-brazil-impeachments-jair-bolsonaro-10266752afac2e619ab888da40eacb47?s=09, in: Associated Press, aufgerufen am 1. November 2021.

das Frauen besser schützen soll. Vitória ist die Hauptstadt des brasilianischen Bundesstaates Espírito Santo. Eine Reihe von Frauen, die bereits eine einstweilige Verfügung gegen ihren Peiniger vor Gericht erwirkt haben, wurden dort mit sogenannten »Panik-Knöpfen« ausgestattet. Dass dies flächendeckend nötig ist, zeigte ein spektakulärer Fall in Rio de Janeiro.

Im Herbst 2015 wurde ein Fall bekannt, der die Gemüter erhitzte. Der Verwaltungssekretär Pedro Paulo Carvalho, designierter Nachfolger des Bürgermeisters von Rio, Eduardo Páes, soll seine Lebenspartnerin Alexandra mindestens einmal verprügelt haben. Das hatte das Magazin *Véjà* herausgefunden, das sich auf die Zeugenaussagen zweier Polizisten berief. Eine Verurteilung fand bislang nicht statt. Stattdessen wurde er zum Staatssekretär der Partei PMDB und aus der Schusslinie befördert.

An vielen Stellen in Rio klebten Plakate, die ihre Wut über den Fall Pablo Pedro artikulierten. »Pablo Pedro, Aggressor!« war auf ein schwarz-weißes Bild des Politikers in der Art eines Wanted-Plakats im Wilden Westen gedruckt. Aus deutscher Sicht erinnert das Plakat an ein RAF-Foto mit dem entführten Arbeitgeberpräsidenten Hans-Martin Schleyer: »Seit 20 Tagen Gefangener der RAF«. Diese Plakate waren über weite Teile des Stadtgebiets zu sehen.

Deshalb war es kein Zufall, dass Dilma Rousseff kurz vor dem abrupten Ende ihrer Amtszeit noch einmal Druck machte und Gesetze verabschiedete. Eines der letzten war im Mai 2016 ein neues Gesetz, das harte Strafen für Tötungen von Frauen und Mädchen vorsieht. Verurteilte nach Tötungsdelikten, die auf häusliche Gewalt zurückzuführen sind, müssen künftig mit einer Haftstrafe zwischen zwölf und 30 Jahre rechnen. Gewaltakte dieser Art werden, so sieht es das Gesetz vor, außerdem explizit als Frauenmorde bezeichnet. Überproportional davon betroffen sind schwarze Frauen.

Pengaman und Savarese zitieren Rousseff bei einem Treffen mit ausländischen Journalisten am 19. April 2016, bei dem sie sehr explizit wird: »Vermengt wird diese Sache ein Stück weit mit Vorurteilen gegenüber Frauen«, sagte sie damals, kurz nach der ersten Abstimmung für das Impeachment. »Es gibt Haltungen mir gegenüber, die es bei einem männlichen Präsidenten nicht gäbe.«

Tchau, querida (»Tschüss, meine Liebe«) ist nicht von ungefähr der sarkastische Titel eines Enthüllungsbuchs, das Eduardo Cunha im Frühjahr 2011 veröffentlichte, in dem er auf die turbulente Zeit zwischen 2011 und 2016 zurückblickt. Cunha (PMDB), ein bekannter Radioprediger und zur Zeit des Impeachments Präsident des Parlaments, war einer der maßgeblichen Strategen hinter dem Impeachment. Als geschiedene Frau passte Rousseff, die immerhin einige Jahre Koalitionspartnerin von Cunhas PMDB gewesen war, kaum in sein evangelikales, konservatives Weltbild.

Cunhas Karriere überdauerte jene Rousseffs aber nicht lange. Auch er musste seinen Stuhl räumen, und das deutlich: Mit 450 Stimmen zu 10 gegen ihn ließen ihn die Abgeordneten wie eine heiße Kartoffel fallen. Am 30. März 2017 befand ihn das Gericht in der Causa *Lava Jato* in den Anklagepunkten Steuerhinterziehung, Geldwäsche und Korruption für schuldig und verurteilte ihn zu einer Gefängnisstrafe von 15 Jahren und 4 Monaten. Als er ins Gefängnis musste, drohte er Rache zu nehmen und ein Enthüllungsbuch zu schreiben.

Der Titel des Buches kann als Referenz auf Dilma Rousseff, aber auch auf Lula verstanden werden. Als Rouseff versucht hatte, Lula zum Chef der Staatskanzlei zu machen, um ihn vor Strafverfolgung zu schützen und ihr Amt zu retten, hatte sie Lula per Telefon über ihre Pläne informiert. Am Ende des Gesprächs verabschiedete sich Lula von Rousseff mit den Worten *Tchau, querida*. Das wäre alles nicht so schlimm gewesen, wäre das gesamte Telefonat nicht mitgeschnitten und an den Ermittlungsrichter Sérgio Moro weitergereicht worden.[256] So wurde der Gesprächsinhalt zur Breaking News der kommenden Tage, die Grußfloskel zum geflügelten Wort und für Eduardo Cunha Ausdruck seiner Genugtuung.

256 Castro, Fernandes, Nunes, Samuel und Netto, Vladimir, Moro derruba sigilo e divulga grampo de ligação entre Lula e Dilma; ouça, http://g1.globo. com/pr/parana/noticia/2016/03/pf-libera-documento-que-mostra-ligacao-entre-lula-e-dilma.html, in: G1 O Globo, aufgerufen am 1. November 2021.

Korruption, wohin man schaut

Das Amtsenthebungsverfahren, das parallel zu den Olympischen Spielen in Rio abgehalten wurde, spaltete die Gesellschaft in diejenigen, die es für rechtmäßig und überfällig hielten, und diejenigen, die darin einen stillen Staatsstreich erkannten. Um die politische Dynamik dieser Zeit zu verstehen, ist ein zweiter Komplex zu berücksichtigen: die Korruption der politischen Klasse und der wirtschaftlichen Eliten in Brasilien.

Korruption hat es in Brasilien immer gegeben, obwohl das Land sicher kein Monopol auf diese Praxis hat, die in der Frühzeit der Zivilisation entstanden ist. Sie wirkt langsam, aber nachhaltig. Sie »korrodiert die Säulen der Demokratie, untergräbt das Prinzip, dass alle Menschen vor dem Gesetz gleich sind«, wie die brasilianische Ökonomin Maria Cristina Pinotti[257] ihre Auswirkungen definiert. Auch die linken Regierungen der PT wurden, wie bereits erwähnt, von der Korruption infiziert.

Im *Mensalão*-Prozess 2012 wurden 33 Personen zu teilweise hohen Haftstrafen verurteilt. Zudem begnügte er sich nicht mit ein paar Bauernopfern, sondern schickte auch die großen Drahtzieher hinter Gitter. Plötzlich schienen die Unantastbaren antastbar.

Selbstkritik ist unerwünscht

In der Zwischenzeit verabschiedete das brasilianische Parlament am 1. August 2013 ein Antikorruptionsgesetz, das in den weiteren Entwicklungen eine bedeutende Rolle spielen sollte. Das Gesetz 12 846, *Lei Anticorrupção* oder *Lei Empresa Limpa* genannt, sah vor, dass nicht mehr nur demjenigen Strafe droht, der Schmiergelder erhält, sondern auch demjenigen, der Schmiergelder verteilt. Bis zum *Mensalão* war das möglich, ohne wirklich dafür belangt zu werden. Bestechung war ein Kavaliersdelikt. Niemand regte sich weiter darüber auf, es sei denn, ein Politiker trieb es auf die Spitze – wie der erwähnte Fernando Collor de Mello, der erste nach dem Ende der Militärdiktatur gewählte Präsident Brasiliens. Gegen ihn

---

257 Vgl. Spilimbergo, Antonio/Srinivasan, Krishna, Brazil: Boom, Bust, and Road to Recovery, Internationaler Währungsfonds, 2019, S. 325 ff.

wurden bereits nach 100 Tagen im Amt die ersten Korruptionsvorwürfe laut, 1992 wurde er vom Parlament abgesetzt.

Entstanden war die *Lei Anticorrupção* im Zuge einer internationalen Initiative der OECD im Kampf gegen die Korruption, ein spätes Echo der Enthüllungen der Watergate-Affäre.[258] Für die Regierung Rousseff, die gerade den *Mensalão*-Skandal hinter sich hatte, war das Gesetz auch ein innenpolitischer Befreiungsversuch, eine Reaktion auf die einsetzenden Massenproteste gegen die Regierung. Die Zustimmungswerte für Rousseff waren stark im Fallen begriffen. Im März, also vor Beginn der Proteste, hatten sie noch bei 79 Prozent gelegen. Binnen vier Monaten waren sie auf 31 Prozent abgerutscht. Es bestand Handlungsbedarf.

Nicht auszudenken der Gesichtsverlust, hätte sich Rousseff geweigert, ein so fortschrittliches Gesetz zu unterschreiben. Endlich, so konnte man meinen, packte eine Regierung das Problem bei der Wurzel. Es schien, als habe die PT aus ihren bitteren Erfahrungen im *Mensalão*-Skandal gelernt.

Geläutert war die PT keineswegs. Weder zu diesem Zeitpunkt noch später, als die Ermittlungen im Fall *Lava Jato* ein noch größeres Netzwerk der Korruption aufdeckten, waren selbstkritische Töne zu hören. Es entbehrt daher nicht einer gewissen Ironie, dass ausgerechnet die PT jenes Antikorruptionsgesetz schuf, das sie am Ende selbst zerlegen würde.

Wendepunkt *Lava Jato*

Lava Jato nahm seinen Anfang, als in der ersten Jahreshälfte 2014 Brasiliens Generalbundesstaatsanwalt Rodrigo Janot in seinem Büro Renita Cunha Kravetz, leitende Bundesstaatsanwältin im Bundesstaat Paraná, empfing. »Sie war gekommen, um mich zu fragen, ob sie eine Sonderermittlungsgruppe gründen könne«, erinnert sich Janot in seinem Buch *Nada menos de tudo* (»Alles – und kein bisschen weniger«). »Es ging um einen Geldwechsler, dessen

---

258 Dos Santos Júnior, Belisário und Leal Pardini, Isabella, Lei Anticorrupção traz inovações inspiradas em Watergate, https://www.conjur.com.br/2013-out-29/inspirada-watergate-lei-anticorrupcao-traz-inovacoes, in: Consultur Juridico (aufgerufen am 29. 4. 2020)

Fall beim 13. Bundesstrafgericht in Curitiba anhängig war. Sie sagte nur etwas von einer ›großen Sache‹, für die sie viele qualifizierte Kräfte und eine gute Infrastruktur brauche«, schreibt Janot.[259]

Den Namen hat die Operation von einer Tankstelle mit Waschanlage in der brasilianischen Hauptstadt Brasília:[260] *Lava Jato* bedeutet: Autowäsche schnell, mit Hochdruckreiniger. Diese Tankstelle war, wie die Polizei herausgefunden hatte, Ausgangspunkt dubioser Geldüberweisungen. Zur prägenden Figur dieses größten Anti-Korruptions-Verfahrens in der Geschichte Brasiliens und vielleicht sogar ganz Lateinamerikas wurde Bundesrichter Sérgio Moro aus Curitiba im Bundesstaat Paraná. Er war von 2014 an zuständiger Ermittlungsrichter im Fall *Lava Jato*.

Moro gehörte zu einer neuen Generation von Juristen, die an den besten Universitäten in den USA ausgebildet worden waren und sich die modernsten Ermittlungstechniken im Kampf gegen die Korruption angeeignet hatten. 1998 hatte er an der Harvard Law School ein Ausbildungsprogramm für Anwälte besucht und an einem vom US-Außenministerium geförderten Studienprogrammen zum Thema Geldwäsche teilgenommen. Schon mit Mitte 20 zum Bundesrichter ernannt, hatte Moro bereits mit beträchtlichem Erfolg die Ermittlungen in einem anderen Korruptionsprozess geführt, bei dem es um Devisenschiebungen in der in Paraná ansässigen Bank *Banestado* ging. Das Verfahren führte zu knapp 100 Verurteilungen. *Lava Jato* sollte viel größer und spektakulärer werden.

Das Prinzip war simpel, es ging um Zahlungen nach dem sogenannten Kickback-System: Drei (oder noch mehr) Partner schließen ein Geschäft ab, der Käufer der Ware oder der Dienstleistung überweist den vereinbarten Geldbetrag an den Verkäufer, und der überweist einen Teil der Summe an den dritten Partner – üblicherweise ohne dass der, von dem das Geld stammt, davon erfährt. Das ist zunächst nicht verboten, sofern dieser dritte Partner eine Leistung erbracht hat, zum Beispiel als Berater oder Vermittler.

259 Janot, Rodrigo, S. 41.
260 Die Polizistin Erika Marena soll den Namen für die Operation vorgeschlagen haben.

Doch der Kickback eignet sich auch hervorragend für Praktiken, die nur als Korruption eingestuft werden können. Zum Beispiel dann, wenn der Auftragnehmer dem Auftraggeber einen Preis in Rechnung stellt, der über dem Marktpreis beziehungsweise über dem Preis liegt, der bei einer regulären, korruptionsfreien Ausschreibung ermittelt worden wäre, und wenn er diese Differenz dann unter der Hand an einflussreiche Beamte oder Politiker weiterleitet. Nach genau diesem Prinzip wurden in Brasilien mehrere Jahre lang ein Dutzend Politiker verschiedener Parteien mit Beträgen in Milliardenhöhe geschmiert. Hauptsächlich waren es Bauunternehmen, die die Zahlungen leisteten. Ein beträchtlicher Teil dieses Geldes verschwand auf Nimmerwiedersehen auf Schweizer Privatkonten.

Zugang zu diesem gigantischen Netzwerk der Korruption fanden die Ermittler von *Lava Jato* über Alberto Youssef, einen professionellen Geldwäscher, der schon beim *Banestado*-Skandal seine Finger im Spiel gehabt hatte. Bei ihm fanden sie eine E-Mail, die belegte, dass der frühere Chef des halbstaatlichen Erdöl-Unternehmens *Petrobras*, Paulo Roberto Costa, einen Luxus-SUV geschenkt bekommen hatte. Die Ermittler schlugen zu, Youssef packte bereitwillig aus; immerhin bot ihm die neu eingeführte Kronzeugenregelung die Aussicht auf eine stattliche Hafterleichterung, sofern er sich bereit zeigte, involvierte Politiker vor den Kadi zu bringen. So drangen die Staatsanwälte Schritt für Schritt ins Innere des Skandals vor.

Deltan Dallagnol, leitender Staatsanwalt am Bundesgericht in Curitiba, und sein Team legten ein atemberaubendes Tempo vor. Es ging Schlag auf Schlag. Kein Jahr nach Beginn der Untersuchungen stießen sie auf die ersten ganz großen Namen: Otávio Azevedo, CEO des Baukonzerns Andrade Gutierrez, und Marcelo Odebrecht, Chef des gleichnamigen Baukonzerns, der bis dahin das größte Unternehmen Brasiliens war. Beide hatten über Jahre hinweg systematisch Schmiergeld an die Regierung gezahlt und im Gegenzug den Zuschlag für zahlreiche große Bauprojekte erhalten: für diverse Fußballstadien für die WM 2014, den Staudamm Belo Monte, das Kernkraftwerk Angra 3 oder die U-Bahn-Erweiterung in Rio de Janeiro.

Auf Seiten der Politik waren es nicht in erster Linie Politiker der PT, auf die sich die Ermittlungen der Staatsanwälte konzentrierten. In den ersten Wellen des *Lava Jato* waren es vor allem Politiker der Koalitionspartner, die als Schmiergeldempfänger auffielen. Für die Bevölkerung war das natürlich ein fatales Signal. Nach den vorangegangenen Korruptionsskandalen, die im Wesentlichen die PT erschüttert hatten, entstand nun das Bild, dass praktisch die gesamte politische Klasse in korrupte Machenschaften verstrickt sei. Eine Erkenntnis, die wie ein Brandbeschleuniger wirken sollte.

Das italienische Vorbild: mani pulite

An dieser Stelle bietet sich eine kleine Abschweifung ins Italien der frühen 1990er-Jahre an. Dort hatte die Justiz in der »Operation *mani pulite*« (»Saubere Hände«) einen vergleichbaren Fall von Korruption aufgedeckt. Ausgangspunkt der Ermittlungen war keine Tankstelle, sondern ein kleines Reinigungsunternehmen. 4200 Urteile fällten die Richter am Ende. Vier ehemalige Premierminister gehörten zu den Abgeurteilten, unter ihnen Bettino Craxi, der vor dem Zugriff der Justiz nach Tunesien floh, ferner zwölf ehemalige Minister und 130 Abgeordnete. Das Vertrauen der Italiener in ihre Politiker war restlos zerstört.

Der Skandal hatte Auswirkungen auf die politische Landschaft, die bis heute nachwirken. Nach den Wahlen 1994 waren fünf Parteien komplett von der Bildfläche verschwunden, allen voran die Christdemokraten, die die Politik Italiens in der Nachkriegszeit dominiert hatten. Stattdessen betrat der Medienunternehmer Silvio Berlusconi das politische Parkett. Statt auf Inhalte setzten Berlusconi und die von ihm gegründete Partei *Forza Italia* auf die Unzufriedenheit der Bevölkerung mit dem politischen System. Sein populistischer Wahlkampfslogan »Weg mit der alten Politik, wir wollen eine andere, neue, saubere Politik« traf den Nerv der Zeit. Viele Italiener verlangten einen drastischen Bruch mit der Vergangenheit und einen politischen Neuanfang, in welche Richtung auch immer. Berlusconi gewann die Wahl und wurde neuer Premierminister. Ein für Europa neuer Typus des Populismus war geboren.

Für die Staatsanwälte und Richter des *mani pulite*, die sich bis dahin eines großen Rückhalts in der Bevölkerung sicher sein konnten, begann sich nach der Wahl das Blatt zu wenden. Berlusconi hatte wenig Interesse an einer wachsamen und starken Justiz, die auch die Politik der neuen Regierung kritisch begleiten hätte können. Also galt es, sie wieder zu entwaffnen.

Berlusconi gelang dies, indem er begann, die Justiz systematisch zu diffamieren. Zunächst attackierte er die Strafverfolger. Schnell machte die Verschwörungstheorie die Runde, die Richter verfolgten eine eigene Agenda, planten insgeheim, die Politiker zu verdrängen und selbst die Führung des Landes zu übernehmen. Konkrete Hinweise darauf gab es natürlich nicht. Aber Berlusconis Plan ging auf: In der Bevölkerung machte sich eine diffuse Verunsicherung breit.

Daraufhin ging der Premier noch weiter: Er begann, die Rechte der Justiz bei der Verfolgung von Korruptionsfällen systematisch zu beschneiden. Er reduzierte das Strafmaß für verschiedene Delikte und strich bislang strafbare Handlungen aus dem Katalog strafbarer Vergehen. Ein zentraler Bestandteil der Gesetzesänderungen war, Bilanzfälschungen künftig nicht mehr als strafbar zu bewerten. So schlug er den Ermittlern genau jenes Instrument aus der Hand, mit dessen Hilfe sie bei *mani pulite* den Betrügern erst auf die Schliche gekommen waren. Unfreiwillig hatten die Staatsanwälte den Politikern gezeigt, welche Türen diese zu schließen hatten, um künftig vor lästigen Ermittlungen geschützt zu sein.

Ermittler lassen Politiker zittern

All dies war Sérgio Moro bestens bekannt. Immerhin hatte er 2004 in einem Fachaufsatz die Operation *mani pulite* ausdrücklich gelobt und war mit dem Fall bis ins Detail vertraut. Für ihn stellte sich die Situation in Brasilien ähnlich dar wie einige Jahre zuvor in Italien: Jeder wusste (oder ahnte zumindest), dass es im Land ein strukturelles Problem mit Korruption gab, die den Staatsapparat auf allen Ebenen durchsetzt und in der Wirtschaft einen vollwertigen Mitspieler hatte.

Dank des italienischen Anschauungsunterrichts wussten Moro und die involvierten Staatsanwälte auch, welche Fußangeln bei den

Ermittlungen zu umgehen waren. Deshalb legten sie besonderes Augenmerk darauf, die Bevölkerung mitzunehmen. Es gab kaum einen Schritt, den sie nicht medienwirksam zu inszenieren wussten. Spektakuläre Festnahmen hochrangiger Akteure wurden live im Fernsehen übertragen, Richter Moro und Bundesstaatsanwalt Dallagnol präsentierten sich regelmäßig in der Öffentlichkeit, neue Ermittlungsschritte wurden via Twitter angekündigt. Es ist nicht auszuschließen, dass dieses extrovertierte Auftreten auch Moros Selbstschutz dienen sollte. Wer die Mächtigen und Einflussreichen derart frontal anging wie er, musste sich in Brasilien durchaus Sorgen um Leib und Leben machen. Öffentliche Bekanntheit bot zumindest eine gewisse Sicherheit.

Die Medienauftritte zeigten Wirkung. Moro wurde zeitweilig wie ein Popstar gefeiert. Zweimal hintereinander, 2014 und 2015, wählten ihn die Medien zum Mann des Jahres. Immer mehr Menschen forderten ihn auf, bei der nächsten Wahl für das Präsidentenamt zu kandidieren. Moro gelang es bei alledem, stets bescheiden und zurückhaltend zu wirken und nicht wie ein beißlustiger Hund, der endlich von der Kette gelassen worden war. Bei sehr vielen Brasilianern kam das gut an.

Glaubwürdigkeit erwarb sich Moro nicht zuletzt dadurch, dass er scheinbar niemanden verschonte und keine Angst vor großen Namen zeigte. Nach Azevedo und Odebrecht ließ er auch den Milliardär Eike Batista und den früheren *Petrobras*-Chef Nestor Cerveró verhaften und aburteilen. Nicht weniger spektakulär verlief die Operation *Lava Jato* auf Seiten der Politiker: Mehr als 150 frühere Minister, Abgeordnete, Senatoren und Gouverneure landeten im Gefängnis. Viele, aber durchaus nicht alle kamen aus den Reihen der PT. Unter denen, die Moro zur Strecke brachte, waren auch Eduardo Cunha, Präsident der Abgeordnetenkammer, und Renan Calheiros, bis unmittelbar vor seiner Verhaftung Senatspräsident, beide von der Partei PMDB.

Nach und nach stellte sich in der Öffentlichkeit jedoch eine gewisse Müdigkeit ein. Allen Ermittlungserfolgen zum Trotz kam hier und da sogar Kritik auf. Anwälte kritisierten, Richter Moro missbrauche das Instrument der Untersuchungshaft, um Verdächtige zu Aussagen zu bewegen. Andere Stimmen bemängelten, die Ermittler konzentrierten sich zu sehr auf die PT und die PMDB. Andere Parteien, die im Verdacht standen, kein bisschen weniger korrupt zu sein, hatten bislang überhaupt keine Rolle gespielt, vor allem die rechte PSDB und deren prominentester Repräsentant Aécio Neves. Zur Verteidigung der PT erhoben sich allerdings nur wenige Stimmen. *Lava Jato* spielte schließlich perfekt auf der Klaviatur des Anti-Korruptions-Gesetzes, das die Partei 2013 selbst mitverfasst hatte. Wollte die PT nun etwa die Justiz dafür kritisieren, dass sie das Gesetz anwandte?

Lava Jato hatte inzwischen derart gigantische Ausmaße angenommen – es wurde in einem Dutzend Ländern gegen Odebrecht ermittelt –, dass es niemandem mehr möglich war, das Vorgehen der Ermittler politisch zu stoppen. Die Protagonisten der Operation waren selbst zu einer politischen Macht herangewachsen und schienen über jede Form von Zweifel und Kritik erhaben. Ein Politiker, der *Lava Jato* öffentlich kritisiert hätte, hätte sich die Finger verbrannt und obendrein verdächtig gemacht. Hoffnungen der Betroffenen, es könnte wieder so werden wie früher, als Fälle von einem Gericht zum nächsten weitergereicht wurden, bis die Sache im Sande verlief, erfüllten sich nicht.

Richter werden zu Aktivisten

Am Horizont zog die nächste Präsidentschaftswahl herauf. Im Oktober 2018 waren 147 Millionen Brasilianer aufgerufen, einen neuen Präsidenten zu wählen. Das trieb die Staatsanwälte an, ihre Ermittlungen noch einmal zu beschleunigen. Sie waren fest entschlossen, rechtzeitig vor der Abstimmung den ganz großen Coup zu landen.

Dafür kamen eigentlich nur zwei Personen in Frage: Die eine hätte Ex-Präsidentin Dilma Rousseff sein können. Sie war von 2003 bis 2010, gewissermaßen als Erbe ihrer Zeit als Ministerin für Bergbau und Energie, Vorsitzende des Aufsichtsrats des Ölkonzerns *Petrobras*, der tief in den Fall *Lava Jato* verstrickt war. Aber: Rousseff war seit dem Amtsenthebungsverfahren politisch praktisch kaltgestellt und meldete sich nur noch hier und da aus ihrer Heimatstadt Porto Alegre in Zeitungsinterviews zu Wort, in denen sie nicht müde wurde, das Impeachment als Putsch zu be-

Reproduktion der Folie.

zeichnen. Warum auch immer – Dallagnol und sein Team hatten
sie bislang nicht ins Visier genommen.

Der andere war Lula. Diesen Mann zu demontieren, war das
Ziel, dem die Ermittler im Fall *Lava Jato* nun alles unterordneten –
umso mehr, als Lula bereits angekündigt hatte, 2018 wieder für
die PT zur Wahl anzutreten. Der Ex-Präsident sei das Epizentrum
aller Korruptionsaffären: So stellte es Deltan Dallagnol im September 2017 in einer spektakulär inszenierten Pressekonferenz in
einer Powerpoint-Präsentation dar. Der Schluss schien vielen nahe-
liegend, schließlich war Lula unangefochtener Chef jener Partei,
die augenscheinlich am tiefsten in die Skandale verwickelt war.
Sollte es gelingen, über diesen Vorwurf eine Anklage zu formulieren, hätten die Ermittler zusätzliche Zeit gewonnen, um Beweise
für weitere Anklagepunkte herausarbeiten zu können.

Doch so knallig die Präsentation auch war, so dürftig war ihr
Inhalt. Die Zielrichtung war allzu durchsichtig. Der Vorwurf, Lula
sei der Dreh- und Angelpunkt einer kriminellen Vereinigung, ließ
sich kaum mit harten Fakten untermauern. Dallagnol stützte sich

ausschließlich auf Indizien und Zeugenaussagen, die mutmaßlich auch dadurch zustande gekommen waren, dass man den Zeugen mildere Strafen für Vergehen anbot, die sie selbst begangen hatten. Handfestes hatte der Staatsanwalt nicht zu bieten. Den Details dieses Falles werden wir uns in einem eigenen Kapitel zuwenden.

Die PT war also ein Stück weit das Opfer ihrer eigenen Politik und ihrer eigenen Hybris geworden, denn am Ende stolperte sie ausgerechnet über ein Gesetz, das sie selbst geschaffen und mitverabschiedet hatte. Richter Sérgio Moro und Staatsanwalt Deltan Dallagnol hingegen hatten es geschafft, ihr Gesicht zu wahren und Lula rechtzeitig vor der Wahl zur Strecke zu bringen. Das Team von *Lava Jato* behauptete sich als unabhängige und selbstbestimmte Größe, als Gegengewicht zum politischen Betrieb.

All das konnte nicht völlig verdecken, dass es die Justiz und auch die Polizeibehörden geschickt verstanden hatten, *Lava Jato* für ihre eigenen Zwecke zu nutzen: Unter dem Deckmantel der Korruptionsbekämpfung hatten sie sich Privilegien verschafft, die ihnen das Gesetz eigentlich nicht zugestand. So hatte die Justiz illegale Telefonmitschnitte an die Presse durchgesteckt, um die öffentliche Diskussion weiter zu befeuern und den Druck hoch zu halten. Legal war das nicht. Doch niemand war da, sie dafür zur Rechenschaft zu ziehen.

Nichts wird besser

Die Regierungsverantwortung in Brasilien lag seit dem Impeachment von Dilma Rousseff bei ihrem einstigen Vizepräsidenten Michel Temer. Dieser bildete eine durch und durch konservative Übergangsregierung, die ausnahmslos aus älteren weißen Männern aus dem Kreis der klassischen Eliten bestand. Frauen oder Vertreter anderer Hautfarbe suchte man im Kabinett vergebens, was zumindest ein Indiz ist, mit welcher Art von Politiker man es bei Temer zu tun hat. Zur Ruhe kam das Land während seiner Amtszeit, die bis zum regulären Ende der Legislaturperiode zum Jahreswechsel 2018/19 währte, nicht. Es blieb turbulent. Vor allem die Frage der öffentlichen Sicherheit rückte immer mehr in den Vordergrund.

Nun ist Gewalt in Brasilien kein neues Phänomen – rund 60 000 Tötungsdelikte pro Jahr sprechen eine deutliche Sprache. In Städten wie Rio de Janeiro hatte es zwar Versuche gegeben, die besonders in den Armenvierteln, den *Favelas*, neuerdings *Comunidades* genannt, häufig eskalierende Gewalt einzudämmen. Nachhaltig gelungen war das nie. Nun verschärfte sich die Situation noch.

Noch vor den Olympischen Spielen in Rio de Janeiro 2016 hatte der Bundesstaat den Notstand ausgerufen. Der Staat war pleite, öffentliche Bedienstete erhielten monatelang kein Gehalt, Schulen und Krankenhäuser schlossen, und die Polizei hatten nicht einmal mehr genügend Benzin und Klopapier, um den täglichen Betrieb aufrechterhalten zu können. Immer lauter wurden die Rufe nach einem starken Staat: Er solle der Gewalt, die viele Brasilianer aus der Mittelschicht ausschließlich mit rivalisierenden Drogengangs zu assoziieren pflegten, endlich etwas entgegensetzen – und sei es durch das Militär.[261]

Der Bundesregierung fiel nichts Besseres ein, Anfang 2018 kam sie der Aufforderung nach. Die so genannte Militärintervention dauerte bis nach der Präsidentschaftswahl. Plötzlich prägten Militärjeeps das Straßenbild. Vor allem in den wohlhabenden Vierteln im Süden von Rio de Janeiro – Leblon, Ipanema, Copacabana – zeigten die Soldaten Präsenz, um Bürger und Touristen zu beruhigen. In einigen *Comunidades* fanden Razzien statt. Die Zahl der Todesopfer stieg weiter an.

Temers Regierung beschäftigte sich indessen viel mit sich selbst. In den ersten Wochen musste der neue Präsident gleich drei Minister austauschen. Sie alle mussten ihr Amt räumen, weil gegen sie wegen Korruption ermittelt wurde. Auch Temer selbst geriet massiv unter Druck. Ins Wanken brachte ihn Joesley Batista, Besitzer des Fleischkonzerns JBS, des größten Fleischverarbeitungsunternehmens in Südamerika. Auch gegen ihn hatte die Justiz im

261 2008 hatten die Behörden begonnen, in ausgewählten *Favelas* wie etwa Santa Marta in Botafogo Polizeistationen fest zu installieren, um diese Viertel zu befrieden. Das schien zunächst zu funktionieren, die Gewalt ging zurück. Jedoch versäumte es der Staat, die Polizeipräsenz durch die zugesagten Sozialprogramme zu ergänzen. Am Ende ging das Geld aus. 2018 wurde das Programm wieder eingestellt.

Zuge der Korruptionsskandale Ermittlungen aufgenommen. Um sich Luft zu verschaffen, bot Batista an, mit den Behörden zu kooperieren. Sein Ziel: eine ordentliche Haftzeitverkürzng durch die Kronzeugenregelung.

Batista besuchte den Interimspräsidenten in dessen Residenz. Temer ahnte nicht, dass in der Jackentasche des Unternehmers ein kleines Aufnahmegerät alles mitschnitt. Im Laufe des Gesprächs erzählte Batista dem Präsidenten von allerlei üblen Praktiken, zum Beispiel, dass Richter mit Schmiergeld versorgt würden. Temers Antwort: »Sehr gut, sehr gut.« Batista erzählte auch, dass dem zu diesem Zeitpunkt bereits wegen Korruption im Gefängnis einsitzenden Ex-Vorsitzenden der Abgeordnetenkammer Eduardo Cunha Schweigegeld gezahlt werde. Auch das wurde von Temer wohlwollend kommentiert.

Als der Inhalt der Mitschnitte publik wurde, war das politische Beben enorm. Erstmals in der Geschichte war ein amtierender Präsident ins Visier der Justiz geraten. Strafrechtlich hätten die Vorwürfe – Korruption, Geldwäsche, Bildung einer kriminellen Vereinigung – locker ausgereicht, um ein Ermittlungsverfahren auszulösen. Doch als Präsident genoss Temer Immunität. Solange er im Amt war, konnte ihm nichts geschehen.

Generalbundesstaatsanwalt Janot gelang es nicht, Temer wirklich in Bedrängnis zu bringen. Ehe auch nur ein Strafverfahren eröffnet werden konnte, hätten – genauso wie im Falle von Dilma Rousseff – zunächst die Abgeordnetenkammer und danach der Senat mit Zweidrittelmehrheit der Aufhebung der Immunität zustimmen müssen. Temer verstand es jedoch, seinen politischen Einfluss auf die Abgeordneten geltend zu machen, etwa indem er ihnen finanzielle Unterstützung für Projekte in ihren Wahlkreisen in Aussicht stellte. Eine Mehrheit gegen ihn kam nicht zustande.

Nun kann jeder für sich selbst entscheiden, welche Vorwürfe schwerer wogen: die gegen Dilma Rousseff, die zu ihrem Impeachment führten, oder jene gegen Michel Temer, die bis zum letzten Tag seiner Amtszeit ungeahndet blieben. Bestärkt fühlen dürften sich allerdings jene, die von Anfang an argumentiert hatten, die Absetzung Rousseffs sei kein von der Verfassung legitimierter Vorgang, sondern ein Putsch gewesen.

Temer betätigte sich im politischen Betrieb weiter als Strippenzieher. In seinem bereits genannten Buch berichtet Janot, wie der Präsident versuchte, ihn dazu zu bewegen, auf eine Anklage gegen Eduardo Cunha zu verzichten. Selbst hinter Gittern galt der frühere Präsident der Abgeordnetenkammer noch als der zu diesem Zeitpunkt mächtigste Politiker Brasiliens. Sollte er tatsächlich vor Gericht kommen und öffentlich auspacken – es würde für das politische Brasilien den GAU bedeuten. Noch viel mehr Politiker als im Zuge der *Lava-Jato*-Ermittlungen würden mit in den Abgrund gerissen werden.

Bundesrichter Sérgio Moro beurteilte die Lage offenbar ähnlich wie Temer und teilte seine Einschätzung auch Chefermittler Deltan Dallagnol mit. Die Zeit verstrich, zur Anklageerhebung gegen Cunha kam es nicht.

Mitte Oktober 2018 fand zum in der Verfassung vorgesehenen Zeitpunkt die erste, am 28. Oktober die zweite Runde der Präsidentenwahlen statt. Für die PT schaffte es der frühere Bildungsminister und einstige Bürgermeister von São Paulo Fernando Haddad zwar in die Stichwahl, doch eine Chance hatte der im letzten Moment als Ersatz für den inhaftierten Lula eingesprungene Politiker nicht. In einem extrem harten Wahlkampf gelang es den anderen Kandidaten, die allgemeine Unzufriedenheit über Politik, Wirtschaftslage und Korruption fast ausschließlich auf die PT zu fokussieren und sie als den großen Sündenbock hinzustellen. Direkt oder indirekt unterstützt wurden sie dabei nicht zuletzt von den Ermittlern im Fall *Lava Jato*. Haddad unterlag.

Mitte 2019 wurde das ohnehin wackelige juristische Konstrukt, das zur Verurteilung Lulas geführt hatte, durch eine Veröffentlichung erschüttert. Was dort bekannt wurde, hat für die Beurteilung des Falls *Lava Jato* einschneidende Bedeutung. Manches festgefügte Bild der Vorgänge der letzten Jahre in Brasilien sollte plötzlich ins Wanken geraten.

Der Triplex-Komplex
Dilma war aus dem Amt entfernt worden, die Regierungszeit der PT, die 13 Jahre angedauert hatte – nach Getúlio Vargas (3. November 1930 bis 29. Oktober 1945) die zweitlängste durch-

gängige Regierungszeit einer Partei –, war Geschichte. Die nächsten Wahlen rückten näher, und einer lief sich schon einmal warm. Luiz Inácio Lula da Silva stand bereit, für die dritte Amtszeit zu kandidieren. Die Justiz hatte offenbar etwas dagegen.

Eine ganze Reihe prominenter Politiker und Unternehmer hatten die Ermittler und Bundesrichter Sérgio Moro bereits hinter Gitter gebracht. Doch die *Lava-Jato*-Ermittlungen schienen auszufransen, die öffentliche Aufmerksamkeit nahm ab. Was den Strafverfolgern noch fehlte, war der ganz große Fang.

Vielleicht witterte diesen Moro, als er 2016 Post von der Staatsanwaltschaft São Paulo erhielt. Diese hatte eine Klage gegen den ehemaligen Präsidenten Lula eingereicht, in der ihm vorgeworfen wurde, der versteckte Eigentümer einer dreigeschossigen Penthousewohnung (Triplex) in Guarujá zu sein. Da man ein Verbrechen im Zusammenhang mit den bundesweiten *Lava-Jato*-Ermittlungen witterte, hatte man die Anklage weitergereicht. Das Thema war an sich nicht neu. Medien hatten schon 2010 über einen Zusammenhang zwischen Lula und der Immobilie berichtet, jedoch ohne Hinweise auf Unregelmäßigkeiten. Für Richter Sérgio Moro lag jetzt das vermeintlich letzte Puzzlestück auf dem Tisch. Am 14. September 2016 reichte die Bundesstaatsanwaltschaft die Anklage gegen Lula und sieben weitere Personen ein. Keine Woche später nahm Moro die Anklage dankend an.

Kleiner Schritt zurück: Diese Ermittlung war nicht die einzige, die bei Lula anhängig war. Für Lula, gegen den bereits im Zuge der *Lava-Jato*-Ermittlungen weitere Anklagen vorlagen, schien es langsam eng zu werden. Die Ermittler schienen sich langsam, aber sicher auf den Ex-Präsidenten einzuschießen. Um ihn vor weiteren Ermittlungen und vor allem Strafen zu schützen, griff seine Nachfolgerin Dilma Rousseff zu einem alten Trick: Sie ernannte Lula Mitte März kurzerhand zum Chef der Staatskanzlei.[262] Mit diesem Ministeramt schlüpfte er unter den Schutzmantel der poli-

---

262 Vgl. G1, Planalto anuncia Lula como novo ministro da Casa Civil, http://g1.globo.com/politica/noticia/2016/03/planalto-anuncia-lula-como-novo-ministro-da-casa-civil.html, in: G1 Globo, aufgerufen am 19. September 2021.

tischen Immunität. Solange eine Person ein öffentliches Amt bekleidet, besteht keine Möglichkeit der Strafverfolgung. Der Fall wurde damit auf die Bundesebene zum STF und dem Generalstaatsanwalt Rodrigo Janot verwiesen. Dort müsste der Fall neu aufgerollt werden, was für Lula und dessen Kandidatur 2018 einen enormen Zeitbeginn bedeutet hätte. Aber mit der Ernennung war eine weitere Hoffnung verbunden: Dilma setzte auf die Popularität und das Verhandlungsgeschick Lulas. Möglicherweise würde es ihm noch gelingen, kurz vor Beginn des Impeachments in den Kammern eine Mehrheit gegen die Amtsenthebung zu organisieren. Es war wohl ihre letzte Chance.

Insgesamt galt es, eine Verbindung zwischen dem Bauunternehmen OAS und Petrobras über eine Gesamtsumme von 3,7 Millionen Reais herzustellen. Der Vorwurf: Das luxuriöse, dreigeschossene Penthouse Nr. 164-A im Wohnkomplex »Solaris« im Küstenort Guarujá sei zwar nicht auf Lula direkt übertragen worden, aber vom Bauunternehmen für den Ex-Präsidenten und seine Frau Marisa Leticia reserviert worden. Damit hätten Vermögenswerte verschleiert werden können, was strafrechtlich als Geldwäsche durchginge. Das Geld sollte von einem speziellen Bestechungsgeldkonto der PT, auf dem auch Geld von OAS deponiert worden war, an Lula fließen. Die daraus folgende Annahme: Diese finanzielle Zuwendung sollte die Chancen des Unternehmens bei künftigen Aufträgen erhöhen. Das musste aber bewiesen werden.

Zwar sagte der CEO von OAS, Leo Pinheiro, aus. Am 20. April 2017 gab er in Curitiba Richter Moro zu Protokoll, dass die Wohnung eindeutig Lula gehöre. Sie sei nach dem Bau des Gebäudes nicht in die externe Vermarktung gekommen. Lula und seine Frau Marisa, die Eigentümerin einer Wohnung in dem Condominio war, über das die Medien bereits berichtet hatten, hätten praktisch das Penthouse als Upgrade mit allerhand individuellen Annehmlichkeiten – die Rede ist von Pool und privatem Aufzug – bekommen sollen. Lula selbst habe das Projekt laut Pinheiro besichtigt. Zusätzlich soll es weitere Zeugen gegeben haben, die Lula und seine Frau, die am 3. Februar 2017 kurz vor Aufnahme des Prozesses verstorben war, in dem Wohnkomplex gesehen haben wollen. Auf der anderen Seite beteuerte Lula bei seiner mehrstündigen Vernehmung, die live im TV übertragen worden war, seine Unschuld, räumte jedoch ein, einmal vor Ort gewesen zu sein. Seine Frau Marisa habe tatsächlich Interesse an dem Apartment bekundet, ohne ihm davon zu erzählen. So sehr sich die Anklage auch mühte: Die Beweislage war und blieb dünn. Die Verteidiger Lulas argumentierten überdies, dass es keinerlei Beweise für tatsächlich erbrachte Gegenleistungen gebe. Kritik an dem Strafverfahren wurde laut. Die Verteidiger schalteten die Vereinten Nationen ein, weil sie kein faires Verfahren erwarteten. Internationale Politiker, Parteien und Gewerkschaften – auch aus Deutschland – mahnten einen unvoreingenommenen Prozessverlauf an. Schlagworte wie »Lawfare«, also kriegsähnliche Nutzung von Gesetzen für unrechtmäßige Zwecke, oder »neuer Putsch« tauchten in den Berichten und Kommentarspalten der Medien auf.

Alle Mahnungen halfen nichts: Im Juli 2017 verurteilte Bundesrichter Sergio Moro Luiz Inácio Lula da Silva zu einer Freiheitsstrafe von neun Jahren und sechs Monaten – eine hohe Strafe, angesichts der fehlenden harten Beweise. Sollte er diese Haftstrafe tatsächlich antreten müssen, konnte er die Kandidatur für die Präsidentschaftswahl 2018 und seine weitere politische Karriere vergessen. Lula war zu jenem Zeitpunkt 71 Jahre alt. Doch Lula blieb zunächst, da nur erstinstanzlich verurteilt, auf freiem Fuß, weil seine Verteidiger Rechtsmittel einlegten. Immer wieder beteuerte er seine Unschuld und kündigte, unbeeindruckt von der drohenden Haftstrafe, seine Kandidatur für die Wahl 2018 an. Wollte man ihn davon abhalten, musste Lula in zweiter Instanz verurteilt werden. Und es musste schnell gehen.

Zu Beginn 2018 zeigten erste Meinungsumfragen deutlich, dass Lula der große Gewinner der Wahl werden könnte. Von Beginn an setzte sich der Altmeister an die Spitze des Kandidatenfeldes. Geschah also nichts, sah es so aus, als gelänge es Lula, im Herbst 2018 zurück an die Macht zu kommen. Das galt es aus Sicht einiger Interessengruppen tunlichst zu vermeiden. Gerade erst war es gelungen, die PT-Herrschaft mit dem Amtsenthebungsverfahren zu beenden und mit Interimspräsident Michel Temer einen neoliberalen Rollback zu beginnen. Eine erneute Kandidatur und Präsidentschaft Lulas würde diese Bemühungen zunichtemachen.

Um sicher zu gehen, musste Lula langfristig aus dem Verkehr gezogen werden, und das ziemlich schnell. Schon alleine aus dieser Konstellation heraus lässt sich eine direkte Linie zwischen dem Impeachment Rousseffs und den Prozessen gegen Lula ziehen.

Was auch geschah: In zweiter Instanz packten die Richter sogar noch etwas drauf: Zwölf Jahre und einen Monat lautete nun das Strafmaß. Für Lula und die Verteidigung wurde es eng. Seine Anwälte gaben sich nicht geschlagen. Das Wahljahr 2018 hatte begonnen, und ohne den charismatischen Kandidaten Lula, der in den Umfragen deutlich vor allen anderen Bewerbern lag, hätte die PT jede Hoffnung fahren lassen müssen, das Präsidentenamt zurückzuerobern. Als rechtskräftig verurteilter und im Gefängnis einsitzender Straftäter dürfte Lula nicht kandidieren. Seine Verteidiger versuchten daher einen letzten juristischen Winkelzug unter Berufung auf das Prinzip des *Habeas Corpus*, das jedermann Schutz vor willkürlicher Inhaftierung verheißt. Im Verfahren gegen Lula sei noch eine dritte Gerichtsinstanz möglich, und bis zu deren Urteil habe der Beschuldigte Anspruch auf die Unschuldsvermutung.

Anfang April wies das Oberste Bundesgericht mit sechs gegen fünf Stimmen den Antrag auf *Habeas Corpus* zurück, woraufhin Sérgio Moro den Vollzug der Haftstrafe anordnete. Lula beugte sich, sein Einrücken in das Gefängnis inszenierte er noch einmal groß und medienwirksam. Er ließ sich von der Bundespolizei am Gewerkschaftssitz bei São Paulo abholen. Dort bereiteten Tausende PT-Anhänger in roten T-Shirts, der Farbe der Arbeiterpartei, ihrem Volkstribun einen triumphalen Abgang – ein symbolischer Akt des Widerstandes gegen eine Inhaftierung, die viele Brasilianer als ungerechtfertigt und politisch motiviert empfanden.

Lula war bis zu jenem Zeitpunkt der erste Präsident Brasiliens, der wegen eines allgemeinen Vergehens rechtlich belangt wurde. Vorher hatte es auch Verurteilungen gegeben, allerdings ausschließlich wegen politischer Motive.

Lula muss ins Gefängnis

Als Sérgio Moro die Haft anordnete, bliebt Lula nichts anderes übrig, als diese am 7. April anzutreten. Das tat er aber nicht still und leise. Zunächst besuchte er eine Messe, die im Gedenken an seine im Jahr zuvor verstorbene Ehefrau Marisa Leticia abgehalten wurde. Anschließend verabschiedete er sich sich mit einem Bad in der Menge. Ehe er vor dem Hauptsitz der Metallergewerkschaft in São Bernardo de Campo im Bundesstaat São Paulo in einen Wagen stieg, gab es dort vor Tausenden Unterstützern eine große ökumenische Andacht und politische Kundgebung,[263] zu der hochrangige linke Bundespolitiker gekommen waren. Angefangen von Dilma Rousseff über PT-Präsidentin Gleisi Hoffmann und Manuela d'Avila von der PCdoB, die 2018 als Kandidatin für das Amt der Vize-Präsidentin Fernando Haddads antrat. Dieser prominente Auflauf sollte die politische Dimension der Verurteilung unterstreichen. »Ich habe keine Angst«, rief Lula seinen jubelnden Anhängern zu. »Aber ich würde gerne von Sérgio Moro wissen, was das für ein Kampf ist, den er gegen mich führt.« Und weiter: »Er soll beweisen, welches Verbrechen ich begangen habe.«

Lula wurde nicht in ein x-beliebiges Gefängnis gebracht. Für den Ex-Präsidenten richtete man ein Zimmer in der Regionaldirektion der Bundespolizei PF in Curitiba ein, getrennt von anderen Gefangenen. Vor dem Gebäude richteten Anhänger Lulas eine permanente Mahnwache ein. Jeden Morgen zur selben Zeit begrüßten sie im Sprechchor den Ex-Präsidenten mit *Bom dia, presidente Lula!*[264] und drückten so ihre Unterstützung aus. Ein Ritual, das sie 580 Mal wiederholen mussten.

An der Wahl 2018 konnte Lula naturgemäß nicht teilnehmen. Er saß im Gefängnis, die PT war geschockt. Anstatt gleich das Ruder herumzureißen und einen Plan B zu präsentieren, den man angesichts der heraufdräuenden Situation im Vorfeld hätte entwerfen können, verharrte die Partei in einer Schockstarre. Irgendwie schien man an das Wunder zu glauben, dass Lula vielleicht doch noch aus der Haft entlassen werde.

Das letzte Meldedatum für Kandidaturen ist der 15. August. So lange, war wohl die Annahme der Strategen der PT, wollte

263   Eine Aufzeichnung dieser Veranstaltung ist auf YouTube abrufbar: https://www.youtube.com/watch?v=1iX7eD1UljI, aufgerufen am 20. September 2021.

264   Eine von vielen Videoaufzeichnungen, die auf YouTube abrufbar sind: https://www.youtube.com/watch?v=47pMIyF-IYY, aufgerufen am 20. September 2021.

man die Spannung hochhalten und weiter mit Lula – ob inhaftiert oder nicht – irgendwie den Wahlkampf bestreiten. Denn die Haft hielt Lula nicht davon ab, aus dem Gefängnis den Wahlkampf zu steuern.[265] Täglich besuchte Gleisi Hoffmann Lula im Gefängnis, holte sich Anweisungen und gab sie an die Partei weiter. Wohl niemals zuvor seit der Gründung der PT wurde es so offensichtlich, wie übermächtig Lula die Partei beherrschte. Die Korruptionsskandale und das Impeachment hatten eine Reihe wichtiger Lula-Vertrauter politisch verbrannt, sie konnten in dieser Situation nicht mehr helfen.

Der PT war es nie wirklich gelungen, sich nach Ende der Amtszeit Lulas personell zu erneuern und zukunftsgewandt aufzustellen. Nun erhielt sie die Quittung für ihre Lula-Zentrierung und -Hörigkeit. Möglicherweise fürchtete man sich auch vor weiteren Prozessen und Enthüllungen im Rahmen des *Lava Jato*.

Hinzu kommt, dass aus der PT weder nach dem *Mensalão*-Skandal noch im Zuge der nun schon fünf Jahre andauernden *Lava-Jato*-Ermittlungen ein Gedanke der Einsicht in Fehler oder eine gewisse Läuterung zu vernehmen gewesen wäre. Beide Skandale waren intern nicht genügend aufgearbeitet worden. In der brasilianischen Öffentlichkeit hatte sich ein neuer Common Sense herausgebildet. Grundsätzlich ist »jeder Petralista korrupt, bis seine Schuld bewiesen ist«, wie es der Politologe Jimenez Guimarães beschreibt.[266] Inhalte und Programme interessierten da eher weniger. Ein Grund mehr für die PT, auf die einzige Karte zu setzen, die ihr geblieben war: Lulas Popularität.

Der Plan sollte nicht aufgehen. Als am 15. August die PT den früheren Bürgermeister von São Paulo, Fernando Haddad, und die Vize-Kandidatin Manuela D'Avila ins Rennen schickte, hielt sie indirekt weiter an Lula fest. Bei einem Wahlkampfauftritt in São

265   Vgl. Estadão Conteúdo, Preso há 100 dias, Lula mantém PT imobilizado para as eleições, https://veja.abril.com.br/politica/preso-ha-100-dias-lula-mantem-pt-imobilizado-para-as-eleicoes/, in: Veja, aufgerufen am 20. September 2021.

266   Guimarães, Juarez, O PT e a corrupção – Um testemunho institucional, https://inteligencia.insightnet.com.br/o-pt-e-a-corrupcao-um-testemunho-institucional/, in: Insight Inteligencia, aufgerufen am 20. September 2021.

Paulo erntete Haddad den größten Beifall, als er Lulas Stimme imitierte.[267] Auch im Kampagnenmotto versuchte die PT krampfhaft, einen inhaltlichen Brückenschlag zu Lula hinzubekommen: *Haddad é Lula* – mit Lula auf dem Plakat. Doch es nützte nichts: Haddad verlor die Stichwahl gegen Jair Bolsonaro deutlich.

War es ein politisch motivierter Prozess?

Die dünne Beweislage und die hohe Haftstrafe für Lula legen die Vermutung nahe, dass der Prozess gegen den früheren Präsidenten nicht rein nach juristischen Maßstäben geführt wurde. Zweierlei legt einen solchen Rückschluss nahe: Als Lula längst hinter Gittern saß und sich die Stichwahl zwischen Haddad und Bolsonaro ankündigte, holte Richter Sérgio Moro plötzlich die Aussagen des früheren PT-Finanzministers und Lula-Vertrauten Antonio Palocci aus der Schublade und veröffentlichte sie. Die Befragung hatte Monate zuvor stattgefunden. Zwar hatte die Öffentlichkeit durchaus gespannt darauf gewartet, was Palocci auszusagen hatte – er war wie eine Art Kronzeuge behandelt worden –, doch schien es so, als wollten sich die Richter nicht durch den Druck der Öffentlichkeit zu einer verfrühten Veröffentlichung hinreißen lassen. Vielleicht hatte man aber auch nur auf einen Zeitpunkt gewartet, an dem die explosiven Aussagen des früheren PT-Spitzenmannes ihre maximal destruktive Wirkung entfalten konnten. In diesem Fall war der Zeitpunkt tatsächlich nicht schlecht gewählt. Unentschlossenen Wählern, die vielleicht bereit gewesen wären, der PT eine allerletzte Chance zu geben, dürften nach der Veröffentlichung der Aussagen noch größere Zweifel als ohnehin schon gekommen sein. Andere sahen sich vielleicht in ihrer bereits getroffenen Entscheidung bestätigt, die Arbeiterpartei endgültig in eine lange und hoffentlich harte Oppositionszeit zu schicken.

Paloccis Aussage stützte, wie zu erwarten, die These der Ermittler: Lula sei von Anfang an über alle Vorfälle von Korruption informiert gewesen. Zudem räumte Palocci ein, dass die Wahlkampagnen 2010 und 2014 von Dilma Rousseff mehr als drei Mal

---

267 Video des Auftritts auf Youtube: https://www.youtube.com/watch?v= qgXGYNLoklQ, aufgerufen am 20. September 2021.

so teuer gewesen seien, als er sie dargestellt hatte.[268] Offenbar bedurfte es einen erheblich größeren finanziellen Aufwands, das aus PT-Sicht gewünschte Ergebnis herbeizuführen. Palocci ließ die Hosen runter, ohne Rücksicht auf Verluste. Vor dem Hintergrund der bereits angesprochenen Biografie Peloccis darf man getrost die Frage nach der Glaubwürdigkeit seiner Aussagen stellen. Erst recht vor dem Hintergrund, dass die Aussage im August 2020 vom Obersten Gerichtshof STF kassiert wurde. Für Richter Ricardo Lewandowski war die Veröffentlichung ein »eindeutiger Verstoß gegen die Unparteilichkeit«. Damit habe Moro das Ergebnis des Wahlstreits »auf direkte und relevante Weise« beeinflusst. »Mit anderen Worten, der ehemalige Richter hat mehr als drei Monate nach der Genehmigung der Entlassung von Antonio Palocci gewartet, um in der Woche des ersten Wahlgangs 2018 ohne vorherigen Antrag der anklagenden Stelle den effektiven Beitritt zu dem zitierten Strafverfahren zu bestimmen«, sagte Lewandowski.[269] Moro wurde später vom Obersten Gerichtshof als befangen erklärt.

Das Ziel schien erreicht: Lula im Gefängnis, PT-Regierung verhindert. Als Dankeschön dafür wurde Moro befördert. Kurz nach der Wahl verabschiedete er sich aus dem Justizdienst, um neuer Superminister für Justiz und Innere Sicherheit unter dem Präsidenten Jair Bolsonaro zu werden. Mit dem Urteil gegen Lula hatte er nicht nur seinem neuen Regierungschef zum Wahlsieg verholfen, sondern sich selbst den Weg für den nächsten Karriereschritt geebnet. Moros Freude an dem Amt währte aber nur ein gutes Jahr: Schon im April 2020 trat er wieder zurück. Hintergrund: Die Bundespolizei ermittelte gegen die Söhne von Präsident Bolsonaro. Als ihnen die Strafverfolger zu nahe kamen, bat Bolsonaro seinen Minister, die Beamten zurückzupfeifen und die Spitze der Bundespolizei neu zu besetzen – mit einem Freund

268 Vgl. Jornal Nacional, Em delação premiada, Palocci diz que Lula sabia da corrupção na Petrobras, https://g1.globo.com/jornal-nacional/noticia/2018/10/01/em-delacao-premiada-palocci-diz-que-lula-sabia-da-corrupcao-na-petrobras.ghtml, in: G1 Globo, aufgerufen am 23. September 2021.

269 Vgl. Brito, Ricardo, STF decide retirar delação de Palocci de ação da Lava Jato contra Lula, https://www.reuters.com/article/politica-stf-lula-moro-palocci-idLTAKCN25034M, in: Reuters, aufgerufen am 23. September 2021.

der Familie Bolsonaro. Diesen Wunsch erfüllte ihm Moro nicht. Ende April warf Moro hin, seither ist es ruhig um ihn geworden. Er meldet sich seither nur noch sporadisch via Twitter zum politischen Tagesgeschehen. Immer wieder gibt es Gerüchte, Moro wolle 2022 für das Amt des Präsidenten kandidieren.

Die schmutzigen Tricks der sauberen Juristen – Vaza Jato

Die politische Bombe platzte am 5. Juli 2019, als der US-amerikanische Investigativ-Journalist Glenn Greenwald auf seinem Portal *The Intercept* Gesprächsmitschnitte veröffentlichte, die ihm über die als sicher geltenden Kommunikationsplattform Telegram zugespielt worden waren. Zu hören waren Unterhaltungen zwischen Richter Sérgio Moro und Ermittler Deltan Dallagnol. Sie belegen, auf welche Weise Moro allem Anschein nach versucht hatte, direkten Einfluss auf die Ermittlungen im Fall *Lava Jato* zu nehmen. Die Öffentlichkeit erfuhr, wie der Richter die Strafverfolger steuerte, Ermittlungen beschleunigte oder bremste und strategische Absprachen mit den Staatsanwälten traf.

Mit seinen Enthüllungen erschütterte Greenwald die Glaubwürdigkeit der Akteure des *Lava Jato* bis in die Grundfesten. Im Verfahren gegen Lula hatte Dallagnol, wie sich jetzt herausstellte, durchaus Zweifel gehegt, ob die Beweislage im Fall des Appartements in Guarujá tatsächlich ausreiche, um dem Angeklagten eine Schuld nachzuweisen. Moro hatte daraufhin offenbar versucht, diese Zweifel zu zerstreuen. Greenwalds Enthüllungen versetzten dem Ansehen des einstigen Hoffnungsträgers Moro einen schweren Schlag – und dem Vertrauen der Brasilianer in die gesamte Operation *Lava Jato* gleich mit.

Lula wieder auf freiem Fuß

Die Geschichte war in Bewegung geraten. Am 8. November 2019 traf der Oberste Gerichtshof eine Entscheidung, die das Potenzial hat, die Operation *Lava Jato* komplett auszubremsen: Lula sei unverzüglich aus dem Gefängnis freizulassen. Am 27. November war es so weit. In São Bernardo im Bundesstaat São Paulo bereiteten Zehntausende Menschen, die meisten auch diesmal in T-Shirts in der roten Farbe der Arbeiterpartei, ihrem Idol am

Hauptquartier der Metallergewerkschaft einen jubelnden Empfang. Die Bilder ähnelten jenen, die an dem Tag, als sich Lula der Polizei stellte, über die Sender gingen.

Auch in diesem Fall hatte das Gericht wieder mit knapper Mehrheit entschieden, diesmal mit sechs zu fünf Stimmen zugunsten von Lula. Es handelte sich nicht um eine Begnadigung oder gar einen Freispruch. Die Richtermehrheit befand lediglich, in zweiter Instanz verurteilte Personen dürften nicht automatisch inhaftiert werden, solange nicht alle Rechtsmittel ausgeschöpft seien. Sollte Lula in seinem angestrebten Berufungsverfahren vor dem Obersten Gerichtshof nicht erfolgreich sein, wird er also wieder einrücken müssen, um den großen Rest seiner Strafe zu verbüßen.

Freilich ist der Ex-Präsident nicht der einzige Nutznießer der Entscheidung des Obersten Gerichtshofs. Wie Medien vorrechneten, könnten bis zu 5000 Verurteilte wieder auf freien Fuß kommen, unter ihnen auch Dutzende aus der Operation *Lava Jato*, die aufgrund überzeugend und stichhaltig wirkender Beweise für schuldig befunden wurden. Ob sie jemals ihre verdienten Strafen werden absitzen müssen, wäre dann mehr als fraglich. Denn wer sich teuren juristischen Beistand leisten kann, hat auch und gerade in Brasilien die Möglichkeit, das eigene Verfahren in die Länge zu ziehen, kleine Formfehler zu schweren Verfahrensfehlern aufzubauschen oder auf andere Weise den Prozess solange hinauszuzögern, bis Verjährung und damit Straffreiheit winkt. Damit macht die brasilianische Justiz einen gewaltigen Rückschritt in jene Vergangenheit, in der sich gutbetuchte Angeklagte ihre Freiheit quasi erkaufen konnten.

Oberstes Gericht annulliert Urteile

Im März 2020 dann der nächste große Knall: Wie am Beginn des Buches beschrieben, verkündet der Bundesrichter Edson Fachin die Annullierung sämtlicher Entscheidungsinhalte des Prozesses, die gegen Lula im Rahmen des *Lava Jato* vorgebracht worden waren. Darüber hinaus ist die Begründung eher: Das Regionalgericht in Curitiba hätte nicht über diesen Fall urteilen dürfen, weil er eine Bundesangelegenheit darstelle. Alle Urteile und Beweise wurden damit annulliert. Der Prozess bzw. die Entscheidung über das

Strafmaß muss vor einem Gericht im *Distrito Federal* in Brasília komplett neu aufgerollt werden. Das kann natürlich dauern. Bis dahin erhält Lula seine politischen Rechte zurück. Die Gefahr, dass der neue Prozess noch vor der Wahl 2022 aufgenommen und beendet wird, ist relativ gering. Der Weg für eine Kandidatur im Herbst 2022 ist offenbar frei.

Lava Jato schleichend am Ende

Was spektakulär begann und bis heute eine der größten Antikorruptions-Ermittlungen der Welt ist, erfuhr ein unspektakuläres Ende. Fast unbemerkt rollte *Lava Jato* aus. Dabei liest sich die Gesamtbilanz durchaus eindrucksvoll: In fast sieben Jahren kam es zu 174 Verurteilungen in Brasilien, außerdem wurden zwölf Präsidenten und ehemalige Präsidenten Lateinamerikas, darunter Luiz Inácio Lula da Silva, zur Verantwortung gezogen. Durch die Prozesse flossen insgesamt rund 4,3 Milliarden Reais in die öffentlichen Kassen zurück, weitere 15 Milliarden sind noch auf dem Weg.

In letzter Zeit hat *Lava Jato* erheblich an Glanz verloren. Nicht zuletzt wegen der offensichtlichen handwerklichen Fehler und der politischen Motivation, mit der vor allem Sérgio Moro zu Werke gegangen war. Die vermeintlich Unbestechlichen hatten ihre Unfehlbarkeit verloren, entpuppten sich als interessengesteuerte Aktivisten. Die hohe Glaubwürdigkeit, die *Lava Jato* lange getragen hatte, war weg. Deshalb hat die Generalstaatsanwaltschaft Anfang Februar 2021 die Auflösung des ursprünglichen Ermittlerkerns bekanntgegeben. Größere Reaktionen auf die Entscheidung gab es nicht.

Ironischerweise, aber symptomatisch geschah dies ausgerechnet unter der Präsidentschaft von Jair Bolsonaro. Die durch die Operation ausgelöste Anti-Establishment-Welle hatte ihn 2018 ins Präsidentenamt gespült. Man könnte es auch ausdrücken wie der Soziologe Celso Rocha: »Der Politiker, der am meisten von den Antikorruptionsermittlungen profitiert hat, hat den letzten Nagel in seinen Sarg geschlagen«.[270] Viel mehr noch: Bolsonaro,

---

270 Vgl. Istoé, O discreto fim da Operação Lava Jato, https://istoe.com.br/o-discreto-fim-da-operacao-lava-jato/, in: Istoé, aufgerufen am 24. September 2021.

gegen den inzwischen mehrere Korruptionsermittlungen laufen, unter anderem wegen vermeintlicher Schmiergeldzahlungen im Zusammenhang mit Covid-Impfstoffen, fühlt sich sicher genug, um das Ende des *Lava Jato* zu verspotten. Bolsonaro prahlte im Oktober 2020 damit, seine letzte Chance genutzt zu haben: »Ich habe den Lava Jato beendet, weil es in der Regierung keine Korruption mehr gibt.«

Lula wieder frei und aktiv

Kaum aus dem Gefängnis entlassen, mischte Lula wieder auf dem politischen Parkett mit. Als erstes suchte er drei Tage nach der Annullierung den Kontakt zum neuen US-Präsidenten Joe Biden. In dem Gespräch bat er den neuen Mann im Weißen Haus darum, im Rahmen der G20-Treffen eine globale Impfstrategie gegen Covid zu erarbeiten.

Ein bewusst gesetzter Kontrapunkt zu Amtsinhaber Bolsonaro, dessen Bemühungen um eine gleichberechtigte Beziehung zu Donald Trump intensiv waren, ohne dabei erfolgreich zu sein. Zudem hatte Bolsonaro es lange vermieden, Biden zum Wahlsieg zu gratulieren. Bolsonaro war einer der letzten Unterstützer Trumps, die dessen Mär von der »gestohlenen Wahl« weitertrugen, als sie längst widerlegt war.

Ein weiteres Signal: Lula setzt, anders als Bolsonaro, auf multilaterale Problemlösung und nicht auf nationalistischen Protektionismus. Schon während Lulas Amtszeit spielte die internationale Zusammenarbeit eine wichtige Rolle. Brasilien drängte in den Weltsicherheitsrat der UNO. Manches, etwa die exorbitant große Zahl an Auslandsreisen, die Lula in den acht Jahren unternommen hatte, mag nicht immer zielführend gewesen sein. Aber sie sollten der Welt signalisieren, dass auf internationalem Parkett auf Brasilien Verlass sei. Deshalb hatten brasilianische Blauhelme 2004 die Koordination eines UN-Einsatzes im Karibikstaat Haiti übernommen und dafür überwiegend Lob erhalten. Nur der Kommandeur der Mission, General Carlos Alberto dos Santos Cruz, hatte sich mit der Ausrichtung des Einsatzes unzufrieden gezeigt. Am Rande sei erwähnt, dass Carlos Alberto dos Santos Cruz später kurzzeitig Minister der Regierung Bolsonaro wurde, jedoch aus Kritik an deren personenbezogener Ausrichtung nach einigen Monaten zurücktrat. Cruz hatte unter anderem Bolsonaros frühe Putsch-Andeutungen, dass es 2022 keine Wahl geben könne, als absurd bezeichnet.[271]

Lulas Vorstoß war ein klarer Seitenhieb auf Bolsonaros Covid-Politik. Dieser hatte sich bis zuletzt vor allem dadurch hervorgetan, das Virus nicht ernst zu nehmen, Empfehlungen der Weltgesundheitsorganisation WHO zu ignorieren oder das Gegenteil davon zu empfehlen und vorzuleben. Auch bei der Beschaffung von Impfstoff hatte Bolsonaro keine große Eile an den Tag gelegt und gewartet, bis weltweit alle Kapazitäten ausgeschöpft waren und sich Brasilien in die lange Reihe der Wartenden einreihen musste. Vor allem deshalb erlebte Brasilien einen der schlimmsten Pandemieverläufe weltweit. Mehrere Hunderttausend Menschen starben offiziell – inoffiziell dürfte es ein Vielfaches gewesen sein, da in Brasilien kaum getestet wurde. Mit seiner Verharmlosung und seinem Missmanagement hatte sich Bolsonaro aber verzockt. Immerhin hatten die Toten Angehörige. Man kann sich leicht ausrechnen, dass es eine Menge Menschen in Brasilien gibt, die den Tod eines oder mehrerer Angehöriger zu beklagen hatten, gerade aus den ärmeren Bevölkerungsschichten, die oft in sehr beengten Verhältnissen leben. Das hatte die Stimmung kippen lassen. An diesem Punkt setzt Lula an.

Statt Opfer und Betroffene indirekt zu verhöhnen, zeigt er Empathie und Mitgefühl. Lula, der Volkstribun und Seelenfänger, nahm die Sorgen der Menschen ernst und suchte nach einer Lösung. Lula, der Versöhner, Lula, der Kümmerer – das ist seine Botschaft. Praktisch eine Blaupause der Wahlkampftaktik, mit der Biden Trump besiegt hatte.

Einen väterlich-versöhnlichen Ton schlug Lula an, als Präsident Jair Bolsonaro im Vorfeld des Nationalfeiertags am 7. September 2021 seine Anhänger im ganzen Land zu Demonstrationen auf-

---

271 Vgl. Poder360, Para Santos Cruz, projeto de governo de Bolsonaro é »estritamente pessoal« …, https://www.poder360.com.br/governo/para-santos-cruz-projeto-de-governo-de-bolsonaro-e-estritamente-pessoal/, in: Poder360, aufgerufen am 24. September 2021.

rief. Während Präsident Bolsonaro in Brasília und São Paulo den Obersten Gerichtshof scharf angriff und zum Sturm auf die Institutionen blies,[272] veröffentlichte Lula ein fünfminütiges Video,[273] in dem er das tat, was ein amtierender Präsident angesichts der Pandemie hätte tun müssen: den Familien, die Mitglieder verloren hatten, Solidarität und Mitgefühl auszusprechen und den Brasilianern Mut auf eine bessere Zukunft zu machen. Selbst das durchaus Lula-kritische Magazin *Veja* fand für den staatsmännischen Vortrag lobende Worte. »Lula schießt ein Tor«,[274] lautete die Überschrift.

Lula lässt keine Gelegenheit aus, den entgegengesetzten Standpunkt zu Bolsonaro einzunehmen und so maximale Distanz zu seinem wahrscheinlichen Hauptgegner zu erzeugen. Auch die Art und Weise, wie er sich immer wieder an das Volk wendet, erinnert weniger an einen Herausforderer als vielmehr an einen Politiker, der bereits im Amt ist. Die Botschaft ist eindeutig: Ihr braucht nicht mehr auf das zu hören, was der andere euch erzählt.

PT und die Evangelikalen

Lula wartet nicht, bis er von der PT als Kandidat für die anstehende Präsidentschaftswahl aufgestellt wird, um erste Allianzen schmieden zu können. Eine strategisch wichtige Rolle nehmen dabei neben Unternehmern, Militär und Vertretern der Zentrumsparteien[275] die Evangelikalen ein. Im folgenden beziehe ich mich auf die neopentekostalen Gruppen, die in den 1980er-Jahren entstanden und sich stark in die Politik einbringen und in den Medien präsent sind.

---

272 Vgl. Nöthen, Andreas, Brasilien: Präsident Bolsonaro mobilisiert, aber für einen Putsch reicht es nicht, https://web.de/magazine/news/brasilien-praesident-bolsonaro-mobilisiert-putsch-reicht-36154584, in: Web.de, aufgerufen am 24. September 2021.

273 Video abrufbar auf YouTube unter: https://www.youtube.com/watch?v=hiFrW31JqvE, aufgerufen am 24. September 2021.

274 Vgl. Leitão, Matheus, 7 de Setembro: Lula marca um gol, https://veja.abril.com.br/blog/matheus-leitao/7-de-setembro-lula-marca-um-gol/, in: Veja, aufgerufen am 24. September 2021.

275 Vgl. Roxo, Sérgio, Lula e a ›carta aos evangélicos‹, https://oglobo.globo.com/epoca/brasil/lula-a-carta-aos-evangelicos-24931854, in: Globo, aufgerufen am 15. September 2021.

Im Juni 2021 berichteten Medien, dass sich Lula mit evangelikalen Vertretern getroffen habe. Einer der ersten war Manoel Ferreira von der *Assembleia de Deus*. Dieser war schon früher eher PT-nah, galt als Verbündeter Lulas und unterstützte die Wiederwahl Dilma Rousseffs, als es 2014 eng wurde. Laut *Veja* soll es nicht bloß um eine unverbindliche Kontaktaufnahme gegangen sein. Ganz offen soll Lula Ferreira im Fall seines Wahlsiegs das Amt des Vizepräsidenten angeboten haben.[276]

Lula hat erkannt: Will er im Herbst 2022 zum dritten Mal in den *Palacio Planalto* einziehen, braucht er mächtige Verbündete außerhalb des unmittelbaren politischen Betriebs. Das zeigt die Wahl seines Widersachers Jair Bolsonaro 2018. Damals hatten rund 70 Prozent der Brasilianer, die sich einer der zahlreichen evangelikalen Gruppierungen zugehörig fühlen, für den Rechtsaußen gestimmt. Lulas Ziel muss also lauten, die »Hegemonie Bolsonaros zu durchbrechen«.[277] Dessen Wahlkampfmotto lautete nicht von Ungefähr *Brasil acima de tudo, Deus acima de todos* (»Brasilien über alles, Gott über allen«). Für die Unterstützung gibt Bolsonaro gerne etwas zurück. So wurde Marcelo Crivella, im Herbst 2020 abgewählter Ex-Oberbürgermeister von Rio de Janeiro, vom Präsidenten zum Botschafter in Südafrika befördert. Das afrikanische Land und BRICS-Partner Brasiliens ist für die *Igreja Universal*, eine der größten Kirchen, als Land mit der viertgrößten Anhängerschaft von eminenter Bedeutung. Crivella war vor seiner Politikkarriere Bischof der *Igreja Universal* gewesen, die sein Onkel Edir Macedo in den 1970er-Jahren gegründet hat. Macedo ist heute einer der mächtigsten und reichsten Männer Brasiliens mit etlichen TV- und Radiostationen.

276 Vgl. Gonçalves, Eduardo, À espera de um milagre: a difícil ofensiva de Lula no universo evangélico, https://veja.abril.com.br/politica/a-espera-de-um-milagre-a-dificil-ofensiva-de-lula-no-universo-evangelico/, in: Veja, aufgerufen am 15. September 2021.

277 Vgl. Lima, Luciana, PT investe em reaproximação com evangélicos. Conheça »os pastores de Lula«, https://www.metropoles.com/brasil/politica-brasil/pt-investe-em-reaproximacao-com-evangelicos-conheca-os-pastores-de-lula, in: Metropoles, aufgerufen am 15. September 2021.

Seit der Niederlage Haddads war der Dialog zwischen der linken PT und Vertretern der Glaubensgemeinschaften eingefroren. Wie schwer es sein dürfte, aus dem momentan noch stramm bolsonarotreuen Block Stücke herauszubrechen, zeigt das Beispiel Ferreira. Während er den Gesprächskanal zu Lula öffnete, stellten seine Söhne, die »Bischöfe« Samuel und Abner, demonstrativ ihre Unterstützung für Bolsonaro zur Schau. Sie sind nicht die einzigen. Silas Malafaia, mächtiger TV-Prediger und enger persönlicher Freund Bolsonaros – er schloss die dritte Ehe Bolsonaros mit Michelle –, gehört zu den Bolsonaro-Unterstützern, ebenso wie die vom Magazin *Metropoles* aufgelisteten Marcos Feliciano (*Convenção de Assembleia de Deus*), Claudio Duarte (*Projeto Recomeçar*), Jorge und Daniela Linhares (*Igreja Batista Getsemani*), Rene Terra Nova (*Minístro Internacional Restauração*) oder Estevam Hernandes (*Renascer*). Sie alle hatten im Vorfeld der großen Demonstration am 7. September 2021 die Werbetrommel für Bolsonaro gerührt. Bolsonaro hat die Politik religiös aufgeladen. In jedem Gottesdienst, in jeder Bibelstunde verbreiten die Bischöfe und Prediger neben der Heilsbotschaft der Bibel die Parolen Bolsonaros und seiner Politik – eine groß angelegte Gehirnwäsche.

Der Vorstoß Lulas fand breite öffentliche Beachtung. Die PT versucht zu beschwichtigen: Man spreche mit allen Religionen, um »die Repräsentanz des Volkes zu stärken«. Die Gesprächspartner sind sorgfältig ausgewählt. In Bahia traf Lula den Abgeordneten der Partei *Avante*. 2018 erhielt er 323 000 Wählerstimmen, so viele wie sonst niemand im Bundesstaat Bahia. Isidório ist ein Vertreter der »*cura gay*«, also der Geistlichen, die sich als von Homosexualität »geheilt« betrachten und sich deshalb dem Glauben verschrieben haben. Vor seiner Predigerkarriere war er Militärpolizist. Vor allem in der Gewaltfrage gehen seine Ansichten und die von Bolsonaro diametral auseinander.[278] Bezüglich sexueller Themen liegen sie auf gleicher Wellenlänge. Beide verteidigen klassische Familienbilder. Isidóro gehörte zu den Abgeordneten,

---

278 Vgl. Coelho, Tiago, Um pastor sargento contra Bolsonaro, https://piaui. folha.uol.com.br/um-pastor-sargento-contra-bolsonaro/, in: Piauí, aufgerugen am 16. September 2021.

die im Kongress einen »Tag des Stolzes, hetero zu sein« anregten. Lula scheint sich genau die evangelikalen Vertreter auszusuchen, die eine offensichtliche Sollbruchstelle im Verhältnis zum aktuellen Präsidenten vorzuweisen haben.

Pastor Ariovaldo Ramos unterstützt Lula schon lange. Er besuchte den Ex-Präsidenten im Gefängnis in Curitibá. Er ist der Koordinator der *Frente de Evangelicos pelo Estado de Direito* (»Evangelikale Front für Rechtsstaatlichkeit«). »Es wird behauptet, dass die PT das Gespräch mit dem Zentrum sucht, das gegen die derzeitige Bundesregierung ist. Es wird sogar gesagt, dass einige bereits einen Kandidaten vorschlagen, der an das Duo Lula/Alencar erinnert. Das Ziel scheint der Aufbau einer umfassenden Anstrengung zu sein, um die extreme Rechte, die von der derzeitigen Regierung vertreten wird, zu besiegen«, schreibt Ramos in einem Gastbeitrag für das Portal *Rede Brasil Atual*. Für Ramos war es vor allem die Corona-Politik Bolsonaros, die ihn auf Distanz gehen ließ. »Und es waren die Märchen der Leugnung, die die Sterberate sogar noch erhöht haben«, zitiert ihn *Metropoles*. Bolsonaro hatte das Virus immer wieder als harmlose Grippe bezeichnet und sowohl Masken als auch Abstandsregeln als unnötig bezeichnet. Für Erkrankte hatte er das unwirksame, aber vom Militär im großen Stil hergestellte Medikament Cloroquin beworben.

Ramos deutet es an: Es ist nicht das erste Mal, dass die PT die Nähe zu evangelikalen Multiplikatoren sucht. Lula hatte schon im Präsidentschaftswahlkampf 2001 erkannt, dass es strategisch wichtig ist, diese bedeutsame und stetig wachsende Gruppe gezielt anzusprechen. Er tat dies, indem er José Alencar von der Partei PRB für das Amt des Vize-Präsidenten vorschlug. Die PRB ist eine der Parteien, in denen der Anteil evangelikaler Politiker besonders hoch ist. Die PRB ist zwar eine kleine Partei, aber das Signal war unübersehbar.

Ein besonderer Fall ist der Gründer der *Igreja Universal*, Edir Macedo. Seine Kirche ist eine der größten Brasiliens und der ganzen Welt, mit 10 000 Kirchengebäuden (auf Portugiesisch templo, also Tempel, genannt) und 14 000 Priestern in 95 Ländern. Sein TV-Sender *Recorde TV* ist nach dem Medienkonzern *Rede Globo* der zweitgrößte Brasiliens. Zudem unterhält er Dutzende Radiostationen, Reisebüros, Versicherungen – ein spiritueller Misch-konzern. Für sein Buch *O Reino. A história de Edir Macedo e uma radiografia da Igreja*[279] hat der Journalist Gilberto Nascimento die Kirche über Jahre journalistisch begleitet. Er beschreibt in einem Interview[280] den Zwiespalt, in dem sich Brasilien befindet: »Wir haben eine Regierung im Lande (Anm. d. Autors: die Regierung von Jair Bolsonaro), die viel von diesem Projekt hat. Es gibt Grup-pen, die möchten, dass wir in einer Theokratie leben, einem Sys-tem, in dem politische, rechtliche usw. Entscheidungen auf der Grundlage der Gebote religiöser Gruppen getroffen werden, oder dass religiöse Menschen alles entscheiden und die Entscheidungen im Land treffen. Und jetzt gibt es Gruppen, die entscheiden wol-len, ob eine Frau abtreiben darf oder nicht, ob sie rosa Kleidung tragen darf oder nicht, ob ein Junge blau tragen muss, und Dut-zende anderer Dinge. Diese Fraktionen sind im Laufe der Jahre im Parlament immer stärker geworden und haben sich zu Frak-tionen zusammengeschlossen. Universal hat 30 Abgeordnete, wir haben den evangelikalen Fraktionsvorstand.«

Für Edir Macedo ist dieser Widerspruch nichts, was man nicht politisch überbrücken könnte. Seit Ende der Diktatur hatte er den Kontakt zu jedem gewählten Präsidenten gesucht – und gefunden, auch wenn Fernando Collor, ein Katholik, zunächst Macedos An-gebot ablehnte, bei dessen Amtsantritt ein Gebet zu sprechen.

Viele der progressiven Strömungen innerhalb der PT dürften die Wertevorstellungen und vor allem die Haltung der *Igreja Uni-versal* ablehnen. Marina Silva, ebenfalls Evangelikale (*Assembleia de Deus*) und Umweltministerin unter Lula, vertrat grundsätzlich auch wertkonservative Haltungen. So lehnte sie Abtreibungen ab, befürwortete allerdings in solchen Fragen die Durchführung von Volksbefragungen. Als sie 2014 für die Grünen im Präsidentschafts-wahlkampf kandidierte und als Dritte ein ordentliches zweistelliges

279 Nascimento, Gilberto, O Reino. A história de Edir Macedo e uma radio-grafia da Igreja, Companhia das Letras, Brasilien, Januar 2019.
280 Dip, Andrea, »Edir Macedo tem uma visão muito pragmática: Se há poder eu tô junto«, https://exame.com/brasil/edir-macedo-tem-uma-visao-muito-pragmatica-se-ha-poder-eu-to-junto/, in: Exame, aufgerufen am 17. Septem-ber 2021.

Ergebnis einfuhr, war das auch ein Verdienst ihrer klaren Haltung in Umweltfragen. Auch ihre religiöse Ausrichtung dürfte für ein paar Prozentpunkte gut gewesen sein.

Macedo kann auf die Unterstützer der PT und Lulas kaum verzichten. So lud Macedo Lula ein, von der Kanzel seiner Kirche zu sprechen, obwohl er diesen in Predigten schon mit dem Satan in Verbindung gebracht hatte. Vor allem als Türöffner für viele afrikanische Staaten ist Lula für die *Igreja Universal* von strategischer Bedeutung, auch für die Vergabe und Verlängerung von Sendelizenzen ist die Bundesregierung zuständig. Immer in Macedos Blick: das weitere Wachstum des spirituellen Imperiums. Aber auch Lula braucht einen guten Draht zu Menschen wie Macedo. Das belegt die Statistik.

Die Bedeutung evangelikaler Glaubensgemeinschaften wächst rasant. Bei der Volkszählung von 1940 machten Katholiken 95,2 Prozent der Bevölkerung aus, die Evangelikalen 2,6 Prozent. 2000 sank der Anteil der katholischen Bevölkerung auf 73,9 Prozent, während der Anteil der evangelikalen auf 15,4 Prozent anstieg. Diese Tendenz setzte sich fort: 2010 machten die Evangelikalen 22,2 Prozent der Brasilianer aus, während der Anteil der Katholiken auf 64,6 Prozent gesunken war. Laut Prognosen dem statistischen Bundesamtes IBGE ist es möglich, dass die Katholiken innerhalb des nächsten Jahrzehnts zu einer Minderheit werden: 2032 könnten sie nur noch rund 38 Prozent der brasilianischen Bevölkerung ausmachen, 40 Prozent könnten dann Evangelikale sein.[281]

Die Evangelikalen sind weder eine eigene Gruppe im Parlament noch in eigenen Parteien vertreten. Sie bilden eine sogenannte bancada, eine fraktionsübergreifende Interessengemeinschaft. In der Legislaturperiode 2011–2014 gab es 16 Parteien aller Richtungen mit einer klaren Option für Mitte-Rechts-Legenden. Das bedeutet, dass sich das Spektrum innerhalb des Kongresses ein Stück nach rechts verschoben hatte, was für Dilma Rousseff größere politische Zugeständnisse bedeutete und größeren Vermittlungsgeschicks be-

---

281 Vgl. Nunes, Fernanda, Um novo templo toda semana, https://piaui.folha. uol.com.br/um-novo-templo-toda-semana/, in: Piauí, aufgerufen am 17. September 2021.

durfte, um ihre Regierung auf Kurs zu halten. Der Schwerpunkt lag bei der Brasilianischen Republikanischen Partei (PRB, acht Abgeordnete), der Christlich-Sozialen Partei (PSC, 11 Abgeordnete) und der Partei der Republik (PR, neun Abgeordnete).[282]

Als die *Igreja Universal* am 31. Juli 2014 in São Paulo ihren gewaltigen Salomontempel einweihte, war die Gästeliste aus der Politik lang. Wie u. a. das macedonahe Newsportal *R7* stolz berichtete, saß Präsidentin Rousseff bei der Einweihung des Tempels neben Edir Macedo. Mehr Nähe geht wohl kaum. Außerdem dabei waren der Gouverneur von São Paulo, Geraldo Alckmin (PSDB), der Bürgermeister Fernando Haddad (PT), der Minister des Obersten Bundesgerichts (STF), Marco Aurélio Mello, die Präsidentin des Obersten Militärgerichts (STM), Elizabeth Teixeira Rocha, der Direktor der Bundespolizei, Leandro Daiello Coimbra, der Generalkonsul Israels, Yoel Barnea sowie mehrere Gouverneure, Bundes- und Landesabgeordnete, Landräte und Bürgermeister.[283]

Dilma Rousseff war es auch, die den Fischereiminister Luíz Sérgio (PT) durch Marcelo Crivella (PRB, die Partei von José Alencar) ersetzte. Als sie von Präsident Lula zu seiner Nachfolgerin gewählt wurde, nahm sie zwei Jahre lang (2008–2009) an verschiedenen Gottesdiensten und Messen teil und versuchte so, die Beziehungen zu religiösen Führern – Katholiken und Evangelikale gleichermaßen – zu stärken, um Vorurteile bezüglich ihrer Zugehörigkeit zum militanten Widerstand während der Jahre der Diktatur, ihrer marxistischen Überzeugungen und ihrer Vergangenheit in der Guerillabewegung zu überwinden.[284] Auch im Wahlkampf spielten Themen, die Evangelikalen wichtig sind, eine Rolle.

282 Vgl. De Paula, Marilene, Religião e política: os evangélicos no poder, https:// br.boell.org/pt-br/2012/05/08/religiao-e-politica-os-evangelicos-no-poder, Heinrich Böll Stiftung, aufgerufen am 15. September 2021.

283 R7, Com a presença de Dilma, Templo de Salomão é inaugurado em São Paulo, https://noticias.r7.com/brasil/com-a-presenca-de-dilma-templo-de-salomao-e-inaugurado-em-sao-paulo-13102016, in R7 Rede Recorde, aufgerufen am 17. September 2021.

284 Vgl. De Paula, Marilene, Religião e política: os evangélicos no poder, https:// br.boell.org/pt-br/2012/05/08/religiao-e-politica-os-evangelicos-no-poder, Heinrich Böll Stiftung, aufgerufen am 15. September 2021.

2010 mussten die bis dahin führenden Präsidentschaftskandidaten Dilma Rousseff (PT) und José Serra (PSDB) ihre Position zur Kriminalisierung der Abtreibung erklären. Weder Dilma noch Serra hatte ein bestimmtes religiöses Profil, noch wurde dieses Thema zu diesem Zeitpunkt in der Gesellschaft debattiert. Auf der Suche nach den Stimmen der Religiösen, vor allem der Evangelikalen, sprachen sich die Kandidaten gegen die Abtreibung aus, obwohl Serra im Gesundheitsministerium eine Politik der Empfängnisverhütung verfolgte und Rousseff sich bei mehreren Gelegenheiten öffentlich zur Entkriminalisierung der Abtreibung geäußert hatte. Während des Wahlkampfs musste Dilma eine Botschaft veröffentlichen, in der sie sich verpflichtete, keine Initiative zu ergreifen, um »Änderungen in Punkten vorzuschlagen, die die Abtreibungsgesetzgebung und andere Fragen der Familie und der freien Religionsausübung im Lande betreffen.«

Evangelikale können Wahlen entscheiden. Darum werden sie inzwischen von allen Politikern hofiert. Auch Fernando Haddad (PT) versuchte im Wahlendspurt gegen Jair Bolsonaro 2018 alles, schrieb einen Brief an die Evangelikalen (*carta aos Evangélicos*),[285] in dem er sich über den unfairen und schmutzigen Wahlkampf beklagte. In dem Schreiben erklärt Haddad, dass »seit den Wahlen von 1989 Angst und Lügen gegen die PT gesät worden sind«. Die ausgestrahlten Stücke seien »von niedrigem Niveau« und »eine Beleidigung der Intelligenz von normal denkenden, anständigen Menschen«. »Kommunismus, Gender-Ideologie, Abtreibung, Inzest, Schließung von Kirchen, Verfolgung von Gläubigen, Verbot von Gottesdiensten: alles, was sie meiner zukünftigen Regierung vorwerfen, wurde schon gegen Lula und Dilma verwendet.« Wie erwähnt, half der Appell nichts. Die Evangelikalen unterstützten mit großer Mehrheit Jair Bolsonaro.

Warum sind sie so mächtig? Die Evangelikalen verfügen über zwei entscheidende Voraussetzungen, die es erschweren, an ihnen

285 Gazeta de Povo, Haddad divulga carta aberta a eleitores evangélicos., https://www.gazetadopovo.com.br/politica/republica/eleicoes-2018/haddad-divulga-carta-aberta-a-eleitores-evangelicos-leia-na-integra-6vucgjinrotveqcm5jlzxsueu/, in: Gazeta do Povo, aufgerufen am 17. September 2021.

vorbei Politik zu machen: Sie haben eine große Überzeugungskraft mit ihren Millionen von Gläubigen und können Wahlkampagnen mit großer Sichtbarkeit führen. Die Rechnung für die Regierungen kommt freilich später. Oft in der Forderung nach immer weiteren Zugeständnissen.

Befördert wird dies dadurch, dass die Mehrheit der Angehörigen dieser Kirchen ein niedriges Bildungsniveau hat. Oft sind die Gläubigen in ihrer unmittelbaren Umgebung ständiger Gewalt ausgesetzt und haben keine systematische und hochwertige staatliche Infrastruktur, weil sie in Favelas, oft in der Peripherie der großen Städte, leben. Manche dieser Gebiete wachsen so schnell, dass der Staat kaum eine Chance hat, mit der Infrastruktur hinterherzukommen. Oft werden diese Gebiete vom Staat schlicht vergessen.

Wo die staatliche Grundversorgung nicht oder nur rudimentär vorhanden ist, decken die Kirchen mit Wohlfahrtspraktiken wie Alphabetisierungsprogrammen oder der Verteilung von Lebensmitteln die Grundbedürfnisse ab und vermitteln zwischen Staat und Gemeinschaft. Ihre Anführer spielen mitunter auch eine wichtige Rolle in der Schlichtung von Konflikten mit anderen Gruppen innerhalb der Gemeinden, wie Drogenhändlern, den Milizen oder Anwohnerverbänden – sie bieten handfeste Lebenshilfe für Alleingelassene. Das bedeutet auch, dass sie ihren Anhängern eine Identität in der Gemeinschaft geben und sie zu Menschen mit einem gewissen Ansehen machen. Parteien und Politiker, die ihnen nahestehen, werden als vertrauenswürdiger oder wählbarer empfunden, weil ihren Urteilen und Empfehlungen eher vertraut wird.

Netzwerker Lula auf dem Weg zurück an die Macht

Die endgültigen Kandidaten für die Präsidentschaftswahl im Oktober 2022 müssen erst im August beim Obersten Wahlgericht gemeldet werden. Darum ist im Moment noch unklar, ob Luiz Inácio Lula da Silva tatsächlich eine dritte Amtszeit anstrebt. Allerdings spricht einiges dafür. »Ich bin noch nicht der Kandidat, aber ich hatte noch nie davor so viel Lust darauf, es zu sein«, sagte Lula, als er Mitte 2020 den Nordosten besuchte[286] und dort unter anderem den früheren Präsidenten José Sarney traf, der noch immer ein mächtiger und einflussreicher Mann ist. Sarney ist der Wortführer des Nord-Nordostens, der wichtigste Vertreter des bereits beschriebenen *coronelismo*, wie man in Glauber Rochas Dokumentarfilm *Maranhão 66* sehen kann. Sarney wurde von den Militärs zum Gouverneur ernannt, als Gegenleistung für die Unterstützung der Diktatur.

Beobachter haben kaum Zweifel an Lulas Kandidatur. Für Peter Hakim, Berater bei *Inter-American Dialogue*, ist Lula »bereit und gewillt, Bolsonaro herauszufordern.« Allerdings sieht er die Gefahr einer weiteren Polarisierung in einer ohnehin stark aufgeheizten politischen Atmosphäre. Für Oliver Stuenkel, Politologe der Getúlio-Vargas-Stiftung (FGV), ist Lula der »de facto Kandidat«. Bislang habe sich Bolsonaro keiner organisierten Opposition stellen müssen. Parteien wie die PSDB, DEM oder Novo hätten sich bislang nicht von ihm distanziert. Von Lula erwartet Stuenkel eine ähnliche Strategie wie jene Joe Bidens, das heißt: Er wird sich in die Mitte bewegen müssen. »Damit würde er der Pandemie und dem wirtschaftlichen Kollaps die Hauptbühne überlassen und gleichzeitig Bolsonaro genügend Seil geben, sich selbst zu erhängen.«[287] Natürlich im metaphorischen Sinn.

Der Anti-Petismo, die übergreifende ablehnende Haltung gegenüber der PT, ist abgeklungen. Wie geschildert, hat die Korruptionsbekämpfung an Bedeutung eingebüßt, *Lava Jato* ist beerdigt. Die Covid-Pandemie oder die wirtschaftlichen Probleme mit Preissteigerungen und wachsender Arbeitslosigkeit und Rückfall in die Armut sind sicherlich drängender.

Eine wichtige Rolle in der künftigen Machtarchitektur im Kongress spielen zweifellos die Zentrumsparteien. Dilma Rousseff

286 Vgl. Casado, José, Lula sobre Ciro: »Vamos xingar por 10 minutos, depois a gente conversa« https://veja.abril.com.br/blog/jose-casado/lula-sobre-ciro-vamos-xingar-por-10-minutos-depois-a-gente-conversa/, in: Veja, aufgerufen am 26. September 2021.

287 Vgl. The Dialogue, How Will Lula Shake Up Brazil's Political Landscape?, https://www.thedialogue.org/analysis/how-will-lula-shake-up-brazils-political-landscape/, in: Latin America Advisor – The Dialogue, aufgerufen am 27. September 2021.

hatte versucht, sich die PMDB unter anderem mit dem Posten des Vize-Präsidenten Michel Temer gefügig und loyal zu machen. Was nicht gelang. Als es opportun erschien und Dilma im Wege stand, wurde sie durch ein Impeachment abserviert. Jair Bolsonaro versuchte zu Beginn seiner Amtszeit, die Zentrumsparteien, die sich in der Vergangenheit als besonders korrupt und unzuverlässig erwiesen hatten, zunächst außen vor zu lassen. Doch auch er war im Parlament und im Senat mit seiner nicht besonders großen Partei PSL – er hat sie inzwischen verlassen und ist parteilos – kaum in der Lage, politische Entscheidungen durchzubringen. Oft scheiterte er an den Zentrumsparteien. Als sich dann auch noch Anträge auf ein Amtsenthebungsverfahren gegen ihn zu häufen begannen – inzwischen liegen rund 150 davon vor –, hätte es für Bolsonaro eng werden können, wäre es ihm nicht gelungen, die Loyalität der Zentrumsparteien zu erkaufen. Traditionell geschieht dies in Brasilien mit Posten und anderen Pfründen. Wie lange die Loyalität bestehen bleibt, muss man abwarten. Nicht auszuschließen, dass sich die Parteien des *Centrão* anders orientierten, wenn sich eine für sie lukrative Gelegenheit ergibt.

Über eine solche Unterstützung muss sich Lula erst Gedanken machen, wenn das eigene Lager hinter ihm steht. Das war bei der Wahl 2018 nicht der Fall. Im ersten Wahlgang waren mit Guilherme Boulos, Marina Silva und Ciro Gomes drei Kandidaten aus dem linken Spektrum frühzeitig ausgeschieden. Boulos blieb unter einem Prozent der Stimmen, Marina Silva im niedrigen einstelligen Bereich, aber Ciro Gomes hatte mit 12,47 Prozent auf dem dritten Platz gelegen. Zwar hatte auch er eher einen Anti-PT-Wahlkampf geführt, seine Vergangenheit als Minister im ersten Kabinett von Lula (2003–2006) hätte aber durchaus so viel Nähe vermuten lassen, seine Wähler dazu aufzurufen, im zweiten Wahlgang den PT-Kandidaten Haddad zu unterstützen. Doch es geschah – nichts. Ciro Gomes verreiste ins Ausland und überließ die Entscheidung seinen Wählern. Diese Entscheidung belastet das Verhältnis zwischen den beiden Politikern. Beide sind Alpha-Tiere und erheben einen Führungsanspruch. Eine breite Front gegen Bolsonaro, eine sogenannte *frente ampla*, wäre allerdings für Lula gerade in der Stichwahl wichtig.

Ein kurzer Exkurs zur *frente ampla*, ein in der brasilianischen Politik seit den 1960er-Jahren fester Begriff: 1966, zwei Jahre nach dem Militärputsch, schlossen sich die früheren Rivalen Carlos Lacerda, Juscelino Kubitschek und João Goulart zu einer Oppositionsfront gegen die Militärdiktatur zusammen. Über die Presse lancierten sie ein Manifest, in dem sie unter anderem eine Parteienreform und freie Wahlen forderten. Das Manifest fand sogar bei der MDB, der Vorgängerpartei der PMDB, Anklang. Die Militärregierung reagierte mit Härte. Die *frente ampla* fiel unter den Ato Constitucional Nr. 5 und wurde verboten, die drei Anführer des Bündnisses wurden mit einer politischen Sperre von zehn Jahren belegt.

Zurück zum Verhältnis zwischen Lula und Ciro Gomes. Bei seiner Reise in den Nordosten im August 2021 wurde Lula von Journalisten auf Gomes angesprochen. Lulas Antwort kann als eine Einladung zur Annäherung gedeutet werden: »Wir würden uns zehn Minuten lang beschimpfen und danach miteinander reden.«[288] Für Gomes wäre ein solcher Schritt ein wesentlich größerer als für Lula. Schließlich hatte Gomes einen Anti-PT Wahlkampf geführt und ist seither von dieser Position nicht wesentlich abgerückt. Er geht zu Lula weiterhin auf Distanz. Im April, einen guten Monat nach Annullierung der Urteile, war eine Kandidatur Lulas als Vize – wobei Gomes offen ließ, wessen Vize er werden sollte – anscheinend das höchste der Gefühle.[289] Ansonsten, so Gomes, könnte es erneut zu einer Schlacht der Ablehnung werden.

Darüber hinaus schmiedet Ciro Gomes bereits einen anderen Plan, den so genannten dritten Weg, *terçeira via*. Die Polarisierung zwischen dem Linken Lula und dem Rechtsextremen Bolsonaro könnte die Stimmung weiter aufheizen. Viele Brasilianer

---

288 Vgl. Casado, José, Lula sobre Ciro: »Vamos xingar por 10 minutos, depois a gente conversa« https://veja.abril.com.br/blog/jose-casado/lula-sobre-ciro-vamos-xingar-por-10-minutos-depois-a-gente-conversa/, in: Veja, aufgerufen am 26. September 2021.

289 Vgl. Exame, Eleição antecipada: Ciro sugere Lula vice em 2022, https://exame.com/brasil/eleicao-antecipada-ciro-sugere-lula-vice-em-2022/, in: Exame, aufgerufen am 26. September 2021.

haben genug von Zuspitzung und Radikalisierung und würden ihre Stimme sofort einem gemäßigten Kandidaten geben, wenn es einen gäbe. Diesen dritten Weg sieht Gomes womöglich in einer Verbindung mit der PSDB, der alten Widersacherin der PT. Mit João Doria, Gouverneur des Bundesstaats São Paulo, und dem jungen Gouverneur Eduardo Leite aus Rio Grande do Sul stünden zwei potenzielle Kandidaten bereits.

Wobei João Doria nur bedingt als gemäßigt gelten kann. Auch er ist ein Populist, machte 2018 gemeinsam mit Bolsonaro Wahlkampf. Während der Covid-Pandemie positionierte er sich gegen dessen Politik. Doria machte grundsätzlich genau das Gegenteil von dem, was Bolsonaro in der Pandemie unternahm bzw. nicht unternahm. Er trug öffentlich Maske, hielt Abstand, unterstützte die Vorschläge der Weltgesundheitsorganisation WHO und setzte alles daran, möglichst schnell für die Einwohner seines Bundesstaats, immerhin gut 40 Millionen, Impfstoffe zu besorgen.

Leite ist so etwas wie der Shootingstar im möglichen Starterfeld für die Wahl. Mit 33 Jahren wurde der heute 36-Jährige zum Gouverneur des politisch bedeutenden Bundesstaats Rio Grande do Sul. Leite fuhr dort zwar einen Privatisierungskurs, zugleich schaffte er es aber, Reformen im öffentlichen Dienst und vor allem bezüglich der Pensionen durchzuführen. Sozialpolitisch ist er flexibel. Während er gleichgeschlechtliche Partnerschaften unterstützt, die Dekriminalisierung von Cannabis und strengere Waffengesetze befürwortet, ist er ein Gegner der Liberalisierung von Abtreibungen. Damit deckt er einige wichtige parteiübergreifende sozialpolitische Positionen ab. Leite ist bekennend homosexuell, schlägt wesentlich gemäßigtere Töne an als Doria und sieht sich als Versöhner. »Die Menschen können keinen Krieg mehr ertragen.« Unter dem Strich wäre er ein gemäßigterer und zurückhaltenderer Kandidat als der schillernde und schrille Doria, auch wenn Leite 2018 ebenfalls die Kandidatur Bolsonaros unterstützte. Wem die PSDB am Ende die besseren Aussichten einräumt, muss die Partei noch klären. Als sicher kann aber gelten, dass mit einem Kandidaten zu rechnen ist. Noch ist die Entscheidung nicht abschließend gefallen. Jedoch scheint João Doria zu Beginn des Wahljahres die besten Chancen zu besitzen.

Die Strategie des dritten Wegs birgt gewisse Risiken. Sein Ziel ist es, in der Stichwahl mit dem altbekannten Anti-Petismus Lula zu bezwingen. Von einem Sieg über Bolsonaro scheinen die Überlegungen auszugehen. Ein Jahr vor der Wahl steht Bolsonaro in den Umfragen so schwach da wie nie zuvor. Außerdem könnte Doria als konservativ ausgerichteter Politiker im selben Becken nach Stimmen fischen wie Bolsonaro. Kein Wunder, dass sich Ciro Gomes angesichts dieser Taktik[290] mit einem Bekenntnis zu einem Bündnis mit Lula bedeckt hält. Er hat aber ein weiteres Problem. Seine Anhängerschaft bzw. die seiner aktuellen Partei (Gomes ist ein munterer Parteienwechsler) sähe ein Bündnis zwischen Lula und Gomes lieber als eine Liaison mit Leite oder Doria. Die Verbundenheit mit Parteien und deren Anhängern scheint für Gomes eine eher untergeordnete Rolle zu spielen. 2002 unterstützte Gomes Lula. Dafür wurde er von der PT-Regierung mit einem Ministerposten belohnt. 2006 stieg jedoch Gomes' damalige Partei PPS aus der Koalition mit der PT aus, er aber zog es vor, seinen Posten zu behalten. Die PPS entzog ihm daraufhin den Parteivorsitz, Gomes wechselte zur PSB.

Möglicherweise schlägt auch die Stunde des Sérgio Moro. Der Ausflug in das Amt als Bolsonaros Superminister und die Annullierung der von ihm maßgeblich angestrebten Urteile gegen Lula haben dem Image des einstigen Starrichters sicherlich geschadet. Aber noch immer genießt der Jurist großes Ansehen in der Bevölkerung. Nach seinem Rücktritt im Frühjahr 2020 hielt er sich zunächst bedeckt und tauchte aus der Öffentlichkeit ab. In den letzten Wochen des Vorwahljahres trat er wieder in Erscheinung. Offenbar steht er in Verbindung mit der Partei Podemos. Eine Kandidatur Moros wäre sicher für jene Wähler eine Option, die grundsätzlich eine konservative Ausrichtung mitbringen, für die sich Bolsonaro aber als zu radikal und untätig entpuppt hat. Mit Moro und Doria stünden dann gleich drei Kandidaten im kon-

---

290 Vgl. Linhares, Carolina und Tavares, Joelmir, Ciro e Doria focam antipetismo para ir ao 2° turno, mas seus eleitores preferem Lula a Bolsonaro, https://www1.folha.uol.com.br/poder/2021/09/ciro-e-doria-focam-antipetismo-para-ir-ao-20-turno-mas-seus-eleitores-preferem-lula-a-bolsonaro.shtml, in: Folha de São Paulo, aufgerufen am 26. September 2021.

servativen Lager zur Wahl. Ein hauchdünner Vorsprung vor Bolsonaro würde schon ausreichen, um in die Stichwahl einzuziehen. Dann wäre ein Kandidat Moro vielleicht auch für die interessant, die weder Bolsonaro noch Lula ihre Stimme gegeben hätten.

Unkomplizierter erscheint das Verhältnis von Lula zu Guilherme Boulos von der früheren PT-Abspaltung PSOL. Boulos gehört wie Leite zu den jungen Hoffnungsträgern in der Politik. 2018 trat er bei den Präsidentschaftswahlen an, landete aber nur bei 0,6 Prozent der Stimmen. Bekannt wurde der 39-Jährige, der mit seinem Vollbart ein wenig an den jungen Lula erinnert, schon 2003, als er als mit der Organisation *Movimento dos trabalhadores sem teto* (MTST), einer Bewegung obdachloser Arbeiter, 2003 das Volkswagenwerk in São Bernardo do Campo in São Paulo stürmte und besetzte. 2014 nahm er an Protesten gegen die Fußballweltmeisterschaft teil. Man kann durchaus sagen, dass Boulos eine ähnliche politische Sozialisierung wie seinerzeit Lula erfahren hat.

Seinen politischen Durchbruch schaffte Guilherme Boulos im Herbst 2020, als er für die PSOL zur Bürgermeisterwahl in São Paulo antrat und es bis in die Stichwahl schaffte. Bemerkenswert daran war nicht nur das gute Abschneiden, sondern die Tatsache, dass Boulos das Kunststück gelungen war, sich die Unterstützung anderer linker Parteien, allen voran der PT, zu sichern. Lula persönlich hatte für Boulos geworben, auch Ciro Gomes hatte ihn gegen den PSDB-Kandidaten Bruno Covas unterstützt. Die sonst so selbstbezogenen linken Parteien schienen zumindest in dieser Frage an einem Strang zu ziehen. Dies schien zwei Jahre vor der Präsidentschaftswahl als ein Ausrufezeichen in Richtung einer möglichen *frente ampla* gegen Bolsonaro. Kleine Anmerkung: Bruno Covas konnte das Amt nicht lange ausüben. Er starb im 16. Mai 2021 an Krebs. Im selben Monat trafen Lula und Boulos einander in São Paulo zu einem Gespräch. Dieses fand im *Instituto Lula*, dem Thinktank der PT, statt.

Warum umwirbt Lula eigentlich Politiker anderer Parteien? Über den Aspekt eines linken Bündnisses sprachen wir bereits. Ein entscheidenderer Grund ist: In der PT kommt offenbar niemand für Lulas Nachfolge in Betracht. Die Partei hat es in den letzten Jahrzehnten versäumt, an die Zeit zu denken, in der Lula nicht mehr aktiv ist. Immerhin wird er bei der Wahl 2022 knapp 77 Jahre alt sein. Die Haft Lulas und die die Wahl 2018 hatten die PT schon kalt erwischt. Auch danach tat sich niemand aus ihren Reihen hervor. Selbst die Medien schienen nicht in der Lage, einen Hoffnungsträger zu identifizieren. Als das Magazin *Istoé*[291] 2018 nach den politischen Erben Lulas suchte, fand es nur die drei üblichen Verdächtigen: Fernando Haddad, der gerade eine Wahl verloren hatte, Marina Silva, die die PT im Zorn verließ, und Ciro Gomes, der den Petismus auf den Müllhaufen der Geschichte verbannen will.

Andere natürliche Erben wie José Dirceu oder Antonio Palocci haben sich mit Skandalen selbst disqualifiziert, Dilma Rousseff ist des Amtes enthoben. Andere, die sich eventuell Hoffnung hätten machen können, wie Marta Suplicy, Ex-Bürgermeisterin von São Paulo, sind übergangen oder ausgebootet. Die aktuelle PT-Präsidentin, Gleisi Hoffmann, hat zweimal für Ämter kandidiert. Einmal als Bürgermeisterin von Curitiba (2008) und 2010 als Senatorin für den Bundesstaat Paraná. Beide Male scheiterte sie krachend. Außerdem beerbte sie 2011 Antonio Palocci als Chefin der Casa Civil, konnte sich aber dort nicht halten, weil sie in die *Lava-Jato*-Ermittlungen verstrickt war.

Hier rächt sich die jahrelange einseitige personelle Ausrichtung der PT. Lula ist der Übervater, der die Partei nicht nur nach außen repräsentierte, sondern auch praktisch im Alleingang deren inhaltliche Ausrichtung bestimmte. Dabei hat er vieles richtig gemacht, um aus der programmatischen Oppositionspartei eine regierungsfähige Partei zu machen. Aber es unterliefen auch viele Fehler, für die andere geradestehen mussten. Bislang gingen alle Skandale an Lula vorüber, wennschon es beim *Lava Jato* eng wurde. Die Partei versäumte es, eine Generation von Führungspolitikern auszubilden, die Lula und die Weggefährten der ersten Stunde, die längst größtenteils im Rentenalter sind, beerben könnten.

291 Vgl. Filgueira, Ary und Lima, Wilson, Rivais herdeiros de Lula, https:// istoe.com.br/rivais-herdeiros-de-lula/, in: Istoé, aufgerufen am 27. September 2021.

Was wird aus Brasilien?

Das politische Wirken Lulas ist kaum in einem Satz zu beschreiben – zu wechselhaft und facettenreich verlief die Karriere bisher, mit vielen Aufs und Abs. Die PT und Lula haben für Brasilien fraglos viel erreicht, sie waren aber ebenso häufig in Skandale und Korruption verwickelt. Man ist vielleicht geneigt, angesichts dieser Errungenschaften die eingangs gestellte Frage, ob es so etwas wie eine gute Korruption gebe, nicht sofort laut und entschlossen mit »natürlich nicht« zu beantworten.

Man kann durchaus Verständnis dafür aufbringen, dass eine junge Partei kreativ nach Geldquellen sucht, weil sie noch nicht etabliert ist und von Unternehmen und Konzernen kritisch gesehen wird. Der Aufbau der schwarzen Kassen schien ja auch nur dem Zweck zu dienen, die Partei zu finanzieren und die finanziellen Verhältnisse den Konkurrenten anzugleichen – und eher nicht der persönlichen Bereicherung einiger weniger. Zöge man dann noch in Betracht, dass dies geschieht, um Mehrheiten für eine Politik zu gewinnen, von der vor allem viele ärmere Menschen profitieren, so kann man diesem Ansatz durchaus eine edle Absicht unterstellen. Dennoch wäre es naiv zu glauben, dass dies die einzigen Beweggründe gewesen wären. Gleichwohl bleiben Manöver wie Kickback-Zahlungen etc. natürlich illegal und kein probates Mittel.

Und natürlich ist es zu verurteilen, wenn Regierungen Mehrheiten kaufen, statt diese im politischen Kurs aufzubauen. Später stand dann häufiger der Verdacht der persönlichen Bereicherung im Raum – nicht nur bei Lula, sondern bei vielen Funktionären und Abgeordneten der PT. Für eine ganze Menge Brasilianer ist die PT inzwischen zu so etwas wie dem Inbegriff einer korrupten politischen Klasse geworden. Lulas Vermögen soll im Laufe seiner politischen Karriere stattlich angewachsen sein. Freilich konnte er in dem geschilderten Fall nicht verurteilt werden; aber nicht, weil seine Unschuld bewiesen werden konnte, sondern wegen eines Formfehlers. Ein Schatten bleibt, wenngleich nicht abzusehen ist, ob das Verfahren noch einmal neu aufgerollt wird.

Lula könnte im Oktober 2022 noch einmal für ein letztes Gefecht gegen seinen Erzrivalen Jair Bolsonaro in den Ring steigen.

Solange er gesund und belastbar ist, wird sich niemand an ihm vorbei in die erste Reihe der Linken wagen – schon gar nicht aus der PT. Ein Showdown zwischen Lula und Bolsonaro wäre eine spektakuläre und schmutzige Medienshow. Aber brächte dieser Kampf Brasilien in seinem ewigen Wunsch nach Ordnung und Fortschritt weiter?

Die Gefahr, die Beobachter in dem langsam heraufziehenden Clash sehen, ist vielmehr, dass am Ende zwar ein Sieger stehen mag. Aber der Preis dafür dürfte ein sehr hoher sein. Brasilien, durch vier Jahre Bolsonarismus ohnehin ideologisch überhitzt, ist am Ende – von der Pandemie dezimiert und ausgezehrt, mit einer Wirtschaft, die nicht so schnell auf die Beine kommen mag, wie sich das manch einer erhofft hat. Ein Jahrzehnt dauert das politische und wirtschaftliche Siechtum des größten Landes Südamerikas nunmehr an. (Warum soll das weg?)

Ein paar Jahre lang sah es unter Lula danach aus, als ob Brasilien einen Schritt in eine bessere Zukunft machte. Aber letztlich wurden auch in dieser Zeit wichtige Weichenstellungen verabsäumt. Die ersten Jahre seiner Amtszeit erntete Lula die Früchte seines Vorgängers Fernando Henrique Cardoso. In der zweiten Legislaturperiode sorgten sprudelnde Ölfelder und ein hoher Rohstoffpreis für allgemeine Aufbruchstimmung. Darin zeigt sich das Problem des Landes: Noch immer ist es viel zu sehr von seinen Rohstoffen abhängig. Nach jedem Boom folgte fast zwangsläufig der Absturz, sei es beim Kautschuk, beim Kaffee oder zuletzt beim Öl. In der nun zu Ende gehenden Amtszeit von Jair Bolsonaro waren es am Ende auch nur die Exporte von Rohstoffen – Agrarprodukte wie Soja und Fleisch nach China und Europa, illegales Holz und Gold für die Welt, vor allem auch für Europa, dazu Erze, Baustoffe, seltene Erden. Die Ausbeutung und Wertschöpfung erfolgt meist durch ausländische Unternehmen und Konzerne. Viel zu oft versickern die Einnahmen in dunklen Kanälen. Die Bevölkerung darf lediglich die oftmals verheerenden Schäden, wie beim Dammbruch am Rio Doce, erdulden. Am schlimmsten betroffen sind dabei jene, die ohnehin nichts oder wenig haben: Kleinbauern, Landlose, Indigene.

Lula hatte bereits einmal die Gelegenheit, etwas zu verändern. Die Probleme legte er auf den Tisch, das hatten vor ihm nicht viele

Präsidenten getan. Aber die Art und Weise, wie er sie anzugehen versuchte, blieb halbherzig. Zu groß war die Verlockung statt nachhaltiger, tiefgreifender Reformen den Weg der schnellen Effekte und des schnellen Geldes zu beschreiten. Die damit einhergehenden Verlockungen und Gesetzmäßigkeiten des politischen Geschäfts, etwa die weitverbreitete Korruption, wurden von Lula und der PT offensichtlich als unvermeidliche Begleiterscheinungen in Kauf genommen. Lula, das war neu und einzigartig an seiner Politik, richtete den Fokus des politischen Tuns auf die ärmsten Teile der Bevölkerung – das muss man ihm hoch anrechnen. Vielleicht war er zu ungeduldig, wollte zu schnell sichtbaren Erfolg – und musste diesen vielleicht auch liefern. Schließlich wurde die Politik der PT vor allem zu Beginn von Unternehmern und Investoren äußerst kritisch beäugt.

Die Frage, die man sich angesichts der Möglichkeit einer neuerlichen Amtszeit Lulas stellen sollte, muss lauten: Was brächte das für Brasilien?

Die Gesellschaft bliebe gespalten, auch wenn Lula wie ein Versöhner und Vereiner aufzutreten versucht. Der ewige Kreislauf des Pendelns zwischen den Extremen, wie er in vielen lateinamerikanischen Ländern zu beobachten ist, würde fortgesetzt. Für Lula dürfte die Wahl 2022 der letzte große Kampf seiner Karriere werden. Verlöre er, wäre sein Weg mit fast 77 Jahren mehr oder weniger am Ende. Gewänne er, wäre der Sieg für ihn auch ein Gutteil Rehabilitation und Genugtuung für die aus seiner Sicht zu Unrecht erlittene Verurteilung und Haft. Zugleich wären Zweifel angebracht, ob ein Mann mit 77 Jahren, der mehr als 30 Jahre lang dem Präsidentenamt hinterher jagte und zwischenzeitlich regierte, den Aufbruch und die Erneuerung verkörpern könnte, den dieses Land so dringend braucht. Nach Wirtschaftskrise, Impeachment, *Lava Jato* und Jair Bolsonaro wird vielfach wieder von einem verlorenen Jahrzehnt für Brasilien gesprochen.

Angesichts der aktuellen Notsituation ist die Sehnsucht nach einem Anführer groß, der das Land aus der Krise führt. Mehr als 600 000 Covid-Tote (nur die offiziell bestätigten Fälle), eine Arbeitslosigkeit, die auf 14 Prozent hinaufschnellte, und mindestens 20 Millionen Menschen, denen es am Nötigsten zum Überleben fehlt, mögen den Blick auf eine kurzfristige Lösung lenken. Lula versucht diesen Eindruck zu erwecken, wenngleich zurzeit noch weitestgehend unklar ist, mit welchen Mitteln er das erreichen will. Momentan nimmt er nur die Gegenposition zu Bolsonaros Politik ein – das dürfte für viele Brasilianer als Wahlanreiz genügen.

Aber brächte das Brasilien weiter? Oder würden wieder nur Löcher gestopft statt endlich Reformen angegangen? Vor der seit Jahrzehnten dringend überfälligen Rentenreform hatte sich auch Lula gedrückt. Bolsonaro hatte es immerhin ansatzweise versucht und dabei schnell zu spüren bekommen, dass es alles andere als einfach ist, in Brasilien solch tiefgreifende Reformen umzusetzen. Zu eng ist alles mit allem verbunden, zu opportunistisch sind viele Politiker. In Sachen Bildung hätte Lula während seiner Amtszeit viel bewegen können, doch er setzte andere Schwerpunkte. Die Ausgangslage, sollte Lula die Wahl gewinnen, wird Anfang 2023 eine ganz andere sein als 20 Jahre zuvor. Das Land kommt nicht, wie nach der Amtszeit Cardosos, frisch gestärkt, modernisiert und optimistisch daher. Eine fast zehnjährige Wirtschaftskrise, eine Covid-Pandemie, die das Land schlimmer erwischte als viele andere, und ein Populist haben das Land ausgemergelt. Es wirkt abgekämpft und müde, der Hunger ist zurück.

Die PT hat es wie die meisten anderen Parteien über Jahre hinweg versäumt, Nachwuchs an Politikern mit staatsmännischem Format auszubilden. Die politische Klasse Brasiliens dreht sich zu sehr um sich selbst und ist im Grunde viel zu undurchlässig. Anders ist es eher bei kleineren Parteien wie der linken PSOL, die neben Guilherme Boulos auch Marcelo Freixo hervorgebracht hat und auf ein diverses Kandidatenfeld achtet.

Die PT hat es nicht nur versäumt, ihre Programmatik und Integrität aus den Zeiten der Opposition in die Regierungsverantwortung hinüberzuretten. Etliche Beispiele zeigen, wie Spitzenpolitiker der PT, erst einmal an der Macht, in dieselben Verhaltensmuster fallen wie andere auch. Verfehlungen, für die die PT einst politische Gegner gnadenlos an den Pranger stellten, gehören inzwischen auch dort zur Tagesordnung. Entsprechend härter war am Ende der Absturz. Während die Wähler von den klassischen Parteien nichts anderes als Selbstbereicherung und Korruption gewohnt waren und erwartet hatten, war die PT mit einem ganz anderen Anspruch gestartet. Die eigene moralische Messlatte lag am Ende zu hoch.

Viele Anhänger der PT blieben enttäuscht und desillusioniert zurück. Unter diesem Gesichtspunkt lässt sich auch die Wahl des radikalen Rechten Bolsonaro erklären. Enttäuschte Petistas wählten lieber gar nicht, gaben leere Stimmzettel ab oder wählten als Denkzettel gar Bolsonaro. Seine Wahl war keinesfalls die Belohnung für ein zukunftsweisendes Programm oder eine Vision für Brasilien. Sie war in allererster Linie eine schallende Ohrfeige für die PT.

Eine weitere Frage stellt sich spätestens seit dem 7. September 2021. Zum Nationalfeiertag hatte Bolsonaro seine Anhänger zu Demonstrationen gegen den Obersten Gerichtshof aufgerufen. In Brasília, der Wirtschaftsmetropole São Paulo und anderen Metropolen folgten diesem mehrere hunderttausend Menschen. Bolsonaro selbst sprach in Brasília und São Paulo zu den Demonstranten und attackierte den Obersten Bundesgerichtshof scharf. Er werde sich »nicht von Kanaillen verurteilen« lassen, sagte der Präsident unter Jubel.

Trotz der aufgeheizten Stimmung blieb es weitgehend friedlich. Befürchtungen etwa, dass der Oberste Gerichtshof von radikalisierten Bolsonaro-Anhängern gestürmt werden könnte wie das US-Kapitol im Januar von Trump-Anhängern, bewahrheiteten sich nicht. Für den Moment, so der Eindruck, schien Bolsonaro nicht stark genug, um bei seinen Anhängern den entscheidenden Funken zu zünden.

Dennoch: Der Präsident versetzte den Institutionen, die er seit seiner Amtsübernahme systematisch bekämpft, einen weiteren Schlag. Er stellte nichts weniger als die Unabhängigkeit des Obersten Gerichtshofs infrage. »Wir respektieren alle Institutionen. Wenn jemand aus der Exekutive anfängt zu versagen, rede ich mit ihm. Wenn er nicht dazu passt, entlasse ich ihn. Wenn ein Abgeordneter oder Senator anfängt, etwas zu tun, das außerhalb der vier Linien liegt, wird er dem Ethikrat vorgelegt und kann sein Mandat verlieren. Aber im STF passiert das nicht«, rief er seinen Anhängern in São Paulo unter Jubel zu. Bolsonaro attackierte eine verfassungsmäßig legitimierte Institution und stellte sich gegen demokratische Grundprinzipien. Der STF hatte immer wieder Gesetzesvorhaben und Dekrete Bolsonaros gekippt. Zudem hatte der STF wiederholt Untersuchungen gegen ihn wegen Verfehlungen im Amt sowie gegen seine Söhne, die Politiker Carlos und Flávio Bolsonaro, zugelassen.

Das könnte nach der Wahl im Oktober 2022, bei der es für Bolsonaro um alles geht, anders aussehen. Das Militär ist die große Unbekannte. Wird es im Ernstfall dem Aufruf des Reserve-Hauptmanns folgen, nachdem er vier Jahre lang dafür gesorgt hatte, dass sowohl in der Regierung als auch in den hochrangigen Verwaltungen so viele Militärs Einzug halten konnten wie noch nie? Nicht einmal während der Diktatur gab es mehr Minister mit militärischem Dienstgrad.

In der Bevölkerung schwindet Bolsonaros Rückhalt rapide. Seine Zustimmungswerte lagen kurz nach den Großdemos bei etwa 20 Prozent und haben sich seither nicht nachhaltig erholt. Die Umfragen im Vorwahljahr ergaben einhellig, dass Bolsonaros Intimfeind, Luiz Inácio Lula da Silva, die Wahl im Oktober 2022 haushoch gewinnen würde.

Literatur

Monografien

Antunes Maciel, Wilma: O capitão Lamarca e a VPR. Repressão judicial no Brasil, São Paulo (Alameda) 2006.

Bacha, Edmar (et. al. Hg.): 130 anos: Em busca da República, Rio de Janeiro, 2019.

Basso Lacerda, Marina: O novo conservadorismo brasileiro, Porto Alegre, 2019.

Bolsonaro, Flavio: Jair Messias Boslonaro – Mito ou verdade, Rio de Janeiro, 2017.

Buarque, Cristovam: Por que falhamos – O Brasil de 1992 a 2018, 2019.

Cardoso, Fernando Henrique: Crise e reinvenção da política no Brasil, São Paulo, 2018.

Carvalho, Luiz Maklouf: O Cadete e o Capitão – A vida de Jair Bolsonaro no quartel, São Paulo, 2019.

Cevasco, Elisa: As contradições do lulismo: A que ponto chegamos?, Boitempo, 2016.

Correa, Hudson und Brito Diana: Rio sem lei, São Paulo, 2018.

Crouch, Colin: Postdemokratie. Suhrkamp, Frankfurt, 2008.

Cunha, Eduardo: Tchau, Querida – O diario do impeachment, Matrix Verlag, São Paulo, 2021.

Da Silva, Luiz Inácio Lula: A verdade vencerá – o povo sabe por que me condenam, São Paulo, 2018.

Dirceu, Zé: Memórias Volume I, São Paulo, 2018.

Dip, Andrea: Em nome de quem? A bancada evangélica e seu projeto de poder, Rio de Janeiro, 2018.

Dobson, Alan P. und Marsh: Steve, US Foreign Policy since 1945, Routledge, 2. Auflage, 2006.

Dulci, Luiz Soares: Um salto para o futuro: como o governo Lula colocou o Brasil na rota do desenvolvimento, Fundação Perseu Abramo, 2. Auflage, São Paulo, 2013.

Emiliano, José/Oldack, Miranda: Lamarca, o Capitão da Guerrilha, 5. Aufl. São Paulo 1980.

Fausto, Boris: História Do Brasil, 14. Auflage, São Paulo, 2015.

Fischermann, Thomas und Tenharim, Madarejúwa: Der Letzte Herr des Waldes: Ein Indianerkrieger aus dem Amazonas erzählt vom Kampf gegen die Zerstörung seiner Heimat und von den Geistern des Urwalds, 2018.

Galeano, Eduardo: Open Veins of Latin America, London, 1973.

Glüsing, Jens: Brasilien – Ein Länderporträt, Berlin, 2013.

Goertzel, Ted: Brazil's Lula, the Rise and Fall of an Icon.

Gómez Bruera, Hernán F.: Lula, the Worker's Party and the Governability Dilemma in Brazil, Routledge, New York, London, 2013.

Hunter, Wendy: The Transformation of the Workers' Party in Brazil, 1989–2009, Cambridge University Press 2010.

Janot, Rodrigo/De Carvalho, Jailton: Nada menos que tudo – Bastidores da operação que colocou o sistema político em xeque, São Paulo, 2019.

König, Hans-Joachim: Geschichte Brasiliens, Stuttgart, 2014.

Meisel, Peter: Der Einfluss der Partido dos Trabalhadores (PT) auf den brasilianischen Demokratisierungsprozess.

Moura, Mauricio/Corbellini, Juliano: A eleição disruptiva – por que Bolsonaro venceu, Rio de Janeiro, 2019.

Nascimento, Gilberto: O Reino. A história de Edir Macedo e uma radiografia da Igreja, Companhia das Letras, Brasilien, Januar 2019.

Navarro Perejon, Jr, Silvio: Celso Daniel: Política, corrupção e morte no coração do PT, Record; 4. Auflage, 2016.

Nohlen, Dieter (Hrsg.): Handbuch der Wahldaten Lateinamerikas und der Karibik, Springer Fachmedien, Wiesbaden, 1993.

Nöthen, Andreas: Bulldozer Bolsonaro – Wie ein Populist Brasilien ruiniert, Christoph Links Verlag, Berlin, 2020.

Paes Manso, Bruno: A República das Milícias – Dos esquadrões da morte à era Bolsonaro, todavia, São Paulo, 2020.

Parker, Phyllis R.: Brazil and the quiet intervention 1964, University of Texas Press, 1979.

Pereira, Merval: Mensalão – O dia a dia do mais importante jugalmento da história política do Brasil, Rio de Janeiro, 2012.

Pontes, Jorge/Anselmo, Márcio: Crime.gov – Quando corrupção e governo se misturam, Rio de Janeiro, 2019.

Prutsch, Ursula: Populismus in den USA und Lateinamerika, Hamburg, 2019.

Prutsch, Ursula und Rodrigues-Moura: Enrique, Brasilien – Eine Kulturgeschichte, bpb, Bielefeld, 2014.

Secco, Lincoln: História do PT, Ateliê Editorial; 5. Auflage, 2018.

Singer, André: Os Sentidos de Lulismo, Companhia das Letras; 1. Auflage, 2012.

Soares, Luiz Eduardo: O Brasil e seu duplo, São Paulo, 2019.

Spilimbergo, Antonio/Srinivasan, Krishna: Brazil: Boom, Bust, and Road to Recovery, Internationaler Währungsfonds, 2019.

Tuma, Romeo Jr.: Assassinato de Reputações. Um Crime de Estado, Topbooks; 1. Auflage, 2013.

Toma, Romeo, Jr.: Assassinato de Reputações II: Muito Além da Lava Jato, Matrix; 1. Auflage, 2016.

Transparency International/France, Guilherme: Brazil: Setback in the lagal and institutional Anticorruption Frameworks, November 2019.

Villa, Maro Antonio: Década perdida: Dez anos de PT no poder: Dez anos de PT no poder, Record; 1. Auflage, 2013.

Vitale, Marco: Sócio do Filho. A Verdade Sobre os Negócios Milionários do Filho do Ex-Presidente Lula; 1. Auflage, 2018.

Werz, Nikolaus (Hg.): Populisten, Revolutionäre, Staatsmänner. Politiker in Lateinamerika, Veröffentlichungen des Ibero-Amerikanischen Instituts Preussischer Kulturbesitz Band 129, Frankfurt, 2010.

Zweig, Stefan: Brasilien – Ein Land der Zukunft, Stockholm, 1941.

Aufsätze und Artikel

AFP: Lula, o ex-sindicalista que virou herói da esquerda, https://istoe.com.br/lula-o-ex-sindicalista-que-virou-heroi-da-esquerda/, in: AFP, aufgerufen am 15. März 2021.

Agencia Senado: Os avanços e as crises do primeiro mandato de Dilma Rousseff, https://www12.senado.leg.br/noticias/materias/2014/12/30/os-avancos-e-as-crises-do-primeiro-mandato-de-dilma-rousseff, in: Senado noticias, aufgerufen am 23. September 2021.

Alberto, Carlos: Lula sonha em voltar nos bracos de povo, https://nominuto.com/colunadobarbosa/lula-sonha-em-voltar-nos-bracos-do-povo/3011/, in: Nominuto, aufgerufen am 2. Juli 2021.

Alencar, Kennedy: PT salva Sarney, perde Marina Silva e vê »irrevogável« de Mercadante virar piada, https://www1.folha.uol.com.br/fsp/corrida/cr2308200901.htm, in: Folha de São Paulo, aufgerufen am 14. Juli 2021.

Amado, Guilherme: Edir Macedo: barrado por Collor, aliado de Lula, afagado por Bolsonaro, https://oglobo.globo.com/epoca/guilherme-amado/edir-macedo-barrado-por-collor-aliado-de-lula-afagado-por-bolsonaro-24110710, in: Globo, aufgerufen am 17. September 2021.

Amnesty International (CH): Landlose: Enttäuscht von Lula, https://www.amnesty.ch/de/ueber-amnesty/publikationen/magazin-amnesty/2005-2/landlose-enttauscht-von-lula#, in: Amnesty.ch, aufgerufen am 23. Juli 2021.

Azevedo, Reinaldo: A Comissao da Verdade vai apurar se Lula colaborou som a Ditadura ou ainda Jose Eduardo Cardozo a denuncia de Tuma Junior …, https://veja.abril.com.br/blog/reinaldo/a-comissao-da-verdade-vai-apurar-se-lula-colaborou-com-a-ditadura-ou-ainda-e-agora-jose-eduardo-cardozo-a-denuncia-de-tuma-junior-nao-e-nem-anonima-nem-apocrifa-o-ministro-vai-ou-nao-mandar-investigar/, in: Veja, aufgerufen am 15. März 2021.

Azevedo, Reinaldo: FHC e a »direita«, https://veja.abril.com.br/blog/reinaldo/fhc-e-a-direita/, in: Veja, aufgerufen am 17. Mai 2021.

Azevedo, Reinaldo: O PT E A CONSTITUIÇÃO: ASSINOU, MAS NÃO TRAGOU!, https://veja.abril.com.br/blog/reinaldo/o-pt-e-a-constituicao-assinou-mas-nao-tragou/, in: Veja, aufgerufen 29. März 2021.

Azevedo, Reinaldo: PT parte para a guerra total contra Marina e agora quer investir contra a sua reputação pessoal, https://veja.abril.com.br/blog/reinaldo/pt-parte-para-a-guerra-total-contra-marina-e-agora-quer-investir-contra-a-sua-reputacao-pessoal/, in: Veja, aufgerufen am 14. Juli 2021.

Bader, Miriam: Lula und die MST: Träumen sie noch vom gleichen Ziel?, https://www.igadi.gal/artigos/2004/mb_lula_e_o_mst_de.htm, in: IGADI Instituto Galego de Análise e Documentación Internacional, aufgerufen am 23. Juli 2021.

Barifouse, Rafael: Eleições 2014: Novos hábitos criam pleito mais conectado do mundo, https://www.bbc.com/portuguese/noticias/2014/10/141028_eleicoes2014_internet_rb, in: BBC Brasil, aufgerufen am 23. September 2021.

Barreiros, Isabela: Por Que Lula Foi Preso em 1980?, https://aventurasnahistoria.uol.com.br/noticias/almanaque/por-que-lula-foi-preso-em-1980.phtml, in: Aventuras na História, aufgerufen am 15. März 2021.

Barroso, Cristina: Caso Celso Daniel, o crime perfeito?, https://tribunanacional.com.br/coluna/130/caso-celso-daniel-o-crime-perfeito, in: Jornal Tribuna Nacional, aufgerufen am 14. Mai 2021.

Basilia, Ana Luiza: O Brasil é um país socialista, https://www.cartacapital.com.br/carta-explica/o-brasil-e-um-pais-socialista/, in: Carta Capital, aufgerufen am 06. April 2021.

BBC Brasil: Da infância em Pernambuco à prisão em Curitiba: relembre a trajetória política do ex-presidente Lula, https://www.bbc.com/portuguese/brasil-43648974, in: BBC Brasil, aufgerufen am 12. April 2021.

BBC Brasil: Jury clears Brazil police of 1996 murder of PC Farias, https://www.bbc.com/news/world-latin-america-22497429, in: BBC Brasil, aufgerufen am 7. Juni 2021.

BBC Brazil: Brazil ex-President Lula's cancer treatment ›a success‹, https://www.bbc.com/news/world-latin-america-17541649, in: BBC Brazil, aufgerufen am 12. April 2021.

Benini Duarte: Gisléia, Programa Bolsa Família: impacto das transferências sobre os gastos com alimentos em famílias rurais, RESR, Piracicaba, SP, vol. 47, nº 04, p. 903–918, out/dez 2009. Als pdf: https://www.scielo.br/j/resr/a/fggH8MjD8Cpf8nGK9sY59PQ/?lang=pt&format=pdf

Benites, Afonso: Centrão usa crise na saúde e rejeição a Bolsonaro para elevar seu preço e pedir cinco ministérios ao Planalto, https://brasil.elpais.com/brasil/2021-03-17/centrao-usa-crise-na-saude-e-rejeicao-a-bolsonaro-para-elevar-seu-preco-e-pedir-cinco-ministerios-ao-planalto.html?ssm=TW_CC, in: El Pais, aufgerufen am 18. März 2021.

Benites, Afonso: Dilma derrota Aécio na eleição mais disputada dos últimos 25 anos, https://brasil.elpais.com/brasil/2014/10/26/politica/1414362936_748118.html, in: El País, aufgerufen am 13. September 2021.

Biroli, Flavia, Miguel, Luis Felipe: Meios de comunicação, voto e conflito político no Brasil, REVISTA BRASILEIRA DE CIÊNCIAS SOCIAIS Band 28, Nr. 81, São Paulo Feb. 2013

Bittencourt, Julinho: Bolsonaro diz ter »provas« que Aécio venceu de Dilma Rousseff as eleições de 2014, https://revistaforum.com.br/politica/bolsonaro-diz-ter-provas-que-aecio-venceu-de-dilma-rousseff-as-eleicoes-de-2014/, in: Revista Forum, aufgerufen am 20. September 2021.

BOL: Conheça os sete ex-presidentes brasileiros que já foram presos, https:// www.bol.uol.com.br/listas/conheca-os-sete-ex-presidentes-brasileiros-que-ja-foram-presos.htm?cmpid=copiaecola, in: BOL, aufgerufen am 20. September 2021.

Borges, Laryssa: PF indicia Gleisi Hoffmann e Paulo Bernardo por corrupção, https://web.archive.org/web/20160403043130/http://veja.abril.com.br/noticia/ brasil/gleisi-hoffman-e-paulo-bernardo-sao-indiciados-pela-pf, in: Veja, aufgerufen am 13. September 2021.

Braga, Ruy: On »Lulismo«, https://globaldialogue.isa-sociology.org/on-lulismo/, in: Global Dialogue, aufgerufen am 11. April 2021.

Bragon, Ranier: Dinastias políticas do Brasil lançam mais de 60 candidatos nas eleições, https://www1.folha.uol.com.br/poder/2018/08/dinastias-politicas-do-brasil-lancam-mais-de-60-candidatos-nas-eleicoes.shtml, in: Folha de São Paulo, aufgerufen am 9. April 2021.

Brito, Ricardo: STF decide retirar delação de Palocci de ação da Lava Jato contra Lula, https://www.reuters.com/article/politica-stf-lula-moro-palocci-idLTAKCN25034M, in: Reuters, aufgerufen am 23. September 2021.

Brooke, James: Guerrillas' Kidnapping Ring Broken, Brazil Says, https://www. nytimes.com/1989/12/31/world/guerrillas-kidnapping-ring-broken-brazil-says. html?n=Top/Reference/Times%20Topics/Subjects/K/Kidnapping, in: New York Times, aufgerufen am 7. Mai 2021.

Brum, Eliane: Lulas Brasilien oder: Die Illusion der Versöhnung, https://www. blaetter.de/ausgabe/2018/september/lulas-brasilien-oder-die-illusion-der-versoehnung, in: Blätter für deutsche und internationale Politik, aufgerufen am 30. August 2021.

Busch, Alexander: Lulas alter Freund als Superminister, https://www.nzz.ch/wirtschaft/ wirtschaftspolitik/henrique-meirelles-wird-brasiliens-finanzminister-lulas-alter-freund-als-superminister-ld. 82462, in: NZZ, aufgerufen am 16. Juni 2021.

Bydlowski, Lizia, Galuppo, Ricardo, Leite, Paulo Moreira: »Falta auto-estima«, in: Veja 12. August 1998, S. 13–15.

Cagliari, Artur: Às vezes é preciso radicalizar para o outro lado, diz ex-ministro da Agricultura, https://gvagro.fgv.br/node/824, in: Fundação Getúlio Vargas (FGV), aufgerufen am 26. August 2021.

Calegari, Luiza: A trajetória de Lula, do sindicalismo à prisão, https://exame.com/ brasil/relembre-a-trajetoria-de-lula-do-sindicalismo-a-prisao/, in: Exame, aufgerufen am 15. März 2021.

Campanha, Diógenes: Acusações de uso de cocaína vêm do ›submundo da política‹, diz Aécio, https://www1.folha.uol.com.br/poder/2014/05/1459651-acusacoes-de-uso-de-cocaina-vem-do-submundo-da-politica-diz-aecio.shtml, in: Folha de São Paulo, aufgerufen am 23. September 2021.

Campello, Tereza, Cortes Neri, Marcelo: Bolsa Familia Program – A Decade of Sozial Inclusion in Brazil, Federal Government of Brazil, IPEA Institute for Applied Economic Research, Brasilia, 2014.

Canino, Mimo: Socialite doa colar de cadela ao Fome Zero, https://www1.folha. uol.com.br/fsp/brasil/fc0602200313.htm, in: Folha de São Paulo, aufgerufen am 20. August 2021.

Cardoso Keinert, Fábio: Os sentidos do lulismo: reforma gradual e pacto conservador, https://www.scielo.br/j/ts/a/PgCMSDxKyq3785qdr6LN4Lt/?format= html, in: SciELO – Scientific Electronic Library Online, aufgerufen am 29. Juni 2021.

Cardoso, Fernando Henrique: Brasil em Ação – Investimentos para o desinvolvimento, Presidencia da Republica, Brasilia, 1996.

Cardoso, Fernando Henrique: Winter, Brian, The Accidental President of Brazil: A Memoir, Public Affairs, 2006.

Carvalho, Mario Cesar, Seabra, Catia: Palocci viajou em jatinho emprestado por empresário, https://www1.folha.uol.com.br/fsp/brasil/fc0611200502.htm, in: Folha de São Paulo, aufgerufen am 23. August 2021.

Casado, José: Lula sobre Ciro: »Vamos xingar por 10 minutos, depois a gente conversa« https://veja.abril.com.br/blog/jose-casado/lula-sobre-ciro-vamos-xingar-por-10-minutos-depois-a-gente-conversa/, in: Veja, aufgerufen am 26. September 2021.

Castro, Augusto: Há 20 anos era aprovada a Redação Final da Constituição de 1988, https://www12.senado.leg.br/noticias/materias/2008/09/22/ha-20-anos-era-aprovada-a-redacao-final-da-constituicao-de-1988, in: Homepage des bras. Senats, aufgerufen am 29. März 2021.

Castro, Fernandes, Nunes, Samuel und Netto, Vladimir: Moro derruba sigilo e divulga grampo de ligação entre Lula e Dilma; ouça, http://g1.globo. com/pr/parana/noticia/2016/03/pf-libera-documento-que-mostra-ligacao-entre-lula-e-dilma.html, in: G1 O Globo, aufgerufen am 1. November 2021.

CIMI: Conjuntura da Política Indigenista: O Presidente Lula e os »entraves« de seus dois mandatos!, https://cimi.org.br/2010/12/31398/, in: CIMI – Conselho Indigenista Missionário, aufgerufen am 30. August 2021.

CM: Dilma Rousseff: A mulher que Lula escolheu, https://www.cmjornal.pt/ mais-cm/domingo/detalhe/dilma-rousseff-a-mulher-que-lula-escolheu, in: CM, aufgerufen am 1. Juli 2021.

Coelho, Tiago: Um pastor sargento contra Bolsonaro, https://piaui.folha.uol.com. br/um-pastor-sargento-contra-bolsonaro/, in: Piauí, aufgerufen am 16. September 2021.

Confederação Nacional dos Metalúrgicos (CNM): O Brasil não esquecerá: 45 escândalos que marcaram o governo FHC, https://www.cnmcut.org.br/ conteudo/o-brasil-nao-esquecera-45-escandalos-que-marcaram-o-governo-fhc, in: Homepage des gewerkschaftlichen Dachverbandes CNM/CUT, aufgerufen am 11. Mai 2021.

Congresso em Foco: Collor perde concessões de rádio e TV em Alagoas, https:// congressoemfoco.uol.com.br/especial/noticias/collor-perde-concessoes-de-radio-e-tv-em-alagoas/, aufgerufen am 4. Oktober 2021.

Cordeiro, Claudio: Desabamento na favela Nova República matou 14, https://www1.folha.uol.com.br/fsp/1996/8/07/cotidiano/28.html, in: Folha de São Paulo, aufgerufen am 6. Mai 2021.

Correa, Larissa Rosa: O Departamento Estadual de Ordem Política e Social de São Paulo: as atividades da polícia política e a intrincada organização de seu acervo, http://www.historica.arquivoestado.sp.gov.br/materias/anteriores/edica033/materia04/, in: Staatsarchiv São Paulo (arquivo estado São Paulo), aufgerufen am 22. März 2021.

Correio Braziliense: Lula diz que vai esperar as investigações antes de se posicionar sobre o caso de Tuma Jr, https://www.correiobraziliense.com.br/app/noticia/politica/2010/05/09/interna_politica,191322/lula-diz-que-vai-esperar-as-investigacoes-antes-de-se-posicionar-sobre-o-caso-de-tuma-jr.shtml, in: Correio Braziliense, aufgerufen am 17. März 2021.

Costa, Rodolfo: O que disseram as urnas: o Psol é o »novo PT«? E Boulos pode se tornar o »novo Lula«?, https://www.gazetadopovo.com.br/eleicoes/2020/psol-boulos-pt-lula-projecao-nacional/, in: Gazeta de Povo, aufgerufen am 23. Juni 2021.

Costa, Sérgio: Am Ende des Lulismo, https://www.nzz.ch/meinung/kommentare/brasilien-vom-aufschwung-in-die-sackgasse-am-ende-des-lulismo-ld.13932, in: NZZ, aufgerufen am 11. April 2021.

Cruz, Waldo: »Vazio« no PT fez Dilma candidata, diz Tarso, https://www1.folha.uol.com.br/fsp/brasil/fc0402201012.htm, in: Folha de São Paulo, aufgerufen am 1. Juli 2021.

Da Silva, José Graziano, FAO: Fome Zero and #ZeroHunger, http://www.fao.org/director-general/former-dg/da-silva/from-fomezero-to-zerohunger/en/, in: FAO, Food an Agriculture Organisations on the United Nations, aufgerufen am 14. Juni 2021.

Da Silva, Luiz Inácio: Discurso proferido na sessão de 22 de setembro de 1988, publicado no DANC de 23 de setembro de 1988, p. 14313–14314., in: Câmara dos Deputados Departamento de Taquigrafia, Revisão e Redação, aufgerufen am 29. April 2021.

Datafolha: Ciro chega a 28 % e se aproxima de Lula; sem Garotinho, ocorre empate técnico entre os dois candidatos, https://datafolha.folha.uol.com.br/eleicoes/2002/07/1198880-ciro-chega-a-28-e-se-aproxima-de-lula-sem-garotinho-ocorre-empate-tecnico-entre-os-dois-candidatos.shtml, in: Datafolha, Umfrage vom 30. Juli 2002, aufgerufen am 9. Juni 2021.

Daten Brände Amazonia INPE: https://queimadas.dgi.inpe.br/queimadas/portal-static/estatisticas_paises/, aufgerufen am 5. Juli 2021.

De Almeida, Aline: Dilma diz que se for eleita Lula estará ›sempre presente‹, https://www.redebrasilatual.com.br/politica/2010/10/dilma-diz-que-se-for-eleita-lula-estara-sempre-presente/, in: Rede Brasil Atual, aufgerufen am 2. Juli 2021.

De Barros e Silva: Fernando Itamar admite apoiar candidatura de Lula, https://www1.folha.uol.com.br/fsp/brasil/fc2805200032.htm, in: Folha de São Paulo, aufgerufen am 11. Juni 2021.

De Lacerda, Alan Daniel Freire (2002): O PT e a Unidade Partidária como problema, in: Dados, Band 45, Heft 1.

De Oliveira Andrade, Jasson: Segundo Dilma e Lula, Temer não era »Vice dos Sonhos«, https://www.gazetaguacuana.com.br/segundo-dilma-e-lula-temer-nao-era-o-vice-dos-sonhos/, in: Gazeta Guaçuana, aufgerufen am 2. Juli 2021.

De Oliveira, Andres: Lula réu pela quinta vez: os processos que vão decidir o futuro do ex-presidente, https://brasil.elpais.com/brasil/2016/12/15/politica/1481837478_502004.html, in: El País, aufgerufen am 18. September 2021.

De Paula, Marilene: Religião e política: os evangélicos no poder, https://br.boell.org/pt-br/2012/05/08/religiao-e-politica-os-evangelicos-no-poder, Heinrich Böll Stiftung, aufgerufen am 15. September 2021.

De Souza, Luiza Erundina: PT – crescimento, derrota e perspectiva, https://www1.folha.uol.com.br/fsp/1994/10/14/painel/1.html, in: Folha de São Paulo, aufgerufen am 27. Mai 2021.

De Souza, Percival: Romeu Tuma, o homem do Dops que sabia demais, https://noticias.r7.com/prisma/arquivo-vivo/romeu-tuma-o-homem-do-dops-que-sabia-demais-29062020, in: R7, aufgerufen am 16. März 2021.

De Toledo, José Roberto: Projetos do programa ›Brasil em Ação‹ apresentam atrasos, https://www1.folha.uol.com.br/fsp/brasil/fc091016.htm, in: Folha de São Paulo, aufgerufen am 19. Mai 2021.

Delmanto, Renato: O barão da imprensa entrevista Lula, o sindicalista, https://delmanto.medium.com/o-bar%C3%A3o-da-imprensa-entrevista-lula-o-sindicalista-69c83c2b8d15, in: Medium.com, aufgerufen am 15. März 2021.

Dilger, Gerhard: Ungeduld bei Brasiliens Landlosen, https://taz.de/!800026/, in: TAZ, aufgerufen am 23. Juli 2021.

Dilger, Gerhard: Warten auf Boden und Gerechtigkeit, https://www.woz.ch/-11f6, in: Die Wochenzeitung, aufgerufen am 23. Juli 2021.

Dip, Andrea: »Edir Macedo tem uma visão muito pragmática: Se há poder eu tô junto«, https://exame.com/brasil/edir-macedo-tem-uma-visao-muito-pragmatica-se-ha-poder-eu-to-junto/, in: Exame, aufgerufen am 17. September 2021.

Dip, Andrea: »O bispo Edir Macedo tem uma visão muito pragmática: ›Se há poder eu tô junto‹«, https://apublica.org/2020/01/o-bispo-edir-macedo-tem-uma-visao-muito-pragmatica-se-ha-poder-eu-to-junto/, in: Apublica.org, aufgerufen am 8. Mai 2021.

Domingos, João, Nossa, Leonencio: Lula faz mea-culpa por ter votado contra Constituição, https://politica.estadao.com.br/noticias/geral,lula-faz-mea-culpa-por-ter-votado-contra-constituicao,273358, in: Estadão, aufgerufen am 29. März 2021.

Duarte, Alessandra: ›Cada presidente teve mais de 90 ministros desde 94‹, afirma cientista político, https://oglobo.globo.com/brasil/cada-presidente-teve-mais-de-90-ministros-desde-94-afirma-cientista-politico-19259087, in: O Globo, aufgerufen am 16. Juni 2021.

Duarte, Alssandra, Tardáguila, Cristina, und Fernandes, Leticia: José Dirceu: de ›capitão do time‹ do PT a símbolo de desilusão, https://oglobo.globo.com/

brasil/jose-dirceu-de-capitao-do-time-do-pt-simbolo-de-desilusao-17088215, in: O Globo, aufgerufen am 16. Juni 2021.

Dulci, Luiz Soares: Um salto para o futuro: como o governo Lula colocou o Brasil na rota do desenvolvimento, Fundação Perseu Abramo, 2. Auflage, São Paulo, 2013.

Eitze, Jasper: Von Lulas Gnaden, KAS Auslandsinformationen 1/2011, Konrad Adenauer Stiftung, S. 91–113.

Estadão Conteúdo: Preso há 100 dias, Lula mantém PT imobilizado para as eleições, https://veja.abril.com.br/politica/preso-ha-100-dias-lula-mantem-pt-imobilizado-para-as-eleicoes/, in: Veja, aufgerufen am 20. September 2021.

Estarque, Marina, Walter, Jan D.: Brasiliens Blauhelme in schwieriger Mission, https://www.dw.com/de/brasiliens-blauhelme-in-schwieriger-mission/a-17687841, in: Deutsche Welle, aufgerufen am 24. September 2021.

Exame: Eleição antecipada: Ciro sugere Lula vice em 2022, https://exame.com/brasil/eleicao-antecipada-ciro-sugere-lula-vice-em-2022/, in: Exame, aufgerufen am 26. September 2021.

Fabiano, Ruy: José Dirceu, o cérebro da Revolução, https://veja.abril.com.br/blog/noblat/jose-dirceu-o-cerebro-da-revolucao/, in: Vaja, aufgerufen am 31. Mai 2021.

Farina, Carolina: Caso Celso Daniel: crime chocou o país, e investigação assombrou o PT, https://veja.abril.com.br/blog/reveja/caso-celso-daniel-crime-chocou-o-pais-e-investigacao-assombrou-o-pt/, in: Veja, aufgerufen am 12. Mai 2021.

Fatheuer, Thomas, Fiedler, Julia: Alter Plan in neuem Gewand: Brasilien will Staudamm Belo Monte in Amazonien bauen, https://www.boell.de/de/navigation/lateinamerika-7779.html, in: Heinrich Böll Stiftung, aufgerufen am 19. Juli 2021.

Fellet, João: ›Nossa luta contra Bolsonaro é a mesma que fizemos contra Lula e Dilma‹, diz cacique Raoni, https://www.bbc.com/portuguese/brasil-50022818, in: BBC Brasil, aufgerufen am 28. August 2021.

Ferrari, Wallacy: 30 milhões e confusão política: o enigmático sequestro do empresário Abílio Diniz, https://aventurasnahistoria.uol.com.br/noticias/reportagem/30-milhoes-e-confusao-politica-o-enigmatico-sequestro-do-empresario-abilio-diniz.phtml, in: Aventuras na História, aufgerufen am 7. Mai 2021. Lula als Präsident

Ferraz, Lucas: Governo de Minas fez aeroporto em terreno de tio de Aécio, https://www1.folha.uol.com.br/poder/2014/07/1488587-governo-de-minas-fez-aeroporto-em-terreno-de-tio-de-aecio.shtml, in: Folha de São Paulo, aufgerufen am 20. September 2021.

Ferreira da Luz, Thaíze: A INFLUÊNCIA DA MÍDIA NA QUEDA DE UM PRESIDENTE, in: Biblos, Rio Grande, 16, S. 45–53, 2004.

Filgueira, Ary, Lima, Wilson: Rivais herdeiros de Lula, https://istoe.com.br/rivais-herdeiros-de-lula/, in: Istoé, aufgerufen am 27. September 2021.

Fischer-Bollin, Peter: Die Ausnahmeerscheinung Lula im Vorwahljahr, in: Fokus Brasilien der Konrad-Adenauer-Stiftung, Ausgabe 1, Mai 2009.

Flores, Paulo, Orenstein, José: Os 4 eixos do discurso de Lula. E os últimos atos antes de ele se entregar, https://www.nexojornal.com.br/expresso/2018/04/07/

Os-4-eixos-do-discurso-de-Lula.-E-os-%C3%BAltimos-atos-antes-de-ele-se-entregar, in: Nexo, aufgerufen am 18. September 2021.

Flynn, Peter: Brazil: The politics oft he »Plano Real«, Third World Quarterly, Band 17, Nr, 3, S. 401–426, 1996.

Folha de Londrina: Lula, de Terno Armani https://www.folhadelondrina.com. br/opiniao/lula-de-terno-armani-397279, in: Folha de Londrina, aufgerufen am 9. Juni 2021.

Folha de São Paulo: Base do governo Lula na Câmara infla em 2003, https://www1. folha.uol.com.br/folha/brasil/ult96u56811.shtml, in: Folha de São Paulo, aufgerufen am 17. Juni 2021.

Folha de São Paulo: Patrimônio de Lula cresce 120% desde 94, https://www1. folha.uol.com.br/fsp/brasil/fc06079813.htm, in: Folha de São Paulo, aufgerufen am 21. Mai 2021.

Folha de São Paulo: Presidenciável Eduardo Campos morre em acidente aéreo em Santos (SP), https://www1.folha.uol.com.br/poder/2014/08/1499718-presidenciavel-eduardo-campos-morre-em-acidente-aereo-em-santos-sp.shtml, in: Folha de São Paulo, aufgerufen am 20. September 2021.

Forum Nachhaltige Wirtschaft: Belo Monte Staudamm, https://www.forum-csr. net/News/4341/Belo-Monte-Staudamm.html, in: Forum Nachhaltige Wirtschaft, aufgerufen am 19. Juli 2021.

Fraundorfer, Markus, Llanos, Mariana: Der Mensalão-Korruptionsskandal mit weitreichenden Folgen für Brasiliens Demokratie, in: GIGA Fucus German Institute and Area Studies, Nr. 12, 2012, S. 2–8.

Fritz, Barbara: Stabilisierung in Brasilien. Eine Zwischenbilanz des Plano Real. Lateinamerika. Analysen-Daten-Dokumentation, Beiheft 15, Hamburg: IIK, 3–41, 1995

Fundacao Getúlio Vargas (FGV) CPDOC: Remeu Tuma (Biografie), http://www. fgv.br/cpdoc/acervo/dicionarios/verbete-biografico/tuma-romeu, in: Bibliothek der FGV CPDOC, aufgerufen am 16. März 2021.

G1: Berzoini pede votos pelo arquivamento de denúncias no Conselho de Ética, https://g1.globo.com/Noticias/Politica/0,,MUL1272972-5601,00-BERZOINI+PEDE+VOTOS+PELO+ARQUIVAMENTO+DE+DENUNCIAS+NO+CONSELHO+DE+ETICA.html, in: G1 Globo, aufgerufen am 14. Juli 2021.

G1: Dilma tem 36%, Marina, 21%, e Aécio, 20%, diz pesquisa Datafolha, http:// g1.globo.com/politica/eleicoes/2014/noticia/2014/08/dilma-tem-36-marina-21-e-aecio-20-diz-pesquisa-datafolha.html, in: G1 Globo, aufgerufen am 20. September 2021.

G1: Eleições brasileiras foram as mais comentadas da história do Facebook, http:// g1.globo.com/politica/eleicoes/2014/noticia/2014/10/eleicoes-brasileiras-foram-mais-comentadas-da-historia-do-facebook.html, in: G1 Globo, aufgerufen am 23. September 2021.

G1: Itamaraty dá passaporte diplomático a dois filhos de Lula, diz jornal, http:// g1.globo.com/politica/noticia/2011/01/itamaraty-da-passaporte-diplomatico-dois-filhos-de-lula-diz-jornal.html, in: G1 Globo, aufgerufen am 13. September 2021.

G1: Lula queria ser o candidato em 2014, mas Dilma não aceitou, diz Mônica Moura, https://g1.globo.com/politica/operacao-lava-jato/noticia/lula-queria-ser-o-candidato-em-2014-mas-dilma-nao-aceitou-diz-monica-moura.ghtml, in: G1 (Globo), aufgerufen am 1. Juli 2021.

G1: Planalto anuncia Lula como novo ministro da Casa Civil, http://g1.globo.com/politica/noticia/2016/03/planalto-anuncia-lula-como-novo-ministro-da-casa-civil.html, in: G1 Globo, aufgerufen am 19. September 2021.

G1: Robôs foram usados em campanhas nas eleições de 2014, revela estudo, http://g1.globo.com/fantastico/noticia/2018/03/candidatos-postaram-usando-robos-nas-eleicoes-revela-estudo-da-fgv.html, in: G1 Globo, aufgerufen am 23. September 2021.

Gazeta de Povo: Haddad divulga carta aberta a eleitores evangélicos., https://www.gazetadopovo.com.br/politica/republica/eleicoes-2018/haddad-divulga-carta-aberta-a-eleitores-evangelicos-leia-na-integra-6vucgjinrotveqcm5jlzxsueu/, in: Gazeta do Povo, aufgerufen am 17. September 2021.

Gazeta de Povo: Dilma age para se reaproximar do padrinho Lula, https://www.gazetadopovo.com.br/vida-publica/dilma-age-para-se-reaproximar-do-padrinho-lula-2×68uetryzdr8z7bix9wqmf1x/, in: Gazeta de Povo, aufgerufen am 8. Oktober 2021.

Gehrke, Miriam: Ehemalige Guerrillera wird Präsidentin, https://www.dw.com/de/ehemalige-guerrillera-wird-pr%C3%A4sidentin/a-6057497, in: Deutsche Welle, aufgerufen am 1. Juli 2021.

Gimenes, Erick, Kaniak, Thais und Vianna, José: Sérgio Moro aceita denúncia, e Lula torna-se réu na Operação Lava Jato, http://g1.globo.com/pr/parana/noticia/2016/09/sergio-moro-aceita-denuncia-e-lula-torna-se-reu-na-operacao-lava-jato.html, in: G1 Globo, aufgerufen am 18. September 2021.

Giovanaz, Daniel: Um peso, duas medidas: as denúncias de caixa 2 contra Lula e FHC, https://www.brasildefatopr.com.br/2017/05/04/um-peso-duas-medidas-as-denuncias-de-caixa-2-contra-lula-e-fhc, in: Brasil de Fato, aufgerufen am 11. Mai 2021.

Globo: Palocci amplia patrimônio 20 vezes, diz jornal; oposição pede explicação, http://g1.globo.com/politica/noticia/2011/05/palocci-tem-patrimonio-multiplicado-20-vezes-e-oposicao-quer-explicacao.html?_ga=2.191599786.1693710215.1631000692-fecfbdfc-1238-b610-290e-36d09d6c1cab, in: Globo, aufgerufen am 7. September 2021.

Goncalves da Silva, Josimar: A mídia na construção e destruição da imagem: o caso Collor de Melo, in: Revista Senso Comum, Nr. 2, 2012, S. 88–106.

Gonçalves, Eduardo: À espera de um milagre: a difícil ofensiva de Lula no universo evangélico, https://veja.abril.com.br/politica/a-espera-de-um-milagre-a-dificil-ofensiva-de-lula-no-universo-evangelico/, in: Veja, aufgerufen am 15. September 2021.

Graziano, Xico: Landreform in Brasilien. Integration und Verteilungsmechanismen, in: Konrad-Adenauer-Stiftung, Auslandsinformationen, KAS-AI 5/2005, S. 44–70.

Greve, Janna: Lula forever?, https://www.blaetter.de/ausgabe/2010/oktober/brasilien-lula-forever, in: Blätter, Ausgabe Oktober 2010, aufgerufen am 29. Juni 2021.

Guimarães, Juarez: O PT e a corrupção – Um testemunho institucional, https://inteligencia.insightnet.com.br/o-pt-e-a-corrupcao-um-testemunho-institucional/, in: Insight Intelligencia, aufgerufen am 20. September 2021.

Gussen, Ana Flávia: Frente de esquerda e cenários para 2022: o encontro entre Boulos e Lula em SP, https://www.cartacapital.com.br/cartaexpressa/frente-de-esquerda-e-cenarios-para-2022-o-encontro-entre-boulos-e-lula-em-sp/, in: Carta Capital, aufgerufen am 26. September 2021.

Hart, Klaus: Die vergessene Diktatur, https://www.deutschlandfunk.de/die-vergessene-diktatur.691.de.html?dram:article_id=52655, in: Deutschlandfunk, aufgerufen am 17. März 2021.

Heinen, Meíra: Massacre de Eldorado dos Carajás completa 25 anos, https://agenciabrasil.ebc.com.br/radioagencia-nacional/direitos-humanos/audio/2021-04/massacre-de-eldorado-dos-carajas-completa-25-anos, in: Agencia Brasil, aufgerufen am 1. Juni 2021.

Helal Filho, William: Descoberta de câncer de Dilma levou suspense a sucessão de Lula, há dez anos, https://blogs.oglobo.globo.com/blog-do-acervo/post/escolhida-de-lula-para-presidencia-dilma-anunciou-que-estava-com-cancer-ha-dez-anos.html, in: Globo, aufgerufen am 4. September 2021.

Istoé: O discreto fim da Operação Lava Jato, https://istoe.com.br/o-discreto-fim-da-operacao-lava-jato/, in: Istoé, aufgerufen am 24. September 2021.

Joao, Filho: Está na hora do PSDB mudar de nome: não há mais social-democracia dentro do partido, https://theintercept.com/2020/02/02/esta-na-hora-do-psdb-mudar-de-nome-nao-ha-mais-social-democracia-dentro-do-partido/, in: The Intercept, aufgerufen am 17. Mai 2021.

Jornal Nacional: Em delação premiada, Palocci diz que Lula sabia da corrupção na Petrobras, https://g1.globo.com/jornal-nacional/noticia/2018/10/01/em-delacao-premiada-palocci-diz-que-lula-sabia-da-corrupcao-na-petrobras.ghtml, in: G1 Globo, aufgerufen am 23. September 2021.

Junior, Policarpo: »O Homen chave do PTB«, in: Veja, 18. Mai 2005, S. 54–61.

Kadanus, Kelli: Belo Monte movimentou pelo menos R$ 140 milhões em propina, diz Lava Jato, https://www.gazetadopovo.com.br/politica/republica/belo-monte-movimentou-pelo-menos-r-140-milhoes-em-propina-diz-lava-jato-5yyri1ntdgamk6uvg7umajqtt/, in: Gazeta de Povo, aufgerufen am 19. Juli 2021.

Kageyama, Paulo Y., Santos, João Dagoberto dos: Aspectos da política ambiental nos governos Lula, in: revistafaac, Bauru, Band. 1, Nr, 2, S. 179–192, Okt. 2011/März 2012

KoBra: Der nationale Plan der Agrarreform wird verabschiedet, https://www.kooperation-brasilien.org/de/themen/landkonflikte-umwelt/der-nationale-plan-der-agrarreform-wird-verabschiedet, in: KoBra Kooperation Brasilien, aufgerufen am 23. Juli 2021.

Krakovics, Fernanda, Damé, Luiza: No DF, Lula disse que escolheu Dilma para a Presidência por ser ›mais competente‹ que Marina, https://oglobo.globo.

com/brasil/no-df-lula-disse-que-escolheu-dilma-para-presidencia-por-ser-mais-competente-que-marina-14051917, in: Globo, aufgerufen am 2. Juli 2021.

Kramer, Stefan: Belo Monte: Der wahre Grund hinter dem Bau des Staudamms, https://blog.misereor.de/2017/06/28/belo-monte-der-wahre-grund-hinter-dem-staudamm-bau/, in: Misereor Blog, aufgerufen am 19. Juli 2021.

Lacerda, Rosane: O Governo Lula e a visão dos Povos Indígenas como »potenciais de risco à estabilidade institucional«, https://cimi.org.br/2004/06/21638/, in: CIMI – Conselho Indigenista Missionário, aufgerufen am 28. August 2021.

Langen, Rainer B.: Große Wasserkraftwerke: Nachhaltigkeit fragwürdig, https://www.riffreporter.de/de/umwelt/wasserkraft-tropen-nachhaltigkeit, in: Riffreporter, aufgerufen a, 19. Juli 2021.

Leitão, Matheus: 7 de Setembro: Lula marca um gol, https://veja.abril.com.br/blog/matheus-leitao/7-de-setembro-lula-marca-um-gol/, in: Veja, aufgerufen am 24. September 2021.

Leite, Paulo Moreira: Para Caiado, caso Lubeca foi um mensalão que conseguiram abafar, https://www2.senado.leg.br/bdsf/bitstream/handle/id/313749/noticia.htm?sequence=1, in: Estado de São Paulo, aufgerufen am 6. Mai 2021.

Lima, Luciana: »O PT envelheceu e não conseguiu superar o antipetismo«, diz Gilberto Carvalho, https://www.metropoles.com/brasil/politica-brasil/pt-envelheceu-e-nao-conseguiu-superar-o-antipetismo-diz-gilberto-carvalho, in: Metrópoles, aufgerufen am 5. Juli 2021.

Lima, Luciana: PT investe em reaproximação com evangélicos. Conheça »os pastores de Lula«, https://www.metropoles.com/brasil/politica-brasil/pt-investe-em-reaproximacao-com-evangelicos-conheca-os-pastores-de-lula, in: Metropoles, aufgerufen am 15. September 2021.

Lindenberg, Sonja: Bauernaufstand in Brasilien, https://www.dw.com/de/bauern-aufstand-in-brasilien/a-2045966, in: Deutsche Welle (DW), aufgerufen am 23. Juli 2021.

Linhares, Carolina, Tavares, Joelmir: Ciro e Doria focam antipetismo para ir ao 2º turno, mas seus eleitores preferem Lula a Bolsonaro, https://www1.folha.uol.com.br/poder/2021/09/ciro-e-doria-focam-antipetismo-para-ir-ao-2o-turno-mas-seus-eleitores-preferem-lula-a-bolsonaro.shtml, in: Folha de São Paulo, aufgerufen am 26. September 2021.

Lo Prete, Renata: Contei a Lula do »mensalão«, diz deputado, https://www1.folha.uol.com.br/folha/brasil/ult96u69403.shtml, in: Folha de São Paulo, erstver-öffentlicht 6. Juni 2005, aufgerufen am 21. Juni 2021.

Lucena, Mariana: Entenda por que o Brasil é o maior consumidor de agrotóxi-cos do mundo, https://revistagalileu.globo.com/Ciencia/Meio-Ambiente/noticia/2018/05/lider-mundial-brasil-pode-ganhar-mais-agrotoxicos-na-comida.html, in: Revista Galileu, aufgerufen am 26. August 2021.

Lunes, Ivan: Dos 24 ministros de Lula em 2003, apenas Celso Amorim deve sobre-viver, https://www.correiobraziliense.com.br/app/noticia/politica/2010/12/04/interna_politica,226127/dos-24-ministros-de-lula-em-2003-apenas-celso-amorim-deve-sobreviver.shtml, in: Correio Braziliense, aufgerufen am 16. Juni 2021.

Lupeon, Bruno: Lei de Segurança Nacional vira meio para constranger opositores do governo, https://www.dw.com/pt-br/lei-de-seguran%C3%A7a-nacional-vira-meio-para-constranger-opositores-do-governo/a-56934688, in: Deutsche Welle, aufgerufen am 22. März 2021.

Machado, Leandro: Como foi o primeiro ›Lula livre‹ em 1980, quando ex-presidente foi preso pela ditadura, https://www.bbc.com/portuguese/brasil-50297742, in: BBC Brazil, aufgeruf https://istoe.com.br/13178_COMO+VIVEM+OS+IRMAOS+DE+LULA/en am 15. März 2021.

Maklouf Carvalho, Luiz: Mares nunca dantes navegados, https://piaui.folha.uol.com.br/materia/mares-nunca-dantes-navegados/, in: Piauí, aufgerufen am 3. September 2021.

Mance, Henry: Brazil's huge river diversion project divides opinion, http://news.bbc.co.uk/2/hi/in_depth/8575010.stm, in: BBC, aufgerufen am 16. Juli 2021.

Marques, Ana Flávia: Lula e Ciro têm maiores potenciais de voto nas eleições 2022, mostra pesquisa, https://www.opovo.com.br/noticias/politica/2021/09/04/lula-e-ciro-tem-maiores-potenciais-de-voto-nas-eleicoes-2022-mostra-pesquisa.html, in: O Povo, aufgerufen am 26. September 2021.

Marques, Hugo: Amigo suspeito, https://istoe.com.br/71451_AMIGO+SUSPEITO/, in: Istoé, aufgerufen am 26. März 2021.

Marques, Hugo: Marcos Valério cita Lula como um dos mandantes da morte de Celso Daniel, https://veja.abril.com.br/politica/marcos-valerio-cita-lula-como-um-dos-mandantes-da-morte-de-celso-daniel/, in: Veja, aufgerufen am 14. Mai 2021.

Marques, Hugo: Marcos Valério cita Lula como um dos mandantes da morte de Celso Daniel, https://veja.abril.com.br/politica/marcos-valerio-cita-lula-como-um-dos-mandantes-da-morte-de-celso-daniel/, in: Veja, aufgerufen am 22. Juni 2021.

Martuscelli, Danilo Enrico: O PT e o impeachment de Collor, Opiniao Publica, Campinas, Band 16, Nr. 2, November, 2010, S. 542–568.

Maschio, José: »Comando ruralista« se arma e pressiona Lula contra MST, https://www1.folha.uol.com.br/fsp/brasil/fc1603200302.htm, in: Folha de São Paulo, aufgerufen am 26. August 2021.

Medeiros, Josué: Lugares de Memória dos Trabalhadores #20: Colégio Nossa Senhora de Sion, https://fpabramo.org.br/2020/02/14/lugares-de-memoria-dos-trabalhadores-20-colegio-nossa-senhora-de-sion/, in: Fundacao Perseu Abramo, aufgerufen am 19. April 2021.

Mellis, Fernando, Saringer, Giuliana: Campanhas para eleger Dilma custaram R$ 1,4 bilhão, diz Palocci, https://noticias.r7.com/brasil/campanhas-para-eleger-dilma-custaram-r-14-bilhao-diz-palocci-01102018, in: Noticias R7, aufgerufen am 13. September 2021.

Mello Franco, Bernardo: ›Sou de esquerda, mas ninguém acredita‹, diz FHC, https://www1.folha.uol.com.br/poder/2014/04/1438019-sou-de-esquerda-mas-ninguem-acredita-diz-fhc.shtml, in: Folha de São Paulo, aufgerufen am 17. Mai 2021.

Michener, Greg: Brazil's ›trial of the century‹, https://www.aljazeera.com/opinions/2012/8/16/brazils-trial-of-the-century/, in: Aljezeera, aufgerufen am 21. Juni 2021.

Ministério da Cidadania: Brasil sai do Mapa da Fome das Nações Unidas, segundo FAO, http://mds.gov.br/area-de-imprensa/noticias/2014/setembro/brasil-sai-do-mapa-da-fome-das-nacoes-unidas-segundo-fao, in: Ministério da Cidadania, aufgerufen am 14. Juni 2021.

Miranda, José Wilson: Brazil's Lula Called Planet's Most Popular Politician by Obama, https://www.brazzil.com/10645-brazils-lula-called-planets-most-popular-politician-by-obama/, in: Brazzil.com, aufgerufen am 14. März 2021.

Moraes, Mauricio: #Verificamos: É falso que Lula tenha dito a ex-delegado que ›cortou o próprio dedo para não ter que trabalhar‹, https://piaui.folha.uol.com.br/lupa/2019/06/17/verificamos-lula-ex-delegado-cortou-dedo/, in: Folha de São Paulo, aufgerufen am 16. März 2021.

Morana, Emilio F., Lopez, Maria Claudia, Moore, Nathan, Müller, Norbert und Hyndman, David W.: Sustainable hydropower in the 21st century, https://doi.org/10.1073/pnas.1809426115, in: PNAS November 20, 2018 115 (47) 11891–11898; Erstveröffentlichung 5. November 2018, Michigan State University, USA, 2018, aufgerufen am 19. Juli 2021.

Moser, Sandro: Um presidente feito e desfeito pela imprensa, https://www.gazetadopovo.com.br/vida-publica/especiais/impeachment-20-anos/um-presidente-feito-e-desfeito-pela-imprensa-2zd0gilpep3bxuw32brc3fd5a/, in: Gazeta de Povo, aufgerufen am 6. Mai 2021.

Motta, Cláudia: Lula propõe ao G20 plano global de vacinação contra covid, que explode no Brasil, https://www.redebrasilatual.com.br/politica/2021/03/lula-g20-vacinacao-covid-19/, in: Rede Brasil Atual, aufgerufen am 24. September 2021.

Motta, Claudia: Lula, sobre programas de combate à fome: tanto tempo para construir, tão fácil destruir, https://www.redebrasilatual.com.br/cidadania/2020/10/lula-programas-combate-a-fome-tanto-tempo-construir-tao-facil-destruir/, in: Rede Brasil Atual, aufgerufen am 14. Juni 2021.

Motta, Marly: Pacote de Abril, https://cpdoc.fgv.br/producao/dossies/FatosImagens/PacoteAbril. In: Archiv der Stiftung Getúlio Vargas (FGV-CPDOC), aufgerufen am 13. April 2021.

Movimento dos Atingidos dos Barragens: Belo Monte, Lula e o Monstro, https://mab.org.br/2009/09/01/belo-monte-lula-e-monstro/, in: Movimento dos Atingidos dos Barragens, aufgerufen am 19. Juli 2021.

Mueller, Charles C.: Agricultura, desenvolvimento agrário e o Governo Lula, in: Revista da Política Agrícola, Jahrgang XIV – Nr. 2 – Abr./Maio/Jun. 2005, S. 18–37.

Natuza, Nery: Saques de Valério coincidem com votações polêmicas no Congresso, https://noticias.uol.com.br/ultnot/2005/07/04/ult27u49836.jhtm, in: Rauters, aufgerufen am 21. Juni 2021.

Neto Pires Maciel, Suellen: OS PROGRAMAS DE GOVERNO DO PARTIDO DOS TRABALHADORES NAS ELEIÇÕES PRESIDENCIAIS BRASILEIRAS ENTRE 1989 E 2002: UMA INVESTIGAÇÃO DO TEMPO PRESENTE.

Nicolau, Jairo: Os quatro fundamentos da competição política no Brasil (1994–2014), https://medium.com/funda%C3%A7%C3%A3o-fhc/os-quatro-fundamentos-da-competi%C3%A7%C3%A3o-pol%C3%ADtica-no-brasil-1994-2014-460894755065, in: Fundação FHC, aufgerufen am 11. Mai 2021.

Nobre, Marcos: O FIM DA POLARIZAÇÃO, https://piaui.folha.uol.com.br/materia/o-fim-da-polarizacao/, in: Revista Piauí, aufgerufen am 29. Juni 2021.

Nobre, Marcos: Imobilismo em movimento: da abertura democrática ao governo Dilma. 2013. Companhia das Letras, São Paulo: 204

Nogueira, Danielle: Altamira: A vida na cidade mais violenta do Brasil, https://oglobo.globo.com/politica/altamira-vida-na-cidade-mais-violenta-do-brasil-22183157, in: Globo, aufgerufen am 30. August 2021.

Nöthen, Andreas: Brasilien: Corona-Impfung als Schlagabtausch im Präsidentschaftswahlkampf, https://web.de/magazine/panorama/brasilien-corona-impfung-waffe-wahlkampf-35575238, in: Web.de, aufgerufen am 19. Mai 2021.

Nöthen, Andreas: Brasilien: Präsident Bolsonaro mobilisiert, aber für einen Putsch reicht es nicht, https://web.de/magazine/news/brasilien-praesident-bolsonaro-mobilisiert-putsch-reicht-36154584, in: Web.de, aufgerufen am 24. September 2021.

Nunes, Fernanda: Um novo templo toda semana, https://piaui.folha.uol.com.br/um-novo-templo-toda-semana/, in: Piauí, aufgerufen am 17. September 2021.

Nunes, Lucuana: CPI deve acusar Okamoto de mentor do caixa 2, https://www.folhadelondrina.com.br/politica/cpi-deve-acusar-okamoto-de-mentor-do-caixa-2-do-pt-567119.html, in: Folha de Londrina, aufgerufen am 12. Mai 2021.

Nylen, William R. (2002): Testing the Empowerment Thesis, The Participatory Budget in Belo Horizonte and Belim, Brazil, in: Comparative Politics, Bd. 34, Heft 2, S. 127–145

O Globo: PT, PDT, PSOL e PCdoB dizem que prisão de Lula é ›perseguição política‹, https://oglobo.globo.com/brasil/pt-pdt-psol-pcdob-dizem-que-prisao-de-lula-perseguicao-politica-22596516, in: O Globo, aufgerufen am 22. Juni 2021.

Oliveira, Mauro Márcio: Fontes de Informacoes sobra a assembléia Nacinal Constituinte de 1987, https://www.senado.leg.br/publicacoes/anais/constituinte/fontes.pdf, in: www.senado.leg.br, aufgerufen am 20. April 2021.

Oliveira, Wesley: Atrás de Bolsonaro, mas isolado em 2.º: o que dizem as pesquisas sobre Lula para 2022, https://www.gazetadopovo.com.br/republica/lula-o-que-dizem-as-pesquisas-eleitorais-2022/, in: Gazeta de Povo, aufgerufen am 14. März 2021.

Ottramari, Alexandre: Cabral Otávio, 10 Milhões de Divergencia, in: Veja, Ausgabe 1872, 22. September 2004, S. 45–48.

Paiva, Fred Melo: Sinto medo de falar de meu pai, diz filha de Lula, https://www.cartacapital.com.br/politica/lula-nao-recebera-visitas-no-natal-e-reveillon-diz-filha-lurian/, in: Carta Capital, aufgerufen am 12. April 2021.

Pardellas, Sérgio: A grande parceria, https://istoe.com.br/103645_A+GRANDE+PARCERIA/, in: Istoé, aufgerufen am 1. Juli 2021.

Pereira, Filipe: Lula acumula 19 vitórias judiciais em processos da Lava Jato; confira decisões, https://www.opovo.com.br/noticias/politica/2021/09/20/lula-acumula-19-vitorias-judiciais-em-processos-da-lava-jato-confira-decisoes.html, in: O Povo, aufgerufen am 24. September 2021.

Pérez Nebra, Amalia Raquel: A mudança na imagem do presidente Lula nas campanhas eleitorais à Presidência da República.

Poder360: Para Santos Cruz, projeto de governo de Bolsonaro é »estritamente pessoal« …, https://www.poder360.com.br/governo/para-santos-cruz-projeto-de-governo-de-bolsonaro-e-estritamente-pessoal/, in: Poder360, aufgerufen am 24. September 2021.

Polato, Amanda, Alves, Cida und Sampaio, Lucas: Governo Dilma em 20 fatos, http://especiais.g1.globo.com/politica/politica/processo-de-impeachment-de-dilma/2016/governo-dilma-em-20-fatos/, in: Globo, aufgerufen am 7. September 2021.

Prado, Antonio Carlos, Piva, Juliana Dal: Romeu Tuma foi mais respeitado do que temido, https://istoe.com.br/108201_ROMEU+TUMA+FOI+MAIS+RESPEITADO+DO+QUE+TEMIDO/, in: Istoé, aufgerufen am 17. März 2021.

Prazeres, Leandro: Em 1ª fala pós-reeleição, Dilma nega divisão e diz estar aberta ao diálogo …, https://eleicoes.uol.com.br/2014/noticias/2014/10/26/em-1-fala-pos-reeleicao-dilma-nega-divisao-e-diz-estar-aberta-ao-dialogo.htm?cmpid=copiaecola, in: UOL, aufgerufen am 13. September 2021.

Prengaman, Peter, Savarese, Mauricio: EXCERPT: ›Bye, dear‹: Sexism during Brazil impeachment, https://apnews.com/article/europe-arts-and-entertainment-brazil-impeachments-jair-bolsonaro-10266752afac2e619ab888da40eacb47?s=09, in: Associated Press, aufgerufen am 1. November 2021.

Professor Titular de História Contemporânea: Núcleo de Estudos Contemporâneos/NEC, Universidade Federal Fluminense/UFF

PSDB: Virgílio lista escândalos dos dois anos do governo PT, https://www.psdb.org.br/acompanhe/noticias/virgilio-lista-escandalos-dos-dois-anos-do-governo-pt, in: Homepage der Partei PSDB, aufgerufen am 23. August 2021.

PT und die Verfassung: PT, Manifesto de Fundacao do Partido dos Trabalhadores, https://pt.org.br/manifesto-de-fundacao-do-partido-dos-trabalhadores/, in: Homepage der Partei PT, aufgerufen am 24. März 2021.

Quiroga, Yesko: Und Dilma kann es auch … Zwischenbilanz nach 100 Tagen im höchsten Staatsamt Brasiliens, Friedrich Ebert Stiftung, Mai 2011.

R7: Com a presença de Dilma, Templo de Salomão é inaugurado em São Paulo, https://noticias.r7.com/brasil/com-a-presenca-de-dilma-templo-de-salomao-e-inaugurado-em-sao-paulo-13102016, in R7 Rede Recorde, aufgerufen am 17. September 2021.

Radaktion Migalhas: Carta aos Brasileiros foi documento decisivo para redemocratização do país, https://www.migalhas.com.br/quentes/198027/carta-aos-brasileiros-foi-documento-decisivo-para-redemocratizacao-do-pais, in: Migalhas, aufgerufen am 7. Juni 2021.

Radermacher, Reiner: FES-Analyse: Brasilien, in: Friedrich-Ebert-Stiftung, August 2003.

Ramos, Ariovaldo: Está sendo dito que o PT procura diálogo com o ›centro‹ contrário a Bolsonaro. Mas …, https://www.redebrasilatual.com.br/blogs/blog-na-rede/2021/02/esta-sendo-dito-que-o-pt-procura-dialogo-com-o-centro-contrario-a-bolsonaro-mas/, in: Rede Brasil Atual, aufgerufen am 16. September 2021.

Rangel, Rodrigo: PF vê gabinete como central de favores, https://abdir.jusbrasil.com.br/noticias/2182507/pf-ve-gabinete-como-central-de-favores, in: Jusbrasil, aufgerufen am 26. März 2021.

Recondo, Felipe: Ex-petista confirma denúncia de caixa dois e diz que Lula sabia, https://www1.folha.uol.com.br/folha/brasil/ult96u75174.shtml, in: Folha de São Paulo, aufgerufen am 12. Mai 2021.

Redaktion: Brasil pode precisar importar feijão no ano que vem, diz IBGE, https://96fmbauru.com.br/brasil-pode-precisar-importar-feijao-no-ano-que-vem-diz-ibge, in: 96fm Bauru, aufgerufen am 23. Juli 2021.

Reehag, Regine: Die Weichen sind gestellt – Brasilien auf dem Weg in die transgene Landwirtschaft, in: Lateinamerika Jahrbuch 31: Rohstoffboom mit Risiken, 2007, S. 115-126.

Rehaag, Regine: Die Weichen sind gestellt: Brasilien auf dem Weg in die transgene Landwirtschaft, https://www.boell.de/de/oekologie/oekologie-1931.html, in: Heinrich Böll Stiftung, aufgerufen am 29. März 2021.

Reis, Daniel Aarão: O Partido dos Trabalhadores – trajetória, metamorfoses, perspectivas.

Revista Forum: 31 anos da Constituição: PT assinou ou não?, https://revistaforum.com.br/noticias/31-anos-da-constituicao-pt-assinou-ou-nao/, in: Revista Forum, aufgerufen am 29. März 2021.

Rodrigues, Alan, Frederic, Jean: Como vivem os irmãos de Lula, https://istoe.com.br/13178_COMO+VIVEM+OS+IRMAOS+DE+LULA/, in: Istoé, aufgerufen am 17. März 2021.

Rodrigues, Fernando: A tese dos três terços, https://www1.folha.uol.com.br/fsp/opiniao/fz1712200105.htm, in: Folha de São Paulo, aufgerufen am 7. Juni 2021.

Romani, Andre: Bolsonaro e PT votaram contra o Plano Real; ouça áudios da época, https://veja.abril.com.br/economia/bolsonaro-e-pt-votaram-contra-o-plano-real-ouca-audios-da-epoca/, in: Veja, aufregufen am 10. Mai 2021.

Rossi, Clovis: Lula muda avaliação do Real após ser derrotado pelo plano, https://www1.folha.uol.com.br/fsp/brasil/fc19079814.htm, in: Folha de São Paulo, aufgerufen am 10. Mai 2021.

Rossi, Marina: A volta à prisão de José Dirceu pela quarta vez, condenado por corrupção, https://brasil.elpais.com/brasil/2019/05/17/politica/1558102737_683859.html, in: El Pais, aufgerufen am 1. Juni 2021.

Rovai, Renato, Faria, Glauco und Pochmann, Marcio: O marco foi a Carta ao Povo Brasileiro, https://revistaforum.com.br/revista/30/o-marco-foi-a-carta-ao-povo-brasileiro/, in: Revista Forum, aufgerufen am 7. Juni 2021.

Roxo, Sérgio: Lula e a ›carta aos evangélicos‹, https://oglobo.globo.com/epoca/brasil/lula-a-carta-aos-evangelicos-24931854, in: Globo, aufgerufen am 15. September 2021.

Salomon, Marta: Lula gastou mais com seu avião que com saneamento, https://www1.folha.uol.com.br/folha/brasil/ult96u66566.shtml, in: Folha de São Paulo, aufgerufen am 23. August 2021.

Samuels, David: »Financiamento de campanhas no Brasil e propostas de reforma« in Dillon Soares, Gláucio Ary e Rennó, Lúcio R. (Hsg.); Reforma política – Lições da história recente. Editora FGV, Rio de Janeiro, 2006, S. 10–28.

Savarese, Maurício: Em 2002, presidenciável Serra já fazia campanha do »mudar, mas não muito«, https://eleicoes.uol.com.br/2010/ultimas-noticias/2010/08/17/em-2002-presidenciavel-serra-ja-fazia-campanha-do-mudar-mas-nao-muito.jhtm, in: UOL, aufgerufen am 9. Juni 2021.

Schaffner, Fábio: Antonio Palocci: um delator no coração do PT, https://gauchazh.clicrbs.com.br/geral/noticia/2017/09/antonio-palocci-um-delator-no-coracao-do-pt-9892498.html, in: GZH, aufgerufen am 16. Juni 2021.

Schneider, Vilmar: Warten auf die Landreform, https://lateinamerika-nachrichten.de/artikel/warten-auf-die-landreform/, in: Lateinamerika Nachrichten, aufgerufen am 23. Juli 2021.

Seabra, Katia: Hipótese de 3º mandato de Lula divide eleitorado, https://www1.folha.uol.com.br/fsp/brasil/fc3105200902.htm, in: Folha de São Paulo, aufgerufen am 3. September 2009.

Senra, Ricardo: Como o mesmo Brasil que alimenta 1 bilhão ultrapassou 10 milhões de famintos ›dentro de casa‹?, https://www.bbc.com/portuguese/brasil-54288952, in: BBC Brasil, aufgerufen am 14. Juni 2021.

Silva, Francisco Carlos Teixeira (2007): »Crise da ditadura militar e o processo de abertura política no Brasil, 1974–1985«. In: Ferreira, Jorge; Delgado, Lucila de Almeida Neves. Brasil Republicano, vol. 4. O tempo da ditadura: regime militar e movimentos sociais em fins do século XX. Rio de Janeiro: Civilização Brasileira. pp. 243–282

Singer, André: A segunda alma do Partido dos Trabalhadores, NOVOS ESTUDOS 88, NOVEMBRO 2010, S. 88–111.

Singer, André, Guilherme, Evelin: Brazil: Is ›Lulism‹ over?, http://links.org.au/node/3414, in: Links.org, aufgerufen am 12. Juli 2021.

Singer, André: Raízes sociais e ideológicas do lulismo, https://www.scielo.br/scielo.php?script=sci_arttext&pid=S0101-33002009000300004, in: Scielo, aufgerufen am 11. April 2021.

Sousa, Alane, Leonardo, Henrique und Coelho, Penélope: LULA X COLLOR: COMO A MÍDIA INFLUENCIOU AS ELEIÇÕES DE 1989, https://aventurasnahistoria.uol.com.br/noticias/reportagem/lula-x-collor-como-midia-influenciou-eleicoes-de-1989.phtml, in: Aventuras na Historia, aufgerufen am 5. Mai 2021.

Spektrum der Wissenschaft: Wasserkraft steigert Methan-Ausstoß flussabwärts, https://www.spektrum.de/news/wasserkraft-steigert-methan-ausstoss-fluss abwaerts/892219, in: Spektrum der Wissenschaft, aufgerufen am 19. Juli 2021.

Stausberg, Hildegard: Sozialismus ist kein Modell mehr für Lateinamerika, https://www.welt.de/debatte/kommentare/article13541652/Sozialismus-ist-kein-Modell-mehr-fuer-Lateinamerika.html, in: Welt, aufgerufen am 29. Juni 2021.

Terron, Sonia Luiza, Soares, Gláucio Ary Dillon: As bases eleitorais de Lula e do PT: do distanciamento ao divórcio, OPINIÃO PÚBLICA, Campinas, vol. 16, nº 2, Novembro, 2010, p. 310–337

The Dialogue: How Will Lula Shake Up Brazil's Political Landscape?, https://www.thedialogue.org/analysis/how-will-lula-shake-up-brazils-political-landscape/, in: The Dialogue, aufgerufen am 18. März 2021.

The Dialogue: How Will Lula Shake Up Brazil's Political Landscape?, https://www.thedialogue.org/analysis/how-will-lula-shake-up-brazils-political-landscape/, in: Latin America Advisor – The Dialogue, aufgerufen am 27. September 2021.

Tonetto, Mauricio: A batalha do Lula conta o cancer, https://www.terra.com.br/noticias/infograficos/a-batalha-de-lula-contra-o-cancer/, in: Terra, aufgerufen am 12. April 2021.

Torres Freire, Vinicius: Sociólogo FHC mudou antes do FHC presidente, https://www1.folha.uol.com.br/fsp/brasil/fc19079813.htm, in: Folha de São Paulo, aufgerufen am 17. Mai 2021.

Touraine, Alain: O campo político do FHC, in: Tempo Social; Rev. Sociol. USP, S. Paulo, 11, 1999.

Umwelt Dialog: Fome Zero – Bayer unterstützt Kampf gegen Hunger in Brasilien, https://www.umweltdialog.de/de/gesellschaft/Soziales-Engagement/archiv/2006-10-06_Fome_Zero_Brasilien.php, in: Umwelt Dialog, aufgerufen am 14. Juni 2021.

Utermöhle, Elna: Kanzler in Kaschmir, https://www.spiegel.de/wirtschaft/kanzler-in-kaschmir-a-30d16ab6-0002-0001-0000-000010630167, in: Der Spiegel, aufgerufen am 7. Juni 2021.

Valente, Ivan: Nota do PSOL sobre o julgamento do mensalão, https://shorturl.at/sKW48, in: Homepage der Partei PSOL, aufgerufen am 22. Juni 2021.

Vannuchi, Camilo: Primeira prisão de Lula completa 40 anos, https://www.brasildefato.com.br/2020/04/19/primeira-prisao-de-lula-completa-40-anos, in: Brasil de Fato, aufgerufen am 16. März 2021.

Vasco, Eduardo: Lula deve repetir 1989 ou 2002?, https://www.causaoperaria.org.br/lula-deve-repetir-1989-ou-2002/, in: Causa Operaria, aufgerufen am: 13. April 2021.

Veja: Tuma Júnior levou mafioso chinês a viagem oficial, https://veja.abril.com.br/brasil/tuma-junior-levou-mafioso-chines-a-viagem-oficial/, in: Veja, aufgerufen am 26. März 2021.

Video: Lula über Dilma, https://www.youtube.com/watch?v=loloyyUjMI0, aufgerufen am 2. Juli 2021.

Werneck, Paulo: Cientista político André Singer explica sua tese sobre o lulismo, https://www1.folha.uol.com.br/ilustrissima/2012/08/1139728-cientista-politico-andre-singer-explica-sua-tese-sobre-o-lulismo.shtml, in: Folha de São Paulo, aufgerufen am 29. Juni 2021.

Westin, Ricardo: Senado já rejeitou médico e general para o Supremo Tribunal Federal, https://www12.senado.leg.br/noticias/materias/2015/06/01/senado-ja-rejeitou-medico-e-general-para-o-supremo-tribunal-federal, in: Senado-notícias, aufgerufen am 22. Juni 2021.

Wiśniewski, Maciek: Walesa e Lula: o fim das comparações, https://www.carta maior.com.br/?/Editoria/Internacional/Walesa-e-Lula-o-fim-das-comparacoes %250d%250a/6/17620, in: Carta Maior, aufgerufen am 26. April 2021.

Wodianer Marcondes, Adalberto: Environment – The fragile balance of a ministry, https://web.archive.org/web/20100713170317/http://www.ipsterraviva.net/TV/WSF2005/viewstory.asp?idnews=146, in: IPS, aufgerufen am 16. Juli 2021.

YAP: Yoon-Tien, Guilherme Sedlacek and Peter Orazem. 2001. Limiting Child Labor Through Behavior-Based Income Transfers: An Experimental Evaluation of the PETI Program in Rural Brazil. World Bank, Washington, DC

Zacharias, Brenda: Conheça a história do PSOL, protagonista nas eleições 2020, https://www.terra.com.br/noticias/eleicoes/conheca-a-historia-do-psol-protagonista-nas-eleicoes-2020,6aed40cb97801fe019f9e13a303badace1ueohdo.html, in: Terra, aufgerufen am 23. Juni 2021.

Zibechi, Raul: Dilma Rousseff and the magic of Lula, https://www.theguardian.com/commentisfree/cifamerica/2010/sep/29/brazil-lula-dilma-rousseff, in: Guardian, aufgerufen am 1. Juli 2021.

Zylberkan, Mariana: Evangélicos devem ultrapassar católicos no Brasil a partir de 2032, https://veja.abril.com.br/brasil/evangelicos-devem-ultrapassar-catolicos-no-brasil-a-partir-de-2032/, in: Veja, aufgerufen am 12. April 2021.